-Z

650ma Foto: sk

Daniela Schetar, Friedrich Köthe
Madeira mit Porto Santo

„In einem herrlichen Sonnenuntergang, über und über
purpur und golden, tauchte endlich am Horizont
Madeira auf, ein kompaktes, düsteres Massiv,
das sich gegen den langsam dunkelnden Himmel erhob."

Helena Marques, „Rachels Töchter"

Impressum

Daniela Schetar, Friedrich Köthe
Madeira mit Porto Santo
erschienen im
REISE KNOW-HOW Verlag Peter Rump GmbH
Osnabrücker Str. 79, 33649 Bielefeld

© Peter Rump 2000, 2003
3., komplett aktualisierte Auflage 2006
Alle Rechte vorbehalten.

Gestaltung
   Umschlag: C. Blind, P. Rump (Layout);
      A. Pentzien (Realisierung)
   Inhalt: G. Pawlak (Layout),
      Angelika Schneidewind (Realisierung)
   Karten: Catherine Raisin, der Verlag
   Fotos: die Autoren
   Titelfoto: die Autoren
   Bildbearbeitung: Ulrich Gröne

Lektorat: Kristine Jaath, Caroline Tiemann
Lektorat (Aktualisierung): André Pentzien

Druck und Bindung: Wilhelm und Adam, Heusenstamm

ISBN 3-8317-1406-1
Printed in Germany

Dieses Buch ist erhältlich in jeder Buchhandlung Deutschlands, der
Schweiz, Österreichs, Belgiens und der Niederlande. Bitte informieren
Sie Ihren Buchhändler über folgende Bezugsadressen:
Deutschland
   Prolit GmbH, Postfach 9, D-35461 Fernwald (Annerod)
   sowie alle Barsortimente
Schweiz
   AVA-buch 2000, Postfach, CH-8910 Affoltern
Österreich
   Mohr Morawa Buchvertrieb GmbH, Sulzengasse 2, A-1230 Wien
Niederlande, Belgien
   Willems Adventure, Postbus 403, NL- 3140 AK Maassluis

Wer im Buchhandel trotzdem kein Glück hat,
bekommt unsere Bücher auch über unseren **Büchershop im Internet:**
www.reise-know-how.de

652ma Foto: sk

Daniela Schetar, Friedrich Köthe

Madeira
mit Porto Santo

REISE KNOW-HOW im Internet

Aktuelle Reisetipps und Neuigkeiten
Ergänzungen nach Redaktionsschluss
Büchershop und Sonderangebote

www.reise-know-how.de
info@reise-know-how.de

Wir freuen uns über Anregung und Kritik.

Vorwort

Vier Flugstunden von Mitteleuropa entfernt liegt die „Garteninsel". Viele illustre Persönlichkeiten haben auf Madeira ihre Sommer- oder Winterfrische verbracht oder Heilung von Krankheit gesucht – angefangen mit Kaiserin Elisabeth von Österreich, der liebreizenden Sisi, über den Dramatiker George Bernard Shaw bis hin zu Sir Winston Churchill, der auf Madeira den Malerpinsel schwang. Die grüne, üppige Natur Madeiras faszinierten seit ihrer Entdeckung im 15. Jh. Seefahrer, Bauern, Händler und Künstler. So, wie sie im 19. Jahrhundert den ersten Touristen erschien, sah sie ursprünglich allerdings nicht aus. Jede Siedlergeneration pflanzte Neues, legte Felder und Gärten an, grub Terrassen und Wasserkanäle in die steilen Hänge. In Verlauf von fünfhundert Jahren wichen die Lorbeerwälder Bananenpflanzungen, Hortensiengärten und von Palmen beschatteten Parks. Heute stehen die verbliebenen Flecken ursprünglichen Waldes unter Naturschutz, ebenso wie Teile der Küstengewässer, in denen die vom Aussterben bedrohten Mönchsrobben leben.

Die Blütenpracht Madeiras ist den vulkanischen Böden, aber auch dem besonderen Klima zu danken. Feriengäste mit Sehnsucht nach ungetrübter Sonne sind auf der Insel fehl am Platze, denn fast immer ziehen sich an den steilen Bergflanken Wolken zusammen, und nicht selten kommt es zu heftigen, oft auch länger dauernden Regenfällen. Regenkleidung gehört ins Madeira-Gepäck, ebenso wie feste Schuhe, denn auch wer nicht im Hochgebirge wandert, braucht doch entlang der Levadas oder auch nur in den steilen Straßen Funchals guten Halt.

Auch dass Madeira eine ideale Badeinsel sei, ist ein weit verbreiteter Irrtum – die Küste ist steil und felsig, in den Buchten erschweren große Kieselsteine den Weg ins Meer. Ersatz bieten Hotelpools und Meeresschwimmbecken – und die kleine

Nachbarinsel Porto Santo. Sie ist das pure Gegenteil, flach, trocken und mit einem Sandstrand ausgestattet, der höchste Badefreuden verspricht.

Auf Madeira die unverfälschte, bäuerliche Idylle zu suchen, wäre ebenfalls ein Fehler: Die Insel hinkte dem Mutterland Portugal lange hinterher, aber nun hat sie einen großen Schritt in die Moderne getan. Baulärm, Staus und Staub sind die Folge dieser radikalen Modernisierung. 2005 schien es, als sei dies nun bald überstanden. Jetzt, so witzeln die Madeirenser, können Touristen kreuz und quer um und über die Insel fahren, ohne ein einziges Mal das Tageslicht (und die Schönheit Madeiras) zu sehen. Wer die Insel intensiv erleben möchte, der hält sich, wo es noch geht, auch weiterhin an die alten, mäandernden Straßen.

Was macht den Zauber dieser Insel also aus? Ihre üppige Natur, die steilen, von Felsgipfeln bekrönten Berge, der spröde Charme der Menschen, die Kostbarkeiten manuelinischer Architektur, die Blütenpracht. Wer gerne wandert, erfährt Madeira als Paradies – entlang der Levadas oder auf Klettersteigen, durch Urwälder oder über kahlen Fels. Wer Ruhe und Erholung sucht, wird in den vielen zauberhaften Quinta-Hotels seinen Fluchtpunkt finden, wer deftig gewürzte, ländliche Küche liebt, kann sich an Fisch und Fleisch satt essen. Dieses Urlaubshandbuch möchte mit ausführlichen praktischen Reiseinformationen dabei helfen, die Insel zu erforschen. Tipps für Autorouten erleichtern die Fahrt um und über die beiden Inseln, Unterkunftsempfehlungen helfen bei der Zimmersuche, und Aktivurlauber finden zahlreiche Hinweise zur Freizeitgestaltung. Nicht zu vergessen die Wanderungen! Detailliert beschrieben und mit Übersichtskarten illustriert führen sie auf anspruchsvollen Pfaden aber auch als kleine Spaziergänge durch die mal liebliche, mal ungestüme Natur. *Bem vindo a Madeira* – willkommen!

Daniela Schetar und Friedrich Köthe

Inhalt

Exkurse

Wanderungen

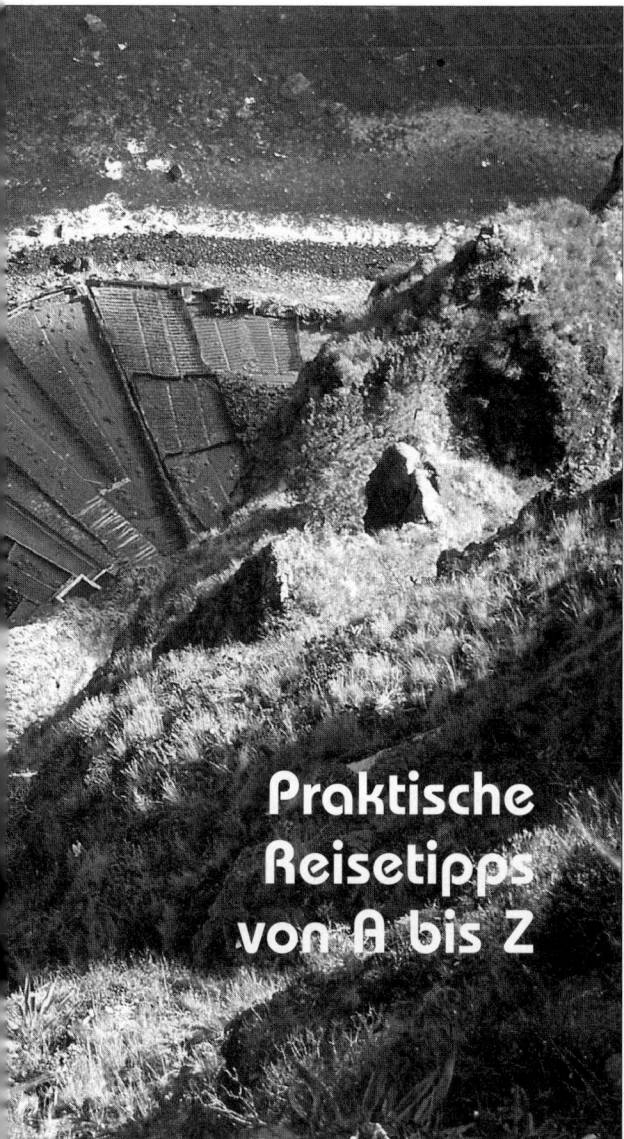

Praktische
Reisetipps
von A bis Z

Anreise

Flug

Buchtipp:
„Praxis – Fliegen
ohne Angst",
Reise Know-How
Verlag, Bielefeld

Madeira ist praktisch **nur mit dem Flugzeug erreichbar.** Es existiert keine Passagierschiffsverbindung zwischen Europa und der Insel. Auch ab Lissabon gibt es keinen Passagierdienst zum Archipel. Nur die Fahrzeugverschiffung ist möglich, entweder ab Hamburg oder ab Lissabon.

Wegen der langen Fahrstrecke mit dem Schiff ist es für Touristen wenig sinnvoll, den eigenen Wagen mitzubringen. Wer dennoch sein Fahrzeug auf die Insel mitnehmen möchte, z. B. weil er überwintern will, kann für sein Auto die Frachtschiffe von Lissabon aus benutzen – darf aber selbst nicht mitfahren, sondern muss das Flugzeug nehmen. Der Großteil der Besucher Madeiras reist aus Mitteleuropa auf dem Luftweg an und meidet die lange Anfahrtsstrecke über Frankreich und Spanien bis zum Hafen oder Flughafen von Lissabon.

Buchtipp:
„Praxis – Clever
buchen, besser
fliegen",
Reise Know-How
Verlag, Bielefeld

Madeira ist mit **Linienmaschinen** aus Deutschland, Österreich und der Schweiz direkt nicht erreichbar. Wer mit Lufthansa oder Swiss fliegt, muss in Lissabon auf die portugiesische Liniengesellschaft TAP **umsteigen.** Von Deutschland, Österreich und der Schweiz bieten nur Chartergesellschaften Direktflüge an. Ein Flug dauert etwa vier Stunden.

Madeiras **Flughafen Santa Catarina** befindet sich 20 Kilometer außerhalb der Hauptstadt Funchal im Osten an der Küste.

● **Flughafeninformation:** Tel. 291-520700

**Fluggesell-
schaften**

Die wichtigsten Fluggesellschaften mit **Verbindungen nach Funchal** sind:

● **Air Berlin,** www.airberlin.com oder (D)-Tel. 01805-737800, (A) Tel. 0820-400011, (CH) Tel. 00848-737800. Ab vielen deutschen Städten sowie Basel/Mühlhausen, Zürich, Salzburg und Wien.

Reisetipps A–Z

●**Condor,** www.condor.com oder (D) Tel. 01805-767757. Ab vielen deutschen Städten.
●**Hapagfly,** www.hapagfly.com oder (D) Tel. 01805-757510. Ab vielen deutschen Städten sowie Basel-Mühlhausen.
●**LTU,** www.ltu.de oder (D) Tel. 0211-9418333. Im Sommer und im Winter nonstop ab Düsseldorf, Frankfurt, Hamburg, München und Stuttgart. Auf der Webseite kann man Kurzfristangebote abfragen und Restflüge auf einer Auktionsseite ersteigern.
●**TAP Air Portugal,** www.tap-airportugal.de oder (D) Tel. 01803-000341, (A) Tel. 01803-000341, (CH) Tel. 01-8009652. Ab Frankfurt, München und Zürich über Lissabon oder Porto.
●**Transavia,** www.transavia.com oder (D) Tel. 0695-0985446. Ab Amsterdam.

Nach **Lissabon** zum Weiterflug nach Madeira mit TAP Air Portugal kommt man mit:

●**Lufthansa,** www.lufthansa.de oder (D) Tel. 0180-5838426. Ab Frankfurt und München.
●**Swiss,** www.swiss.com oder (CH) Tel. 01803-000337. Ab Zürich.

Mit Swiss fliegt man von Zürich nach Lissabon und dann nach Umsteigen mit TAP Air Portugal weiter nach Funchal. Der günstigste Tarif beträgt um 350 SFr. Lufthansa startet von allen großen deutschen Flughäfen über Frankfurt oder München zu Flügen nach Lissabon, von wo es mit TAP weiter nach Funchal geht (ab ca. 580 €).

Die TAP fliegt von Frankfurt und München nach Funchal ab 400 € und von Zürich nach Funchal ab 470 SFr, jeweils für Hin- und Rückflug und über Lissabon. Je nachdem, wann und für welche Saisonzeit man bucht, kann man mit den anderen oben vorgestellten Fluggesellschaften zu Preisen ab rund 300 € nach Funchal fliegen.

Ein einfacher Flug sowohl ab Lissabon als auch ab Porto nach Madeira kostet mit der TAP ab 75 €.

Buchung Folgende **zuverlässigen Reisebüros** haben meistens günstigere Preise als viele andere:

●**Jet-Travel,** Buchholzstr. 35, D-53127 Bonn, Tel. 0228-284315, Fax 284086, info@jet-travel.de, www.jet-travel.de. Auch für Jugend- und Studententickets. Sonderangebote auf der Website unter „Schnäppchenflüge".
●**Globetrotter Travel Service,** Löwenstrasse 61, CH-8023 Zürich, Tel. 01-2286666, zh-loewenstrasse@globetrotter. ch, www.globetrotter.ch. Weitere Filialen gibt es in Baden, Basel, Bern, Biel, Chur, Freiburg, Luzern, Olten, St. Gallen, Thun, Winterthur und Zug.

Die vergünstigten Spezialtarife und befristeten Sonderangebote kann man nur bei wenigen Fluggesellschaften in ihren Büros oder direkt auf ihren Websites buchen; diese sind jedoch immer auch bei den oben genannten Reisebüros erhältlich.

Last Minute

Wer sich erst im letzten Augenblick für eine Reise nach Madeira entscheidet oder gern pokert, kann Ausschau nach Last-Minute-Flügen halten, die von einigen Airlines mit deutlicher Ermäßigung **ab etwa 14 Tage vor Abflug** angeboten werden, wenn noch Plätze zu füllen sind. Diese Last-Minute-Flüge lassen sich nur bei Spezialisten buchen (bei den Rufnummern werden 0,12–0,20 € bzw. 0,12 SFr. pro Minute berechnet):

●**L'Tur,** www.ltur.com; D: Tel. 01805-212121; A: Tel. 0820-600800, CH: Tel. 0848-808088, sowie 140 Niederlassungen europaweit. Unter „Super Last Minute" gibt es Angebote für den Abflug innerhalb der nächsten 72 Stunden.
●**Lastminute.com,** www.de.lastminute.com, D: Tel. 01805-777257.
●**5 vor Flug,** www.5vorflug.de, D: Tel. 01805-105105.
●**www.restplatzboerse.at:** Quelle von Schnäppchenflügen für Österreich.

Mitnahme des Autos

Fahrzeug- verschif- fung ab Lissabon

Wer sein Fahrzeug mitnehmen möchte, muss den regelmäßigen Frachtdienst mit einer **Roll-on-roll-off-Fähre** in Anspruch nehmen, der zwischen Lissabon und Madeira eingerichtet ist. Abfahrt in Lissabon ist jeden Dienstagabend, Ankunft in Fun-

Kleines „Flug-Know-How"

Check-in

Nicht vergessen: Ohne einen gültigen Reisepass oder Personalausweis kommt man nicht an Bord.

Bei den innereuropäischen Flügen muss man mindestens eine Stunde vor Abflug am Schalter der Airline eingecheckt haben. Viele Airlines neigen zum Überbuchen, d. h., sie buchen mehr Passagiere ein, als Sitze im Flugzeug vorhanden sind, und wer zuletzt kommt, hat dann möglicherweise das Nachsehen.

Gepäck

In der Economy Class darf man in der Regel nur Gepäck bis zu 20 kg pro Person einchecken (steht auf dem Flugticket) und zusätzlich ein Handgepäck von 7 kg in die Kabine mitnehmen, welches eine bestimmte Größe von 55 x 40 x 23 cm nicht überschreiten darf. In der Business Class sind es meist 30 kg pro Person und zwei Handgepäckstücke, die insgesamt nicht mehr als 12 kg wiegen dürfen. Man sollte sich beim Kauf des Tickets über die Bestimmungen der Airline informieren.

Aus Sicherheitsgründen gehören Waffen (auch z. B. Nagelscheren), Explosivstoffe, Munition, Feuerwerke, leicht entzündliche Gase (z. B. in Sprühdosen, Campinggas), entflammbare Stoffe (z. B. in Feuerzeugen, Feuerzeugfüllung) sowie Aktentaschen oder Sicherheitskoffer mit installierten Alarmvorrichtungen nicht ins Passagiergepäck.

Rückbe- stätigung

Bei den meisten Airlines ist heutzutage die **Bestätigung des Rückfluges** nicht mehr notwendig. Allerdings empfehlen alle Airlines, sich dennoch telefonisch zu erkundigen, ob sich an der Flugzeit nichts geändert hat, denn kurzfristige Änderungen der genauen Abflugzeit kommen beim zunehmenden Luftverkehr heute immer häufiger vor.

chal ist Freitag; am selben Tag kehrt das Schiff nach Lissabon zurück. Personen werden nicht mitgenommen, da es keine Kabinen gibt und keine Passagierversicherung besteht. Ein VW Golf schlägt für die einfache Strecke mit etwa 350 € zu Buche.

● **PortMar – Madeira Line,** Avenida Infante do Henrice, 1200 Lissabon, Edificio E, Tel. 21-8391880, Fax 21-8595224, www.portmar.pt.

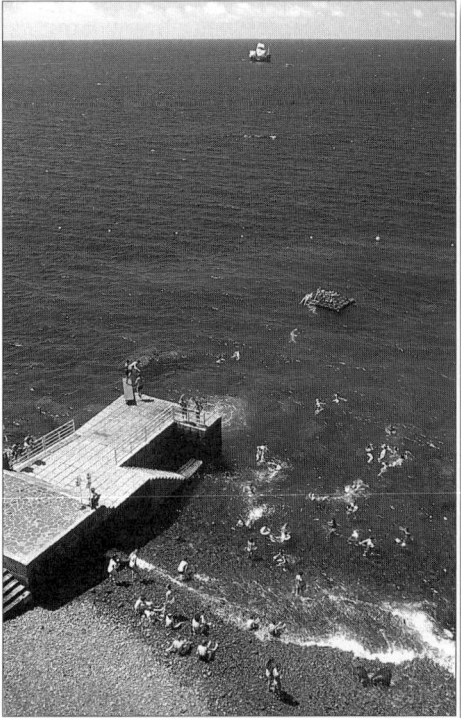

Fahrt nach Lissabon Die Entfernung München – Lissabon beträgt 2650 Kilometer. Die beste Strecke führt über Zürich, Genf, Montpellier, Perpignan, Barcelona, Madrid und Badajoz nach Lissabon. Zu den Benzinkosten kommen noch rund 120 € an Mautgebühren hinzu, zuzüglich gegebenenfalls die Vignetten in Österreich und der Schweiz. Von Lissabon aus müssen noch die Verschiffung des Fahr-

Barreirinha in Funchal –
Badeanlagen wie diese sind an den wenigen
Kiesstränden Madeiras eine attraktive Bademöglichkeit

zeugs und der Flug bezahlt werden, so dass sich die Fahrt wirklich nur rechnet, wenn man zum Beispiel auf Madeira überwintern möchte und die gesamte Zeit über ein Auto benötigt.

Verschiffung ab Hamburg

Es besteht die Möglichkeit, das Auto ab Hamburg **im Container** nach Funchal zu transportieren. Dies ist allerdings äußerst teuer; zu den reinen Frachtraten für einen VW Golf einfache Strecke von ca. 1000 € kommen noch Hafengebühren in Funchal von 320 €. Die Schiffe legen **wöchentlich bis 14-tägig** ab, die Fahrzeit beträgt etwa 12 Tage. Der Flug sollte mit der Schiffsankunft zeitlich koordiniert werden, damit keine Lagerkosten in Funchal entstehen.

Spezialisiert auf Fahrzeugverschiffung vom europäischem Festland (neben Hamburg weitere Häfen) ist:

● **Fa. Deugro,** Bei dem Neuen Kran 2, 20457 Hamburg, Tel. 040-3760070, Fax 37600725.
● **E.H.H. Car Shipping,** Franziusstraße 70a, 27568 Bremerhaven, Tel. 0471-48295675, Fax 4829550, mblochberger@ehharms.de.
● **Cross Freight,** Obenhauptstraße 12, 22335 Hamburg, Tel. 040-5939890, Fax 59398920, info@crossfreight.de.

Anreise mit dem Frachtschiff

Von Hamburg aus kann man auf Frachtschiffen nach Funchal reisen. In 14-tägigem Rhythmus fährt ein **Containerschiff mit drei Kabinen** über Rotterdam und Felixstowe nach Funchal und von dort weiter nach Teneriffa, Las Palmas und zurück über Cadiz und Rotterdam nach Hamburg. Dies ist kein Kreuzfahrtschiff, so dass nur derjenige reisen sollte, der nicht schon frühmorgens seinen Tag mit Animation beginnen will.

Ein Fahrzeug muss extra über eine Spedition verschickt werden (siehe oben). Die gesamte **Rundreise** dauert 21 Tage, die einfache Strecke nach Funchal etwa neun Tage (Preise auf Anfrage). Zu buchen über:

●**Hamburg-Süd Reiseagentur,** Ost-West-Straße 59-61, 20457 Hamburg, Tel. 040-3705150, Fax 37052734, www. hamburgsued-frachtschiffreisen.de.

Weiterreise nach Porto Santo

Flug

Madeira und Porto Santo sind **täglich mehrmals miteinander verbunden,** in der Hochsaison bis zu zehnmal. Die Maschinen sind allerdings klein, und am Wochenende können sie schon mal ausgebucht sein. In diesem Fall sollte man sich auf die Warteliste setzen lassen, meist bekommt man einen Platz. Der Flug kostet hin und zurück zwischen 75 und 125 €. Tickets verkauft die TAP – Air Portugal.

Der Flughafen von Porto Santo liegt mitten auf der Insel und wird gleichzeitig vom Militär genutzt. Taxis zur Weiterfahrt stehen zur Verfügung.

●**TAP – Air Portugal,** Av. Arriaga, 9000 Funchal. Reservierungen unter Tel. 291-239252.
●**TAP – Air Portugal,** Flughafen, 9400 Porto Santo. Reservierungen unter Tel. 291-982146.
●**Flughafeninformation:** Madeira unter Tel. 291-520700, Porto Santo unter Tel. 291-980120.

Fähre

Porto Santo ist auch auf dem Seeweg erreichbar. Die Fähre der „Porto Santo Line" legt täglich (außer Dienstag) im Hafen von Funchal ab und kehrt noch am selben Tag in den Abendstunden zurück. Den jeweils geltenden Fahrplan kann man im Internet einsehen: www.portosantoline.pt.

●**ab Funchal** meist Mo/Mi/Do/Sa/So 8 Uhr, Fr 18 Uhr.
●**ab Porto Santo** meist Mo/Mi/Do/Sa/So 18 Uhr, Fr 21.30 Uhr.

Porto Santo lässt sich gemütlich mit der Pferdekutsche erkunden

Die Überfahrt dauert etwa 150 Minuten und kostet hin und zurück um die 50 €. Tickets sind in Reisebüros oder am Schiff erhältlich.

●**Porto Santo Line,** Rua Praia 8, 9000 Funchal, Tel. 291-210300, Fax 226434.
●**Porto Santo Line,** Porto Abrigo, 9400 Porto Santo, Tel. 291-982938, Fax 982543.

Ausrüstung und Reisegepäck

Wer **wandern** möchte, muss gute Bergschuhe, Wanderkleidung, ausreichend Sonnenschutz und weitere Ausrüstung wie Trinkflasche etc. mit sich führen (siehe „Wandern").

Bei **Medikamenten,** die wegen einer chronischen Erkrankung regelmäßig eingenommen werden müssen, besteht das Risiko, dass die Apotheken das Mittel nicht vorrätig haben. Am besten bespricht man sich mit seinem Hausarzt, der Tipps zur Zusammenstellung einer kleinen Reiseapotheke gibt.

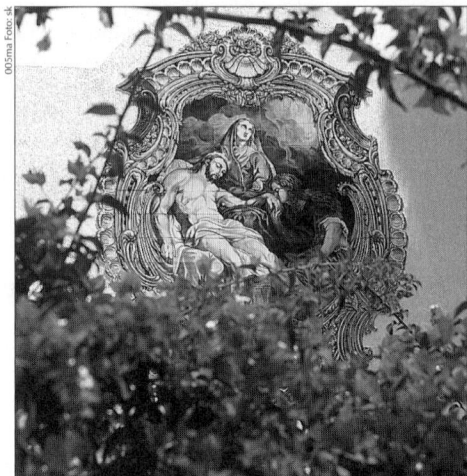

Bei Stromausfällen in abgelegenen Orten leistet nachts eine **Taschenlampe** gute Dienste.

Kleidung — Je nachdem, wo man sich aufhält, bewegt sich die **Kleiderordnung** zwischen leger und förmlich. In den guten Hotels wird zum Fünfuhrtee und abends feinere Garderobe verlangt – Jackett und Krawatte sind teilweise Bedingung, auch Damen in Jeans und Turnschuhen werden um einen Kleiderwechsel gebeten. In den günstigeren Unterkünften genügen bei Herren abends Hemd und lange Hose, bei Damen Bluse und lange Hose oder Kleid.

Azulejo-Medaillon an der Pfarrkirche von Porto Santo

Tagsüber am Pool und bei Stadtspaziergängen ist **leichte Kleidung** angebracht, doch sollte man immer bedenken, dass die Madeirenser ein sehr traditionelles Volk sind und eine zu offenherzige Garderobe nicht gerne sehen. An kühleren Abenden leistet ein **Pullover** und/oder eine **Windjacke** gute Dienste. Ein **Regenumhang** ermöglicht auch an nassen Tagen Spaziergänge; für kurze Ausflüge ist ein kleiner **Schirm** nicht verkehrt.

**Land-
karten**

Die Tourismusbüros verteilen kostenlose Straßenkarten von Madeira (1:80.000) und Porto Santo (1:25.000), die für den Autotouristen zufriedenstellend sind.

Die ideale Ergänzung zu diesem Reiseführer stellt die bei Reise Know-How im world mapping project erschienene detaillierte **Madeira-Karte** (1:45.000) mit exakten Höhenlinien, klassifiziertem Straßennetz und UTM-Raster für GPS dar. Auch Porto Santo und die Ilhas Desertas sind auf ihr verzeichnet. Wanderkarten siehe „Wandern".

**Fotoaus-
rüstung**

Wer nicht gerade passionierter Fotograf ist, dem reicht eine Kamera mit einem Zoom zwischen leichtem weiten Winkel und leichtem Tele (etwa 28–135 mm). Eine Makroausführung leistet gute Dienste, insbesondere wenn man dicht an die bunte Pflanzenpracht heran möchte. Ein Polarisationsfilter lässt die Farben satter erscheinen und schützt das Objektiv vor eventuellen Kratzern.

Die gängigen **Filme und Kamerabatterien** sind auf Madeira im Allgemeinen erhältlich, günstiger sind sie auf alle Fälle als Sonderangebote in Mitteleuropa und dort in großen Supermärkten. Wer Spezialfilme verwendet, sollte diese ebenfalls aus Mitteleuropa mitbringen. **Digitalfotografen** erwartet auf Madeira ein ähnlich gutes Angebot an Zubehör wie in den jeweiligen Heimatländern.

Buchtipps:
„Praxis – Reise-
fotografie",
„Praxis – Reise-
fotografie
digital",
Reise Know-How
Verlag, Bielefeld

Autofahren

Mietfahrzeuge

Wer nicht auf die öffentlichen Verkehrsmittel angewiesen sein will, mietet sich ein Fahrzeug für die ganze Dauer des Urlaubs oder auch für eine begrenzte Zeit, um Ausflüge zu unternehmen. Die Vehikel gelten als sehr gut gewartet und sind relativ jung. Die meisten Firmen vermieten nicht an Personen, die jünger sind als 21 Jahre; der **nationale Führerschein** genügt als Beleg. Eine Kreditkarte ist hilfreich, wenn man die obligatorische **Kaution** nicht in bar hinterlegen will.

In der Hochsaison sollte man auf alle Fälle im Voraus buchen, sowohl winters wie sommers. Auf Porto Santo ist es im Juli und August fast unmöglich, spontan ein Fahrzeug zu mieten. Die Vorausbuchung bietet zudem meist einen Preisvorteil. Darüber hinaus befindet sich bei Streitigkeiten der Gerichtsstand im eigenen Land.

Pkw

Fast alle internationalen Firmen sind auf Madeira vertreten. Üblicherweise werden die Fahrzeuge mit einer Vollkaskoversicherung und freien Kilometern vermietet. Man sollte die Reifen prüfen und nachschauen, ob die Tankfüllung korrekt in den Übernahmepapieren eingetragen ist. Die Kosten eines Mietwagens der kleinsten Klasse betragen ab etwa 180 € pro Woche alles inklusive (außer Benzin).

Von **Deutschland, Österreich** und der **Schweiz aus** kann man u. a. bei folgenden Firmen Wagen auf Madeira und Porto Santo anmieten:

- **ADAC,** www.adac.de, Tel. 0180-5328282
- **Avis,** D: www.avis.de oder Tel. 0180-5217702,
  A: www.avis.at oder Tel. 0800-08008757,
  CH: www.avis.ch oder Tel. 0848-811818
- **Hertz,** D: www.hertz.de oder Tel. 0180-5938814,
  A: www.hertz.at oder Tel. 01-79532,
  CH: www.hertz.ch oder Tel. 01-6545367

Auf den Küstenstraßen im Norden durchfährt man immer wieder kleine Wasserfälle, die plötzlich und selbst bei strahlendem Himmel die Sicht beeinträchtigen. Auch in Tunneln können Wasserfälle zur Sichtbehinderung führen, wenn man nicht rechtzeitig den Scheibenwischer einstellt. Wasserfälle werden von den Madeirensern gerne als kostenlose Autowaschanlagen genutzt. Es kann durchaus passieren, dass man hinter einem Wagen steht, der mehrmals unter einem Wasserfall vor- und zurückfährt und auf diese Weise gereinigt wird. In solch einem Fall muss man etwas Geduld mitbringen.

● **Sixt,** www.e-sixt.de oder Tel. 01805-252525,
A: www.e-sixt.at oder Tel. 00800-11117498,
CH: www.e-sixt.ch oder Tel. 0848-884444

Auf Madeira und Porto Santo gibt es eine große Zahl weiterer Autovermieter, die teilweise mit den internationalen Firmen zusammenarbeiten. Empfehlenswert ist die deutschsprachige Firma Magos Car.

● **Magos Car,** Caniço de Baixo, Madeira, Tel. 291-934818, Fax 934819, info@magoscar.com, www.magoscar.com, Mo–Sa 8.30–20 Uhr, So bis 13 Uhr.
● **Moinho,** Estrada do Aeroporto, Porto Santo, Tel. 291-982780, Fax 982403, www.moinho-rentacar.com.
● **Auto Jardim,** Aeroporto do Porto Santo, Tel. 291-984937.
● **Rent-a-car Budget,** Aeroporto do Porto Santo, Tel. 291-983008.

Motorrad   Die engen und gewundenen Gebirgsstraßen Madeiras sind nur für sehr erfahrene Motorradenthusiasten geeignet, besonders wenn man bedenkt, dass es immer wieder zu kurzen und heftigen Regenschauern kommt. Pro Tag muss man zwischen 40 und 60 € für eine große Maschine einkalkulieren. Auf Porto Santo vermietet die deutschsprachige Firma Urs Moser Motorroller.

● **Magos Car,** Adresse s. o., BMW und Harley Davidson.
● **Joyride,** Centro Comercial Olimpo (beim Casino Park Hotel), Funchal, Tel. 291-234906.
● **Auto Accessórios,** Av. Vieira de Castro 64, Mobil-Tel. 94 00179.

Tankstellen

Tankstellen öffnen täglich von 6.30 bis 22 Uhr, kleinere auf dem Land nur bis 18 Uhr. Autobahntankstellen sind durchgehend geöffnet. Bleifreies Normalbenzin wird flächendeckend angeboten, ebenso Diesel. Bleifreies Superbenzin ist nur an großen Tankstellen erhältlich. Die meisten großen Tankstellen akzeptieren Kreditkarten.

Benzin-
preise   ● **Bleifrei Super** ca. 1,30 €
● **Diesel** ca. 1 €

Portugiesische Verkehrsschilder

- **Alto:** Stopp
- **Atençao:** Achtung
- **Cuidado:** Vorsicht
- **Curva perigrosa:** Gefährliche Kurve
- **De passagem:** Vorfahrt beachten
- **Estacionamento proibida:** Parken verboten
- **Ir pela direita:** Rechts halten
- **Ir pela esquerda:** Links halten
- **Desviso:** Umleitung
- **Passagem proibida:** Durchfahrt verboten
- **Perigo:** Gefahr

Verkehrsregeln

Die Verkehrsregeln entsprechen im Großen und Ganzen denen in Mitteleuropa. Es gelten die internationalen Verkehrszeichen, und es herrscht Rechtsverkehr.

Höchstgeschwindigkeit Die Höchstgeschwindigkeit in Ortschaften beträgt **50 km/h,** auf Landstraßen **90 km/h.** Auf der Autobahn liegt die Geschwindigkeitsbegrenzung bei **120 km/h.** Wer seinen Führerschein noch nicht länger als ein Jahr besitzt, darf außerorts prinzipiell maximal 90 km/h fahren. Radarkontrollen finden innerhalb und außerhalb der Ortschaften statt.

Vorfahrt Es gilt **rechts vor links,** doch haben motorisierte Fahrzeuge grundsätzlich Vorfahrt vor Fuhrwerken und Radfahrern. Auf den engen Gebirgsstraßen ist bei Gegenverkehr derjenige vorfahrtsberechtigt, der den weiteren Weg zu einer Ausweichstelle zurücklegen muss. Lkw wird man die Durchfahrt allerdings meist auch unabhängig von dieser Regelung gewähren müssen.

Parken Speziell in Funchal sollte man sich strikt an die Parkregelung halten. Verstöße werden umgehend und erbarmungslos geahndet, die den Verkehr behindernden Fahrzeuge werden **abgeschleppt.**

Pflichten und Verbote

Bei Pannen ist es angeraten, das Fahrzeug schnell mit dem **Warndreieck** abzusichern. Auf den kurvenreichen, unübersichtlichen Straßen im Gebirge wird nicht immer derart gefahren, dass in angemessener Distanz abgebremst werden kann.

Wie im übrigen Europa ist das **Telefonieren** mit Funktelefonen ohne Freisprecheinrichtung während der Fahrt verboten.

Die **Promillegrenze** liegt in Portugal bei 0,5 ‰. Auch wenn Straßenkontrollen ohne ersichtlichen Grund selten vorkommen – bei Unfällen wird es unangenehm, sobald der Blutalkohol über diesem Grenzwert liegt.

Es besteht **Anschnallpflicht** für Autofahrer und **Helmpflicht** für Motorradfahrer. Geahndet wird dies zwar sehr selten, zur eigenen Sicherheit sollte man den Vorschriften aber Folge leisten.

Innerhalb wie außerhalb der Ortschaften muss man auf den Straßen besonders auf **Fußgänger** Acht geben. In den kleinen Orten sind meist keine Gehwege vorhanden, und die Straßen werden auch als Spielplatz und Treffpunkt benutzt.

Buchtipp:
Der PRAXIS-Ratgeber **„Bordbuch Südeuropa für Unfall, Panne und Verkehr"** von *Friedrich Köthe* und *RA Michael Nissen*, erschienen im REISE KNOW-HOW Verlag, informiert über spezielle Verkehrsregeln und Einreisebestimmungen, Strafen, Notrufe und viele weitere Fragen rund ums Autofahren und hilft, Unfälle und Pannen zu regulieren und seine Rechtsansprüche durchzusetzen.

Straßennetz

Auf Madeira und Porto Santo ist das Straßennetz dicht und zum großen Teil asphaltiert. In den letzten Jahren wurden viele neue Straßen und Tunnel gebaut, teils mit EU-Geldern finanziert. Eine Autobahn verbindet Funchal mit dem Flughafen und mit Ribeira Brava; inzwischen ist auch die Autobahnumgehung von Funchal fertiggestellt. Eine große Erleichterung bei Inselrundfahrten bieten die beiden modernen Tunnel, die den Weg von der Süd- an die Nordküste entschieden verkürzen. Der eine Tunnel verläuft unter dem Encumeada-Pass hindurch (Verbindung Ribeira Brava – Sao Vicente), der andere zweigt von der Straße Machico – Porto da Cruz ab und umgeht den Portela-Pass.

Ein Tunnel zwischen Santana und Porto da Sol erspart den langen Weg auf der alten Küstenstraße; der Tunnel zwischen Eira do Serrado und Curral das Freiras entschärft die serpentinenreiche Strecke hinunter ins „Nonnental". An weiteren Verbindungen wird gebaut, deshalb ist nach wie vor mit Baustellen und Behinderungen zu rechnen.

Auch wenn die Landstraßen Nummern besitzen, findet man diese selten auf Hinweisschildern oder Karten. Die Orientierung geschieht anhand der Zielorte auf den Schildern.

Straßen- Die Straßen auf Madeira sind in gutem Zustand,
zustand wenn auch Nebenstraßen sehr eng sein können. Durch Bergrutsche und Geröelllawinen kommt es immer wieder zu unerwarteten Hindernissen und Sperrungen. Man sollte stets vorausschauend und nur so schnell fahren, dass man immer in Sichtweite abbremsen kann. Zu einigen Sehenswürdigkeiten im Gebirge gelangt man nur auf Pisten.

Den Baumheide-Sträuchern sieht man die heftigen Atlantikwinde an, denen sie immer wieder ausgesetzt sind

Bei **Regen** werden die Straßen durch Laub äußerst rutschig, der Bremsweg verlängert sich entsprechend. Dies trifft auch auf das – allerdings nur noch selten vorhandene – Kopfsteinpflaster zu.

Besonders während der Erntezeit verengen immer wieder **Landwirtschafts-Fahrzeuge** die Straßen und sorgen für lange Staus, ebenso die schwer beladenen Lkw, die sich qualmend die Berge hinauf quälen.

**Straßen-
kategorien**

Die Straßen auf Madeira und Porto Santo sind in **vier Kategorien** unterteilt. Die Straßen der letzten Kategorie sind meist nicht befestigt, bei einigen Nebenstraßen handelt es sich ebenfalls um Pisten. Im Großen und Ganzen sagt die Einteilung aber mehr über das Verkehrsaufkommen aus als über den Ausbau der Straße.

- **Via Rápida:** Autobahn
- **Estradas Principais:** Hauptstraßen
- **Estradas Secundárias:** Nebenstraßen
- **Outras Vias:** kommunale Straßen

**Kreis-
verkehr**

Wie in anderen europäischen Ländern werden nun auch auf Madeira die Zufahrtsstraßen zu vielen Orten und Städten über einen Kreisverkehr geführt. Auf diese Weise sind die Autofahrer gezwungen, das Tempo zu drosseln. **Vorfahrt** hat derjenige, der sich im Kreisel befindet.

Vorsicht bei der Rallye

Im August findet die große internationale **Rallye Vinho Madeira** („Madeirawein-Rallye") statt. Zwei bis drei Tage lang ist immer wieder ein Teil der Insel gesperrt. Da die Rennwagen zwischen den einzelnen Abschnitten der Rallye auch die ungesperrten Wege entlang röhren, ist an diesen Tagen besondere Vorsicht und defensives Fahren geboten.

Botschaften und Konsulate

Botschaften und Konsulate helfen bei der Vorbereitung längerer Aufenthalte. Bei der Anbahnung von Geschäftskontakten und beim Erfragen wirtschaftlicher Rahmenbedingungen können die diplomatischen Vertretungen ebenfalls unter die Arme greifen.

- **Botschaft der Republik Portugal,** Zimmerstraße 56, 10117 Berlin, Tel. 030-590063500, Fax 590063600.
- **Botschaft der Republik Portugal,** Opernring 3, 1010 Wien, Tel. 01-5867536, Fax 586753699.
- **Botschaft der Republik Portugal,** Weltpoststr. 20, 3015 Bern, Tel. 031-3528329, Fax 3514432.

Es gibt in Deutschland, Österreich und der Schweiz auch weitere konsularische Vertretungen für Portugal, nach denen man sich im Bedarfsfall bei der Botschaft erkundigen kann.

Adressen der diplomatischen Vertretungen in Portugal und Madeira siehe Kapitel „Notfälle".

Dokumente

Portugal – und mithin Madeira – gehört zur Europäischen Union und ist dem Schengener Abkommen beigetreten. Dies bedeutet, dass eine Grenz- und Zollkontrolle in der althergebrachten Form entfällt. Trotzdem ist jeder EU-Bürger verpflichtet, ein Personaldokument mit sich zu führen. Für die Einreise nach Portugal genügt für **EU-Bürger der Personalausweis,** der noch mindestens drei Monate gültig sein muss. Schweizer benötigen einen Pass oder die Identitätskarte mit mindestens sechs Monaten Gültigkeit. Sowohl EU-Bürger als auch Schweizer müssen bei einem Aufenthalt von mehr als 90 Tagen eine Genehmigung einholen; bei EU-Bürgern reicht eine Aufenthaltserlaubnis, Schweizer benötigen ein Visum. Beide Dokumente kann man auf Madeira beantragen.

Reisetipps A–Z

● **Serviço de Estrangeiros e Fronteiras,** 1-8 Nv. Rochinha, 9050 Funchal, Tel. 291-229589, dir.madeira@sef.pt.

Fahrzeug- Wer sein eigenes Fahrzeug mitbringen möchte,
papiere benötigt den **nationalen Führerschein,** den **Zu-**
lassungsschein und die **grüne Versicherungs-
karte,** die man bei seiner Kfz-Versicherung telefonisch bestellen kann. Ist der Fahrer nicht der Fahr-
zeughalter, sollte eine beglaubigte Vollmacht zur
Führung des Fahrzeuges mitgeführt werden. Wer
einen Mietwagen benutzen möchte (Mindestalter
meist 21 Jahre), benötigt den nationalen Führerschein und eine Kreditkarte, sofern man die Kaution nicht bar entrichtet.

Achtung: Die angegebenen Einreisebedingungen sind
Stand Ende 2005. Da sich Einreisebedingungen kurzfristig ändern können, raten wir, sich kurz vor Abreise beim
Auswärtigen Amt (www.auswaertiges-amt.de bzw.
www. bmaa.gv.at oder www.dfae.admin.ch) oder der jeweiligen Botschaft zu informieren!

Elektrizität

Die Stromspannung beträgt **220 Volt,** Flachste-
cker sind in jedem Fall verwendbar. Wegen der
größeren Spannungsschwankungen als in Mitteleuropa sollte man empfindliche elektronische Geräte mit Apparaturen absichern, die eine konstan-
te Spannung garantieren.

Essen und Trinken

Madeira besitzt seine eigene Küche, inzwischen
haben aber auch portugiesische Spezialitäten und
internationale Gerichte Einzug gehalten. Wegen
der Jahrhunderte dauernden Armut auf der Insel
ist die **einheimische Küche bäuerlich** ausgerich-

Espada (Degenfisch) mit frittierter Banane –
nicht gerade ein Augenschmaus, aber eine
typisch madeirensische Köstlichkeit

tet, man benutzt die Zutaten, die vor Ort in der Natur zu finden sind: Fisch, Rindfleisch und viel Gemüse. Bei den madeirensischen Spezialitäten handelt es sich meist um die Festtagsgerichte der Bauern, die vielleicht zwei-, dreimal im Jahr auf dem Speisezettel standen. Die Leckereien und Spezialitäten der Insel sollte man in den kleinen Landgasthöfen und den Bars genießen und nicht nur in den Hotelküchen die „Standards aus den Lounges dieser Welt" ordern.

Die **Hygiene** genügt den mitteleuropäischen Ansprüchen. Nur wer einen empfindlichen Magen hat, sollte Vorsichtsmaßregeln treffen und keine eiskalten Getränke zu sich nehmen, sich vor Rohkost hüten und Obst vor dem Verzehr schälen.

Vegetarische Restaurants sind kaum vertreten, aber meist wird man sich mit dem Wirt auf eine fleischlose Mahlzeit einigen können. In den Hotels sollte man beizeiten auf besondere Wünsche hinweisen, insbesondere wenn man Halbpension gebucht hat. Scheuen Sie sich nicht, vegetarische Gerichte, koschere oder den islamischen Vorschriften entsprechende Kost zu verlangen.

Getränke

Wein

Am bekanntesten ist die Insel für den Wein, dem sie ihren Namen lieh – den **Madeirawein** (*vinho da madeira*). Er wird aus bestimmten Rebsorten hergestellt, und je nachdem, wie er verschnitten ist, wie die Reifung beeinflusst wurde und ob sich in der Flasche nur die Trauben eines Jahrgangs befinden, bestimmen sich Name und Preis. Niemand würde Madeirawein zur Speise genießen, allein vorweg als Aperitif oder am Ende des Mahls als Dessertwein findet er seinen Weg auf den Tisch.

Zum Essen trinkt man einfache **Tafelweine,** die meist offen ausgeschenkt werden und nicht die Bezeichnung Madeirawein führen. So ist zu unterscheiden zwischen Madeirawein und Wein aus Madeira.

Bier

Auch das auf der Insel gebraute Bier (*cerveja*), das unter dem Markennamen **„Coral"** vertrieben wird, ist nicht zu verachten. Nur Touristen trinken Bier zum Essen, Madeirenser ziehen den offenen Wein aus der Karaffe vor und genehmigen sich ein Bier vielleicht nachmittags, um den Durst zu löschen.

Likör

In Läden, Supermärkten und Bars finden sich Liköre aus den verschiedensten Früchten, z. B. Banane und Maracuja. Sie werden mit Zuckerrohrschnaps in diversen Variationen, Mischungsverhältnissen und mit unterschiedlichen Früchten als Cocktails gereicht.

Kaffee

Die Bezeichnungen für Kaffee sind eine Wissenschaft für sich: Ein normaler Espresso heißt *bica* oder *café*, der doppelte Espresso wird *café grande* genannt, einen nicht so starken Espresso bestellt man als *carioca*; Milchkaffee gibt es ebenfalls in verschiedenen Versionen, der *garoto* ist ein Espresso mit Milch, der *galo* ein Espresso mit doppelt viel Milch und der *chinesa* ein doppelter Espresso mit Milch.

An Bord gekeltert – Madeirawein

Der **vinho da madeira** verdankt seine Entstehung angeblich einem Zufall: Seeleute beluden, so erzählen die „Weinlegenden", ihre Schiffe auf Madeira nicht nur mit Essen, sondern auch mit Wein, der im 15./16. Jahrhundert noch ein ordinärer, recht sauer schmeckender Tafelwein war. Während der Atlantiküberquerung verwandelte sich der Tropfen, vom Seegang ordentlich geschüttelt, am Äquator erhitzt und dann wieder stark gekühlt, in einen äußerst wohlschmeckenden und schier unbegrenzt haltbaren Tropfen. Schon bald versuchten Madeiras Winzer, diese äußeren Verhältnisse im Weinkeller nachzuempfinden. Die Metamorphose des Weines gelang, und fortan war der Madeira nicht nur als ein sehr haltbares und wohlschmeckendes geistiges Getränk bei den Schiffsbesatzungen geschätzt, sondern auch ein begehrtes Tröpfchen um europäischen Speisetafeln.

Madeira ist ein Verschnitt verschiedener auf der Insel kultivierter Rebsorten, der in einem komplizierten Produktionsprozess auf etwa 50° C erwärmt, vorsichtig abgekühlt und mindestens 18 Monate gelagert wird. Jede Kellerei verfährt dabei nach ganz besonderen, geheim gehaltenen Methoden, die für einen weiteren Qualitätsunterschied sorgen. Erst am Ende des Reifungsprozesses wird der Wein in alte Holzfässer gefüllt. Seine Genese erlebt er in modernen Behältern aus Edelstahl, in denen die Temperatur leichter reguliert werden kann.

Man unterscheidet Sercial, Boal und Malvasia. **Sercial,** der trockenste im Bunde, ist aus der gleichnamigen Traube gekeltert, die an der Nordküste um Seixal gezogen wird. Er eignet sich besonders gut als Aperitif und schmeckt als einziger Madeira auch Leuten, die es nicht so mit süßen Tropfen haben. **Boal** besitzt einen leicht nussigen Geschmack und mehr Süße. Je nach Vorliebe kann man ihn als Appetitanreger oder als Dessertwein goutieren. **Malvasia** oder Malmsey, wie ihn die Madeirenser auch nennen, wird ausschließlich nach dem Essen getrunken und schmeckt ausgesprochen weich und süß.

Alle großen Winzereien veranstalten in ihren Verkaufsräumen Verkostungen; einige wie Henriques & Henriques in Câmara de Lobos und die Wine Lodge in Funchal organisieren auch Führungen durch die Produktionsanlagen. Wer nicht unbedingt wirklich hochklassigen Madeira mit nach Hause nehmen möchte, sollte Preisvergleiche anstellen. In den großen Supermärkten gibt es die Standard-Sorten teils erheblich billiger als in den Kellereien.

> Das **Leitungswasser ist trinkbar** und generell gechlort. In den Sommermonaten, wenn die Wasserversorgung an ihrer Kapazitätsgrenze angelangt ist, kann es geschmacklich auch einmal nicht mehr besonders angenehm sein. Dann sollte man sich in den Läden mit dem PE-Flaschen-Trinkwasser versorgen.

Tee

Der berühmte **Fünfuhrtee** ist eine Errungenschaft der englischen Besucher. Meist nimmt man ihn in den Hotels oder den großen Straßencafés ein, die auf Touristen eingestellt sind. Eine madeirensische Tradition ist Teetrinken nicht, und so wird man gut zubereiteten Tee (aus Teeblättern mit sprudelndem Wasser und in vorgewärmter Kanne) nur an den besten – und teuersten – Plätzen genießen können.

Typische Speisen

Suppen

Die **sopa de tomate e cebola** ist eine Gemüsesuppe mit Tomaten und Zwiebeln auf Rindfleischbasis, manchmal mit einem Ei verfeinert, wohlschmeckend und sättigend. Sie ist für den kleinen Magen daher als Vorspeise ungeeignet, aber als kleines Mittagsgericht vorzüglich. Das Gleiche gilt für die **açorda madereinse,** eine Brotsuppe, die mit Kräutern abgeschmeckt ist, und die **sopa de peixe,** eine Fischsuppe, die es auch noch in einer mit Kartoffeln, Tomaten und Zwiebeln angereicherten Form als Eintopf gibt, den **caldeira de peixe.**

Fisch

Fisch (*peixe*) wird auf Madeira stets fangfrisch zubereitet. Den **espada** (Schwarzer Degenfisch) fängt man nur in den tiefen Gewässern um Madeira und an einer Stelle vor Japan. Das feine Fleisch des im Übrigen überaus hässlichen Tiefseefisches wird entweder in einem Kräuterteigmantel gebacken, frittiert, gebraten oder als Suppe serviert. In jeder Form ist es köstlich. Die Variationen reichen von *espada com banana* (eine frittierte Banane unterstreicht den Geschmack) über *espada com marisco* (in einer Sauce aus Meeresfrüchten) bis zu *espada com vinho da madeira*. Der *espada* sollte nicht mit Schwertfisch *(espadarte)* verwechselt werden, der ebenfalls auf fast jeder Speisekarte steht.

Wer **Thunfisch** *(atum)* liebt, wird von den in Weißwein, Knoblauch und Petersilie marinierten Thunfischsteaks begeistert sein *(bifes de atum)*, oder vom Thunfischsalat, der aus frischem Fisch zubereitet wird.

Eine Spezialität, die nicht jeder Geschmacksnerv als angenehm empfindet, ist **bacalhau** (Stockfisch), ein ehemaliges Arme-Leute-Essen. Den getrockneten Fisch selbst einzuweichen (24 Stunden unter häufigem Wasserwechsel) und zu kochen, ist in keiner Weise zu empfehlen – man würde sich die Freude am Essen verderben und hätte mit einer Unzahl von Wespen zu kämpfen, für die der Sud

Breites Angebot an Fisch und
Meeresfrüchten auf dem Markt von Funchal

eine Delikatesse zu sein scheint. Auch von Fachleuten bearbeitet entwickelt er immer noch einen eher aufdringlichen Geschmack, der aber mit scharfen Beigaben abgemildert wird.

In den Fischlokalen an den Häfen werden **castanhetas** serviert: kleine gegrillte Fische, die nicht unbedingt filetiert werden müssen, man isst sie so, wie sie auf dem Teller liegen, kann aber den Kopf entfernen.

Im Landesinneren hat sich manche Gaststätte auf **Forellen** *(trutas)* spezialisiert. Stets fangfrisch, bieten sie gegrillt, gebacken oder gekocht dem Feinschmecker das unglaubliche Aroma der in Gebirgsbächen lebenden Fische.

Fleisch-
gerichte

Bekanntestes und bei Touristen wie Einheimischen gleichermaßen beliebtestes Fleischgericht sind die **espetadas:** etwa drei Zentimeter große Rindfleischwürfel, die auf einen Metallspieß gesteckt und gegrillt werden. Bestellen kann man eine Lende, aber auch Filet, was sich im Preis niederschlägt und die Zubereitungsdauer beeinflusst (blutig bis well done). Das Fleisch ist meist nur mit Salz, Pfeffer und Lorbeer gewürzt, manchmal kommt Knoblauch hinzu. Die Kellner bringen den Spieß direkt vom Feuer an den Tisch, wo er in Kopfhöhe vor den Speisenden an einer Hängekonstruktion befestigt wird. Mit Gabeln holt sich jeder seine Portion auf den Teller. Traditionell wurden *espetadas* auf Holzspießen vom Lorbeerbaum zubereitet, die dem Fleisch ein besonderes Aroma verliehen; heute ist man davon aber abgekommen.

Zu den Fleischspießen passt am besten ein gekühlter Landwein. Als typische Beilage wird frisch aus dem Ofen **bolo de caco** gereicht, ein Fladenbrot aus Weizen- und Süßkartoffelmehl, das teilweise aufgeschnitten und mit Knoblauch garniert auf dem Teller liegt. Eine weitere klassische Beilage ist **milho frito,** gebratene Maispolenta.

Ebenfalls sehr schmackhaft ist **carne de vinha d'alhos,** ein über mehrere Tage in Wein eingelegtes, mit Lorbeer und Knoblauch gewürztes und anschließend gebratenes Schweinefleisch. Zu besonderen Gelegenheiten, z. B. wenn die ganze Familie zusammenkommt oder bei kirchlichen Festtagen, kommt ein gebratenes **Spanferkel** (*leitão assado*) auf den Tisch.

Ein anderes typisch madeirensisches Gericht sind **Napfschnecken** (*lapas*), die auf Reis oder mit geschmolzener Knoblauchbutter serviert werden.

Desserts   Ob Obst, Pudding oder Kuchen, zum Abschluss der Mahlzeit darf man die Desserts nicht vergessen. Für **Papaya-Pudding** (*pudim de papaia*) werden die Früchte püriert und mit Sahne verfeinert. Im Obstkorb liegen Maracujas, Mangos, Bananen und Annonas (Peruäpfel) neben Äpfeln, Trauben und Orangen.

Der Stolz der Madeirenser ist der **Honigkuchen** (*bolo de mel*). Der dunkle und süße Kuchen darf nicht mit Metall in Berührung kommen, muss also statt mit der Gabel mit den Händen gegessen werden. Wegen seiner Haltbarkeit ist er auch ein beliebtes Mitbringsel.

Lokale und Restaurants

Neben den auch für Funchal obligatorischen Schnellrestaurants kann man zwischen einer ganzen Reihe von Speiselokalen unterschiedlicher Preiskategorien wählen. Bedienung und Steuern sind stets im Preis inbegriffen, an **Trinkgeld** gibt man um die zehn Prozent.

Die **Bars** – in Portugal einfache Lokale – haben Theken, an denen Sandwiches verkauft werden, teils bereits fertig angerichtet, teils kann man sich den Belag selbst zusammenstellen lassen.

Einfache **Landgasthöfe** servieren herzhafte Fleischgerichte. In den Bergen findet man Restaurants, die am Wochenende viele Madeirenser anziehen. Die Großfamilien kommen während ihres Landausflugs mittags vorbei, und es wird ausgiebig getafelt. Aber auch in Funchal und den kleinen Städtchen sind Lokale zu finden, die von außen betrachtet zwar nicht viel hermachen, aber köstliche und nicht zu teure Gerichte servieren.

Wer für sein Dinner kulturelle Unterhaltung wünscht, geht in eines der **Restaurants,** die zum Beispiel Fado-Gesänge bieten. Ihr Preisniveau ist etwas höher. Man verbringt den ganzen Abend am Tisch, eine Vorbestellung wird darum empfohlen. Die großen Feinschmeckerrestaurants sind meist den Hotels angeschlossen, das Preisniveau ist gehoben. Vorzüglich geschultes Personal sorgt in der Küche und am Tisch für das Wohl der Gäste.

Essens-zeiten In **Hotels** wird das Frühstück meist zwischen 7 und 9 Uhr, manchmal bis 10 Uhr serviert, Mittagessen ist zwischen 12 und 13 Uhr, Abendessen ab 19 Uhr.

In den **Restaurants** kommen die Einheimischen zwischen 12 und 14 Uhr zum Mittagessen, zwischen 19 und 21 Uhr zum Abendessen. Sowohl das Mittag- als auch das Abendessen kann sich über mehrere Stunden hinziehen, besonders am Wochenende und wenn größere Gruppen etwas zu feiern haben.

Feste und Feiertage

Die Madeirenser feiern gerne und oft. Neben den gesetzlichen Feiertagen hat jeder Ort seine eigenen Festtage, an denen je nach Fest die Geschäfte zumindest halbtags geschlossen bleiben. Die Termine variieren teilweise. Gefeiert werden die Ortsheiligen, aber auch bestimmte landwirtschaftliche Produkte, ein Blumenfest im Frühling, die Weinlese sowie Erntedank am Ende der Erntesaison. Die **Feste der Ortsheiligen** gehen mit einer prächtigen Ausstaffierung des Ortes und einer Prozession einher. Häuser und Straßen versinken dann geradezu in einem Blütenmeer.

Auch **Wallfahrten** – meist zu Mariä Himmel-fahrt, am 15. August – werden von den Einheimi-schen gerne besucht. Im Februar wird mit viel Mu-sik **Karneval** gefeiert. Weltberühmt ist das Feuer-werk in Funchal in der **Silvesternacht,** alle Hotels sind dann ausgebucht, und ausgelassen wird das neue Jahr begrüßt.

Der **„Tag der Nelkenrevolution"** erinnert an die Beendigung der Diktatur in Portugal am 25. April 1974, als das Militär gegen die herrschende Klasse revoltierte und nach 48 Jahren die Demokratie wieder einführte. Der **„Tag der Entdeckung"** fei-ert die Entdeckung Madeiras. Da das exakte Da-tum nicht feststellbar ist, wurde der 1. Juli dafür ausgewählt. Am **Nationalfeiertag,** dem 5. Okto-ber, wird der Wiedereinführung der Republik ge-dacht. Allerheiligen nennt man auch „Tag des Bro-tes für Gott" *(pão por deus);* früher wurden die Ar-men gespeist, heute erhalten die Kinder kleine Geschenke.

Dem **Tag der Unbefleckten Empfängnis** am 8. Dezember kommt besondere Bedeutung zu, da mit ihm die Weihnachtszeit eingeläutet wird. Auf der ganzen Insel werden an diesem Tag die tradi-tionellen Honigkuchen, die *bolo de mel,* geba-cken, und man pflanzt symbolisch Getreide an.

Gesetz-liche Feiertage

- **1. Januar:** Neujahr
- **25. April:** Tag der Nelkenrevolution
- **1. Mai:** Tag der Arbeit
- **10. Juni:** Portugal- und Carmões-Tag
- **1. Juli:** Tag der Entdeckung
- **15. August:** Mariä Himmelfahrt
- **5. Oktober:** Tag der Republik
- **1. November:** Allerheiligen
- **1. Dezember:** Nationalfeiertag
- **8. Dezember:** Unbefleckte Empfängnis
- **25./26. Dezember:** Weihnachten

außerdem:
- Karnevalsdienstag
- Aschermittwoch
- Karfreitag
- Palmsonntag
- Fronleichnam

Feste

- **Januar:** *Santo Amaro,* in Santa Cruz
- **April:** Blumenfest, in Funchal; Kinderparade (Schulfest)
- **Mai/Juni:** *Espirito Santo,* in Camacha
- **Juni:** *Santo António,* in Santo da Serra; *São João,* in Funchal; *São João* und *São Pedro,* in Câmaro de Lobos; *São Pedro,* in Ribeira Brava
- **Juli:** *Santa Maria Maddalena,* in Madalena do Mar und Porto do Moniz
- **August:** *Nossa Senhora do Monte,* in Monte; *Nossa Senhora da Graça,* in Porto Santo; *Nossa Senhora do Livramento,* in Curral das Freiras
- **September:** *Senhor Jesus,* in Ponta Delgada; *Nossa Senhora do Loreto,* in Arco da Calheta; *Nossa Senhora do Faial,* in Faial; *Nossa Senhora do Livramento,* in Caniço; *Nossa Senhora dos Remédios,* in Quinta Grande; *Nossa Senhora da Piedade,* in Caniçal; Weinfest, in Câmara de Lobos
- **Oktober:** *Nossa Senhora do Livramento,* in Ponta do Sol; *Nossa Senhora do Rosário,* in São Vicente; *Senhor dos Milagres,* in Machico

Blütenmeere bilden den duftenden Rahmen für die vielen Kirchenfeste

Geldangelegenheiten

Seit Januar 2002 gibt es in den Ländern der Europäischen Union (somit auch in Portugal und Madeira) eine einheitliche Währung, den Euro (ausgesprochen: e-u-ro). Bürger der Schweiz müssen weiterhin Geld wechseln. Für einen Schweizer Franken erhält man 0,64 €, 1 € entspricht 1,54 SFr (Stand Ende 2005).

Die Rückseite der portugiesischen Euro-Münzen, entworfen von Designer *Vítor Manuel Fernandes dos Santos,* schmücken alte Wappen und königliche Siegel aus dem 12. Jahrhundert.

Geld-automaten Die Geldautomaten sind dem Maestro-System angeschlossen; man kann dort unkompliziert mit Maestro- (ehemals EC-)Karte und Eingabe der Geheimnummer Bargeld abheben. Je nach Hausbank wird dafür pro Abhebung eine Gebühr von ca. 1,30–4 € bzw. 4–6 SFr berechnet.

Die Barauszahlung per Kreditkarte sollte innerhalb der EU-Länder nach der EU-Preisverordnung nicht mehr kosten als im Inland, aber je nach ausgebender Bank können das bis zu 5,5 % der Abhebungssumme sein (am Schalter in der Regel teurer als am Geldautomaten).

Kredit-karten Kreditkarten werden auf Madeira von allen größeren Hotels, vielen Restaurants und Läden sowie einigen Tankstellen akzeptiert. Für das bargeldlose Zahlen per Kreditkarte innerhalb der EU dürfen die ausgebenden Banken keine Gebühr für den Auslandseinsatz veranschlagen; für die Schweizer wird jedoch ein Entgelt von ca. 1–2 % des Umsatzes berechnet.

Reise-schecks Wer lieber ohne Plastikkarten arbeitet, kann sich Reiseschecks besorgen. Allerdings ist es umständlicher und auch nicht viel sicherer als die Nutzung von Maestro- oder Kreditkarte.

Wie man im Notfall, z. B. bei Verlust oder Diebstahl der Karte, wieder liquide wird, ist unter „Notfälle" nachzulesen.

Reisekosten

Die Preise auf Madeira bewegen sich auf **mitteleuropäischem Preisniveau.** Die Höhe der Urlaubskosten wird wesentlich von der Übernachtungswahl mitbestimmt. Wer in den Städten in günstigen Pensionen übernachtet, auf dem Land auch mal sein Zelt aufschlägt und öffentliche Verkehrsmittel benutzt, wird mit 20 bis 35 € pro Person und Tag zurechtkommen. Ein mittleres Budget muss mit ca. 35 bis 75 € kalkuliert werden. Dafür kann man in Mittelklassehotels mit Halbpension übernachten, ab und an auswärts speisen, und auch ein Mietwagen ist für eine gewisse Zeit mit drin. Zwischen 75 und 125 € pro Person kann man schon einen äußerst komfortablen Urlaub verbringen, mit Mietwagen, sehr guten Hotels und häufigem Ausgehen am Abend. Nach oben hin offen kann man sich jeden Luxus leisten, den die Insel bietet: das Hotel zu 250 € pro Nacht und das Dinner für 50 € pro Person. Zu den kalkulierten Tagespreisen ist noch der Flug hinzuzurechnen, der mit mindestens 300 bis 400 € pro Person zu Buche schlägt (siehe „Anreise").

Saisonale Schwankungen

Die Preise schnellen, wie überall, in der Hochsaison nach oben, und wer es vermeiden kann, sollte nicht im **Winter** oder in den **Sommerferien** nach Madeira fahren. Ursprünglich gab es im Hochsommer keine Saison, da die Engländer in dieser Zeit die englischen Seebäder besuchten. Heute umwirbt man die Mitteleuropäer stark für Sommerbesuche, so dass auch die wärmste Jahreszeit nicht mehr in der Nebensaison liegt.

Gesundheit

Auf Madeira begegnet man keinem über das mitteleuropäische Maß hinausgehenden Gesundheitsrisiko. Im Gegenteil, das Klima ist ausgesprochen gesund. Nicht umsonst sind jahrhundertelang kränkelnde Europäer auf die Blumeninsel gekommen, um sich auszukurieren.

Die **hygienischen Bedingungen** genügen im Allgemeinen den höchsten Ansprüchen. Bei normaler Körperkonstitution kann man unbedenklich Salate und Obst zu sich nehmen. Das **Leitungswasser** kann in den Sommermonaten allerdings einen unangenehmen Geschmack bekommen, so dass es auch ohne Gesundheitsgefahr ratsam ist, seinen Durst mit Mineralwasser zu löschen. Wasser aus Quellen oder gar aus den Levadas (Bewässerungskanälen) sollte ohne Aufbereitung – sei es mittels Desinfektionstabletten, sei es durch Abkochen – keinesfalls getrunken werden.

Medizinische Versorgung

Die medizinische Versorgung außerhalb der Hauptstadt ist eher mangelhaft. Zwar gibt es überall **Erste-Hilfe-Stationen,** *centros de saúde,* sie sind personell aber häufig unterbesetzt und schlecht ausgestattet. Alle Kliniken Madeiras sind in der Gemeinde Funchal angesiedelt.

Krankenwagen sind über die Notrufnummer **112** zu alarmieren; die Seenotrettung erreicht man unter Tel. 291-221104. Bei Vergiftungen ruft man unter Tel. 291-7950143 Hilfe herbei.

Erste-Hilfe-Station in Funchal:
●**Casa de Saúde São João de Deus,** Sítio do Trapiche, 9000 Funchal, Tel. 291-741032.

Folgende Hospitäler stehen zur Verfügung:
●**Clinica de Santa Luzia** (24-Stunden-Notdienst), Rua da Torrinha, Funchal, Tel. 291-200000.
●**Cruz de Carvalho,** Av. Luís Camões, Funchal, Tel. 291-705600.
●**Dr. João de Almada,** Quinta Santana, Tel. 291-705700.
●**Marmeleiros,** Estr. Marmeleiros, Monte, Tel. 291-705730.
●**Centro Regional de Saúde de Porto Santo,** Vila Baleira, Tel. 291-982211 und 291-980060.

Zahnklinik:
●**Clinica Dentária,** B. 5 de Outubro, Tel. 291-228217.

Deutschsprachiger Arzt:
●**Praxis Dr. Pierre Curado,** Innere Medizin und Allgemeinmedizin. Casa A-1-A, Rua Bartolomeu Perestrelo, Caniço de Baixo, Tel. 291-932218, Handy 965075100, drpierrecurado@mail.telepac.pt. Sprechzeiten nach telefonischer Vereinbarung (auch Sa/So), Haus- und Hotelbesuche sind möglich.

Apotheken sind durch das Schild „Farmácia" mit weißem Kreuz auf grünem Grund gekennzeichnet. Die üblichen Öffnungszeiten sind Montag bis Freitag von 9 bis 13 und 15 bis 17, Samstag von 9 bis 13 Uhr. Der Bereitschaftsdienst wird auf Listen an den Eingängen der Apotheken angegeben.

Kranken-schein

Die gesetzlichen Krankenkassen von Deutschland und Österreich garantieren eine Behandlung auch im akuten Krankheitsfall in Portugal, wenn die medizinische Versorgung nicht bis nach der Rückkehr warten kann. Als Anspruchsnachweis benötigt man seit Januar 2005 die **Europäische Krankenversicherungskarte,** die man von seiner Krankenkasse erhält.

Im Krankheitsfall besteht ein Anspruch auf ambulante oder stationäre Behandlung bei jedem zugelassenen Arzt und in staatlichen Krankenhäusern. Da jedoch die Leistungen nach den gesetzlichen Vorschriften im Ausland abgerechnet werden, kann man auch gebeten werden, zunächst **die Kosten der Behandlung** selbst zu tragen. Obwohl bestimmte Beträge von der Krankenkasse rückerstattet werden, kann doch ein Teil der finanziellen Belastung beim Patienten bleiben, also zu Kosten in kaum vorhersagbarem Umfang führen.

Aus diesem Grund wird zusätzlich der Abschluss einer **privaten Auslandskrankenversicherung** dringend empfohlen. Diese sollte außerdem eine zuverlässige Reiserückholversicherung enthalten, denn der Krankenrücktransport wird von den gesetzlichen Krankenkassen nicht übernommen. Diese sind z. B. in Deutschland ab 5–10 € pro Jahr auch sehr günstig (für Empfehlungen siehe z. B. FinanzTest 07/05).

Schweizer sollten bei ihrer Krankenversicherungsgesellschaft nachfragen, ob die Auslandsdeckung auch für Portugal gilt. Sollte man keine Krankenversicherung mit Auslandsdeckung haben, empfiehlt es sich, kostenlos bei *Soliswiss* (Gutenbergstr. 6, 3011 Bern, Tel. 031-3810494, info@soliswiss.ch, www.soliswiss.ch) nach einem attraktiven Krankenversicherer zu fragen.

Zur Erstattung der Kosten benötigt man grundsätzlich ausführliche **Quittungen** (mit Da-tum, Namen, Bericht über Art und Umfang der Behandlung, Kosten der Behandlung und Medikamente).

Der Abschluss einer **Jahresversicherung** ist in der Regel kostengünstiger als mehrere Einzelversicherungen. Günstiger ist auch die **Versicherung als Familie,** statt als Einzelpersonen. Hier sollte man nur die Definition von „Familie" genau prüfen.

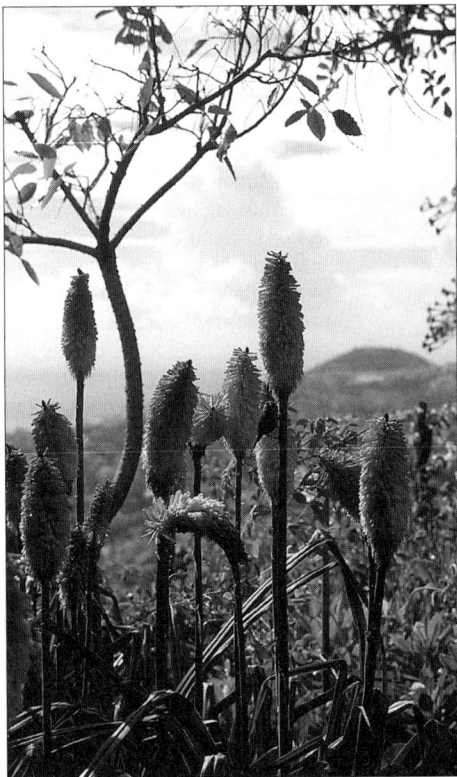

Informationen

Fremdenverkehrsämter

Die portugiesischen Fremdenverkehrsämter betreuen ganz Portugal, und so ist naturgemäß die Information, die über Madeira erteilt werden kann, sehr beschränkt. Nichtsdestotrotz sind die Ämter sehr bemüht zu helfen. Der Deutsch-Portugiesische Kulturverband, eingeteilt in elf Landesverbände, versteht sich mehr als Betreuer der Portugiesen in Deutschland denn als Vermittler von Deutschland nach Portugal und kann deshalb interessierten deutschen Touristen kein Informationsmaterial bieten.

Vor Ort gibt es **Touristenbüros** in Funchal, am Flughafen auf Madeira, in Machico, Camara de Lobos, Ribeira Brava, Porto Moniz, Santana und auf Porto Santo (s. jeweils dort).

- **Portugiesisches Touristik- und Handelsbüro ICEP,** Tel. 0180-5004930.
- **Portugiesische Handelsdelegation – Touristikzentrum,** Tel. 0810-900650.
- **Portugiesisches Handels- und Touristikbüro ICEP,** Tel. 0800-101212.

In Portugal
- **Portugiesisches Fremdenverkehrsbüro** (ICEP – Investimentos, Comércios e Turismo de Portugal), Av. 5 de Outubro 101, 1050-51 Lisboa, Tel. 21-7909500, Fax 3556897.

Auf Madeira
- **Direcção Regional do Turismo,** Avenida Arriaga 18, 9004-519 Funchal, Tel. 291-211900, Fax 232151, www.madeiratourism.org.
- **Direcção Regional do Turismo,** Avenida Henrique Vieira de Castro, 9400 Porto Santo, Tel. 291-982361, Fax 983562.

Im Botanischen Garten von Funchal

Info-material

Die Fremdenverkehrsbüros versenden einen jährlich aktualisierten **Hotelführer.** Dieser listet praktisch alle offiziellen Betriebe auf. Die kostenlos auf Madeira verteilte Broschüre „Madeira Tipps" bietet zum Hotelverzeichnis auch noch einige **Restaurantadressen** und weitere touristische Informationen. Da sich die Broschüre über Werbung finanziert, sind die Empfehlungen jedoch sehr selektiv.

Internet

Auch in Portugal ist die Nutzung des Internets inzwischen weit verbreitet. Die Landeskennung von Portugal und Madeira ist *pt,* der bekannteste Provider ist telepac.

Die Web-Seite „Madeira aktuell" wird vom madeirensischen Tourismusverband und der LTU verwaltet und bietet in deutscher Sprache Reiseinformationen, Tipps zu Festivals, Hotelbeschreibungen, Restaurantvorschläge, Veranstalteradressen und Links zu weiteren Seiten:
www.madeira-aktuell.de

Weitere deutschsprachige Seiten zu Madeira:
● **www.portugal-infos.com**
● **www.madeira-news.de**
● **www.scuba-madeira.com** (Tauchcenter)

Englische Web-Seiten zu Madeira:
● **www.madeira-island.com**
● **www.madeira-web.com**

Nachtleben

Das Nachtleben beschränkt sich mehr oder weniger auf Funchal, das über ein Casino sowie einige Diskotheken und Bars verfügt, die manchmal Livemusik bieten. Spätabends kann man in manchen Lokalen noch Fado-Gesängen lauschen. Generell ist das Nachtleben eher an die Bedürfnisse des **gesetzten Publikums** angepasst. „Heiße" Discos der mediterranen Urlaubswelt darf man nicht erwarten. Zu später Stunde leeren sich die Straßen zusehends, und nur im Altstadtviertel Zona Velha ist dann noch etwas Betrieb.

Notfälle

Notruf-
nummern

● **Polizei:** Tel. 112
● **Feuerwehr:** Tel. 115
● **Wasserwacht:** Tel. 291-221104
● **Rettungswagen Rotes Kreuz** *(Cruz Vermelha):* Tel. 291-741115
● **Bei Vergiftungen:** Tel. 291-7950143

Fundbüro

Ein Fundbüro als eigenständige Einrichtung existiert auf Madeira nicht. Diese Funktion übernimmt die **Polizei.** Man wende sich am besten an deren nächste Station. Im Fall des **Dokumentenverlustes** sind Polizei sowie Botschaften und Konsulate (s. u.) zuständig.

Verlust von
Karten und
Schecks

Bei Verlust oder Diebstahl der Geldkarte oder Reiseschecks sollte man diese umgehend sperren lassen. In Deutschland gibt es dafür seit Juli 2005 die einheitliche **Sperrnummer 0049-116116** für Maestrokarten, Kreditkarten, Krankenkassenkarten, Handykarten u. a. In Österreich und der Schweiz gelten hingegen:

● **Maestro-Karte,** A: Tel. 0043-1-2048800; CH: Tel. 0041-1-2712230; UBS: 0041-8488-88601; Credit Suisse: 0041-8008-00488.
● **MasterCard und VISA,** A: Tel. 0043-1-717014500 (Euro/MasterCard) bzw. Tel. 0043-1-71111770 (VISA); CH: Tel. 0041-44-2008383 für alle Banken außer Credit Suisse, Corner Bank Lugano und UBS.
● **American Express,** A: Tel. 0049-69-97971000; CH: Tel. 0041-1-6596666.
● **Diners Club,** A: Tel. 0043-1-501350; CH: Tel. 0041-1-8354545.

Bei Maestro-Karten muss man für die Sperrung seine Kontonummer nennen können.

Nur wenn man den **Kaufbeleg** mit den Seriennummern der Reiseschecks sowie den **Polizeibericht** vorlegen kann, wird der Geldbetrag von einer größeren Bank vor Ort binnen 24 Stunden zurückerstattet. Also muss der Verlust oder Diebstahl umgehend bei der örtlichen Polizei und auch bei American Express bzw. Travelex / Thomas Cook gemeldet werden:

● **American Express Reiseschecks,** D: Tel. 0049-69-97971850; A: Tel. 0043-1-5450120; CH: Tel. 0041-17454020.
● **Travelex / Thomas Cook Reiseschecks,** mehrsprachiger Computer für alle Länder Tel. 0044-1733318949.

Eine sehr schnelle Möglichkeit des **Geldtransfers** aus dem Heimatland bietet, in Zusammenarbeit mit Western Union, die Reisebank AG (ehemals Verkehrskreditbank), die mit Filialen in fast allen deutschen Bahnhöfen und Flughäfen vertreten ist. In Deutschland wird das Geld bar bei einer der Filialen eingezahlt. Nach 24 Stunden kann es bei einer Western-Union-Agentur abgehoben werden, u. a. CTT – Correiros de Portugal SA, Millennium BCP und Unicambio Funchal (siehe Telefonbuch oder unter www.westernunion.com).

Dipl. Vertretungen

Wird der **Reisepass oder Personalausweis im Ausland gestohlen,** muss man dies bei der örtlichen Polizei melden. Darüber hinaus sollte man sich an die nächste diplomatische Auslandsvertretung seines Landes wenden, damit man einen Ersatz-Reiseausweis zur Rückkehr ausgestellt bekommt (ohne kommt man nicht an Bord eines Flugzeuges!).

Auch in **dringenden Notfällen,** z. B. medizinischer oder rechtlicher Art, sind die Auslandsvertretungen bemüht vermittelnd zu helfen.

Deutschland:
● **Embaixada da Alemanha,** Campo dos Mártires da Pátria 38, 1169-043 Lissabon, Tel. 218-810210 und außerhalb der Öffnungszeiten auch unter 196-5808092, Fax 218-853846.

● **Consulado da Alemanha,** Avenida de Franca 20,6° andar, 4050-275 Porto, Tel. 226-052810, Fax 226-052819.
● **Consulado Honorário da Alemanha,** Largo do Phelbs 6 (1. Stock), 9050-025 Funchal, Tel. 291-220338, Fax 230108.

Österreich:
● **Embaixada da Áustria,** Avenida do Infante Santo 43 (4. Stock), 1399-046 Lissabon, Tel. 213-958220, 213-958221 oder 213-958222, Fax 958224.
● **Consulado Honorário da Áustria,** Praça do Bom Sucesso 123–137, 8° andar, sala 803 (Edificio Peninsula), 4150-146 Porto, Tel. 226-053000 oder 226-053001, Fax 053002.
● **Consulado Honorário da Áustria,** Miltones-Viagens, Rua Imperatriz Donna Amelia 4, Edificio Princesa - Loja 0/4, 9000 Funchal, Tel. 291-206100 oder 291-206103, Fax 281620.

Schweiz:
● **Embaixada da Suíça,** Travessa do Jardim 17, 1350-185 Lisboa, Tel. 213-944090, Fax 955945.
● **Consulado da Suíça,** Rua do Carvalho, 102 M, 6° direito, 4150-192 Porto, Tel. 225-321433, Fax 321434.

Öffentliche Verkehrsmittel

Bus

Das **Busnetz** auf Madeira ist recht dicht, man erreicht praktisch alle Sehenswürdigkeiten und viele Ausgangspunkte für Wanderungen mit dem Bus. Auf Porto Santo ist das Busnetz eher lückenhaft. Auf beiden Inseln gibt es in der Hochsaison einen Busdienst, der die Hotelzonen mit den Stränden verbindet. Die Fahrzeuge sind offen und durch ihre fröhliche Farbgebung auffällig. **Tickets** sind auf Madeira in den Kiosken an den Haltestellen erhältlich, die sich an der Avenida do Mar, der Hafenstraße Funchals, entlangziehen. Auch im Bus werden Fahrkarten verkauft. Die Busfahrpläne kann man sich im Internet herunterladen:

● **www.madeira-island.com/bus_services**

Die Abfahrtszeiten können sich kurzfristig ändern; im Tourismusbüro werden die aktuellen Busfahrpläne gegen eine geringe Gebühr verkauft.

Stadtbusse Funchal
- ●**Monte:** Linien 20/21
- ●**Palheiro Ferreiro:** Linien 36/37
- ●**Jardim Botânico:** Linien 29/30/31
- ●**Pico dos Barcelos:** Linien 4/9/12
- ●**Badekomplex Lido:** Linie 6

Porto Santo

Auf Porto Santo kann man wochentags fünfmal täglich von Vila Baleira nach Camacha und Serra de Fora fahren, viermal täglich nach Ponta und Campo de Cima. Am Samstag werden die Strecken nur zweimal befahren. Sonntags ruht der Busverkehr.

Taxi

Taxifahren ist auf Madeira und Porto Santo **nicht übermäßig kostspielig.** Man kann die Wagen anhalten, zu den Standplätzen gehen oder sie per Telefon bestellen. Es ist auch durchaus üblich, die Taxis für einen halben oder ganzen Tag zu mieten. In diesem Fall wird der Fahrpreis ausgehandelt. Innerhalb Funchals wird mit Taxameter gefahren. Richtwerte für die gängigen Strecken außerhalb Funchals und auf Porto Santo gibt eine Liste vom Taxiverband an, die in jedem Wagen ausliegen muss.

Für einen halben Tag muss man mit etwa 40 € rechnen, für einen ganzen Tag mit etwa 75 €. Stadtfahrten bewegen sich um die 3 bis 6 €. An Wochenenden wird ein Zuschlag verlangt.

Taxiruf:
- ●**24-Stunden Taxi-Service:** Tel. 291-764476
- ●**Calheta:** Tel. 291-822423
- ●**Camacha:** Tel. 291-922185
- ●**Câmara de Lobos:** Tel. 291-942407
- ●**Caniço:** Tel. 291-934640
- ●**Est. Câmara dos Lobos:** Tel. 291-945229
- ●**Funchal/Av. Arriaga:** Tel. 291-222500/220911
- ●**Machico:** Tel. 291-962480
- ●**Porto Santo:** Tel. 291-982334
- ●**Ribeira Brava:** Tel. 291-952349
- ●**São Vicente:** Tel. 291-842238

Öffnungszeiten

- **Apotheken:** Mo–Fr 9–13, 15–17 Uhr, Sa 9–13 Uhr. Die Notdienste werden an den Apotheken angezeigt.
- **Banken:** Mo–Fr 8.30–11.45 und 13–14.45 Uhr.
- **Behörden:** Mo–Fr 8–12 und 13.30–16 Uhr.
- **Geschäfte:** Mo–Fr 9–13 und 14–19 Uhr, Sa 9–13 Uhr. Einige Supermärkte sind bis 22 Uhr und auch am Wochenende geöffnet.
- **Museen:** meist Mo–Fr 9–17 Uhr, mit einer Mittagspause.
- **Post:** Mo–Fr 9–12.30 und 14–17.30 Uhr, Sa 9–12.30 Uhr. Die Hauptpost in Funchal ist bis 20 Uhr geöffnet.
- **Tankstellen:** täglich 7–24 Uhr, kleinere auf dem Land bis 18 Uhr, Autobahntankstellen durchgehend.

Post

Postämter tragen den Schriftzug **„Correio"** und sind Mo–Fr 9–12.30 und 14.30–18.30 Uhr geöffnet. Das Hauptpostamt in Funchal ist Mo–Fr 8.30–20 Uhr zugänglich. Hier besteht auch die Möglichkeit zu telefonieren (bis 22 Uhr).

Das **Porto** für Briefe und Postkarten nach Mitteleuropa beträgt **56 Cent.** Postlagernde Sendungen sind an alle Postämter möglich, Angabe: Name, Poste restante, Ort.

Reisezeit

Madeira und Porto Santo kann man dank des ausgeglichenen Klimas das ganze Jahr über bereisen. Im Sommer ist es jedoch in der Hauptstadt Funchal meist feucht-heiß und stickig. Die Bewohner flüchten in die Berge, um ein wenig Abkühlung zu finden – oder auf die Nachbarinsel Porto Santo, um ins Meer zu springen. Eines muss dem Besucher der Hauptinsel immer bewusst sein: Sie ist **keine Insel für Badeurlaub.** Der Himmel ist nur selten in seiner ganzen Weite strahlend blau, meist sind Wolken zu sehen, die immer wieder die Sonne bedecken und sie wieder frei geben. Nur ein

Reisetipps A–Z

paar Kilometer trennen Regengebiete vom Sonnenschein, und wer mobil ist und den Wetterbericht in der Tageszeitung liest, wird meist eine Stelle auf der Insel finden, an der er blauen Himmel sieht.

Regenreiche Nordküste

Eine deutliche Trennlinie liegt zwischen der Nord- und der Südküste der Insel. Da die Schlechtwetterfronten fast immer von Norden kommen und dort auch hängen bleiben, regnet es hier häufiger als im Süden. Stabiles, sonniges Wetter garantiert also nur die Südküste, während man das Inselinnere und den Norden meist nur in den Vormittagsstunden ohne Regenschutz genießen kann. Die **Wetterumschwünge** kommen schnell und unerwartet, deshalb sollte man vor Bergtouren stets den Rat der Einheimischen einholen und nur mit entsprechender Ausrüstung aufbrechen.

Milde Temperaturen

Im angenehmen Gegensatz zur Launenhaftigkeit des Wetters steht die Stabilität der Temperaturen. Mit **19 bis 24° C** ist es auf Madeira das ganze Jahr über gleichmäßig warm, und die Nachttemperaturen sinken an der Küste selten unter 14° C. In hohen Lagen wie auf dem Pico Arreiro und dem Pico Ruivo kann es im Winter durchaus schneien. Auch in den Sommermonaten sollte man für Ausflüge in die Bergwelt einen warmen Pullover und eine Windjacke dabei haben.

Baden nur im Sommer

Da die Gewässer um Madeira sehr tief sind, kann sich das Meer nur schlecht erwärmen: Bei 14° C wird kaum jemand in Versuchung kommen, im Februar im Atlantik zu schwimmen. Ab Juli hat das Wasser mit 20 bis 22° C eine **angenehme Badetemperatur,** die bis in den Oktober hinein stabil bleibt. Anders sieht es auf Porto Santo aus: Das Meer am flachen Strand wird schneller warm und hält seine Badewannentemperatur meist von Mai bis November.

Haupt-saison

Im **Winter** überwiegen englische Touristen, die dem nasskalten Wetter auf ihrer Insel entfliehen, im **Sommer** sind die Bewohner der mittel- und südeuropäischen Länder die Zielgruppe des madeirensischen Tourismusverbandes. Aber auch die Portugiesen vom Festland zieht es in der warmen Jahreszeit auf die Blumeninsel. In Funchal ist dann wenig Betrieb. Die meisten Portugiesen sind auf dem Land oder zum Baden auf Porto Santo, so dass man gute Chancen hat, in einem der Hotels der Hauptstadt ein Zimmer zu bekommen.

Um **Weihnachten und Neujahr** ist Madeira ausgebucht, nicht nur wegen des Klimas. Das berühmte Feuerwerk von Funchal zu Silvester zieht internationales Publikum an.

Beste Reisezeit

Schön ist es auf Madeira besonders im **Frühling,** wenn alles in voller Blüte steht, oder im **Herbst,** wenn die Ernte eingefahren wird und ein Fest sich

Am Mercado dos Lavradores in Funchal

ans andere reiht. Ein Besuch Porto Santos ist zu dieser Zeit weniger interessant, die karge Insel bietet sich hauptsächlich zum Baden an.

Sicherheit

Kriminalität spielt auf Madeira und Porto Santo keine nennenswerte Rolle. Die Kriminalitätsrate liegt eher unterhalb des mitteleuropäischen Niveaus. Außerhalb der Sommersaison, die den einen oder anderen Dieb auf die Insel spülen mag, gilt Madeira als sehr sicher. Gewaltkriminalität ist so gut wie unbekannt. Allerdings werden in Funchal immer häufiger Touristenautos aufgebrochen, auch in bewachten Tiefgaragen.

Da Gelegenheit aber Diebe macht, sollte man die **üblichen Vorsichtsmaßregeln** beachten. Geld und die Reisedokumente gehören nicht offen ins Hotelzimmer, sondern in den Safe (auf dem Zimmer oder an der Hotelrezeption). Das Gepäck und Wertgegenstände, wie z. B. Kameras, sollte man nicht unbeaufsichtigt lassen. An den Strand nimmt man besser nur so viel Geld mit, wie man ausgeben möchte. Wer mit dem Rucksack unterwegs ist, sollte immer ein Auge auf das Gepäck haben und es am Strand von einer Vertrauensperson bewachen lassen.

Sport und Aktivitäten

Ob man sich mit der Vergangenheit beschäftigen und die Museen, Kirchen und Festungen besuchen möchte oder ob man taucht, Tennis und Golf spielt, angelt oder segelt – für jeden Geschmack haben Madeira und Porto Santo etwas zu bieten. Umgeben von Wasser, bieten die Inseln eine Menge Wassersportmöglichkeiten, wobei Sonnenbaden und Schwimmen wegen der Wassertemperatur und der vornehmlich steilen Felsküste an letzter Stelle steht.

Baden

Baden ist an fast allen Orten möglich, entweder im offenen Meer oder in Meerwasserschwimmbecken und natürlich auch in den Pools der Hotels. Viele Hotels besitzen kleine Molen, die einen bequemen Zugang zum Wasser ermöglichen. Auf Madeira gibt es abgesehen vom künstlich aufgeschütteten „Calheta Beach" praktisch keine Sandstrände, wohl aber Kies- und Steinstrände, die teilweise leicht zugänglich sind. Nur Porto Santo be-

Reisetipps A–Z

Felsinseln vor der Bucht von Ribeira da Janela an der Nordküste

Buchtipp:
**„Praxis –
Sicherheit im
und auf dem
Meer",**
Reise Know-
How Verlag,
Bielefeld

sitzt einen Sandstrand, und dieser ist fast zehn Kilometer lang. Im Hochsommer ist er von den Madeirensern und „Festländern" gerne besucht und bietet die üblichen Möglichkeiten zu Strandaktivitäten.

Meerwasserschwimmbecken gibt es in Ponta Delgada, Porto Moniz und Porto da Cruz, weitere Badeanlagen sind derzeit im Bau. **Strände** besitzen Caniçal, Caniço de Baixo (öffentliches Bad mit Becken), Garajau, Machico, Santa Cruz und São Vicente. In Funchal gibt es neben den Hotelmolen zwei **öffentliche Bäder** am Meer (Lido und Barreirinha) sowie ein beheiztes öffentliches Bad in der Stadt (Quinta Magnólia). Meist sind die Bäder am Meer überwacht; eine rote Fahne bedeutet, dass es wegen hohen Wellengangs nicht empfehlenswert ist, im Atlantik zu baden. Zur eigenen Sicherheit sollte man diese Warnung ernst nehmen!

**Boots-
fahrten**

Bootsausflüge werden auf Madeira und Porto Santo auf modernen Segeljachten und auf einem Nachbau der Karavelle von *Christoph Kolumbus* angeboten. Die dreistündige Ausfahrt mit der Karavelle findet jeweils in der Frühe und am Nachmittag statt. Man kreuzt unter vollen Segeln vor der Küste bei Funchal, zurück geht es mit Motorkraft. Die Fahrt kostet zwischen 20 und 30 € pro Person. Mittwochs und sonntags veranstaltet man zwischen 19.15 und 20.45 Uhr eine Dämmerungsfahrt. Unterwegs wird der Anker geworfen und die Gäste können im offenen Meer baden.

● **Santa Maria de Colombo,** Marina do Funchal, 9000 Funchal, Tel. 291-220327, Fax 220327.
● **Ribeira Brava,** Lobosonda, Caminho do Areeiro de Baixo nª 9, 9000-229 Funchal, Tel. 291-771582, Mobil-Tel. 9684 00980, 914710259. Mit der „Ribeira Brava", einer traditionellen, 12 m langen *chavela*, einem Fischerboot, sticht das Unternehmen Lobosonda vom Yachthafen Calheta aus in See. Auf dem Programm stehen Fahrten zur Delfin- und Walbeobachtung, Sonnuntergangsfahrten und Touren zu den Fischern, die um die Insel Espadas angeln. Die Ausflüge kosten zwischen 20 und 25 €, Kinder zahlen die Hälfte.

Reisetipps A–Z

Segeln   Zur Auswahl stehen Halbtagesfahrten und mehr-
tägige Törns auf Booten verschiedener Größe, die
auch als Gruppe zu mieten sind (immer jedoch
mit Crew). Eine Halbtagesfahrt kostet um die 25 €
pro Person. Gesichtet werden Delfine, Wale und
Wasserschildkröten.

Auch organisierte Fahrten zu den unbewohnten
Ilhas Desertas sind möglich, buchbar über Gavião.

● **Gavião Madeira,** Tel. 291-241124, Fax 772030.
● **Eurofun,** Tel. 291-228638, Fax 228620.
● **Catamaran Dolphin Watch,** Terras de Aventura, Tel.
291-776818, www.terrasdeaventura.com.

Wasserski   Mit gechartertem Motorboot kann man sich auf
Skiern im Wasser verlustieren.

● **Aquanáutica,** Funchal, Tel. 919911293.

Baden ist möglich, aber wegen der groben Steine kein
reines Vergnügen: Strand von Ponta do Sol an der Südküste

Tauchen   Die Felsenküsten des Atlantik sind ein **hochinteressantes Tauchrevier.** Nicht nur Fische und anderes Meeresgetier gibt es in großer Vielfalt zu sehen, auch Wracks kann man besichtigen. Mit dem Tauchboot fährt man hinaus zum Revier. Meist stehen die felsigen Abschnitte der Küste Madeiras oder Porto Santos auf dem Programm, aber auch ein Besuch der Ilhas Desertas wird angeboten.

Tauchen im Atlantik

Der Madeira-Archipel bietet dem Taucher aufgrund seines vulkanischen Ursprungs interessante und abwechslungsreiche Unterwasserlandschaften. In den Gewässern rund um die Inseln tummeln sich **ca. 550 Fischarten,** wobei der Makaronesen-Zackenbarsch neben etwa zehn anderen Flossenträgern nur hier sowie in den Gewässern der Azoren und Kanaren vorkommt. Großfischsichtungen, wie z. B. auf Madeira im Sommer zwar möglich, zählen aber zu den Erlebnissen, die wohl nur den wenigsten Tauchtouristen vergönnt sind. Mehr Glück hat man mit großen Zackenbarschen, Barrakudas, zahlreichen Rochen sowie wirbellosen Tieren wie Kraken, Riffhummern, Einsiedlerkrebsen und Borstenwürmern.

Wer Wandern mit **Unterwasser-Abenteuern** verbinden möchte, ist auf Madeira genau richtig. Tauchbasen gibt es in Funchal, Caniço de Baixo sowie Machico. Wer gerne unabhängig von fixen Bootsausfahrten an Hausriffen taucht, findet in Caniço de Baixo die geeignete Stelle: Die Tauchschule Atalaia bietet neben dem Canyon-Riff und zwei weiteren langgestreckten Felsspornen auch eine gut zu betauchende Unterwasserhöhle, die ca. 50 Meter lang ist. Daneben gibt es überall die Möglichkeit, vom Boot aus zu tauchen. **Schöne Unterwasser-Spots** sind Garajau, ein Naturschutzgebiet mit zahlreichen großen Zackenbarschen, Machico mit Schwarzen Korallen sowie die Wracks vor Funchal.

Wer nur zum Tauchen auf den Archipel kommt, den wird es wohl auf die Nachbarinsel **Porto Santo** ziehen. Die kleine Schwester Madeiras besitzt keine Flüsse, die den Atlantik trüben. Somit sind unter Wasser Sichtweiten bis 60 Meter möglich, wobei beeindruckende 40 Meter die Norm sind. Diese Transparenz steigert das Empfinden von Räumlichkeit bei den durch Lava bizarr geformten Riffen. Die Top-Spots wie Thunriff und Whale Rock beginnen erst 36 bis 37 Meter tief im Atlantik und garantieren zwar anspruchsvolle, aber unvergessliche Tauchgänge, die zum Besten in der Region zählen.

Wer nicht so viel Druck verspüren möchte, findet in geringerer Tiefe im Bereich zwischen 20 und 30 Metern Tauchplätze, die den zuvor genannten kaum nachstehen: das Barrakuda-Riff mit einer

Über den deutschsprachigen Buchhandel sind Tauchführer zu beziehen.

Anfänger können an Kursen teilnehmen und mit einer Lizenzprüfung abschließen, Lizenzhalter sich die Ausrüstung leihen. Wegen der relativ niedrigen Wassertemperatur ist ein warmer Tauchanzug unabdingbar. Das Logbuch, die Lizenz und ein ärztliches Attest sind mitzubringen.

Reisetipps A–Z

wunderbaren Unterwasserlandschaft aus Lavagestein; oder Baixa Cotrim, eine Felsinsel, die steil aus dem ebenen Sandgrund emporsteigt. Besiedelt werden diese Felsriffe von Gabeldorschen, Congeraalen und Muränen, ferner sieht man Drücker-, Lipp- und Kugelfische. Wer gern ein wenig aus der Seefahrergeschichte der Insel erfahren möchte, findet hier mit den Tauchplätzen „Ankerfriedhof" und „Kanonen", was er sucht.

Getaucht werden kann auf Madeira das ganze Jahr über, in Porto Santo von Anfang Mai bis Ende Oktober. Die Wassertemperaturen schwanken in den Sommermonaten zwischen 20 und 25° C, im Winter ist der Atlantik mit 17° C deutlich kälter.

Ein Tauchbericht vom Canyon-Riff vor Caniço de Baixo:

Die Einstiegsstelle zum Hausriff befindet sich an einem aus Lavagestein bestehenden Sporn, der gestreckt in den Atlantik hinausragt. An der Felswand geht es senkrecht bis zum ca. sieben Meter tief gelegenen Meeresgrund hinunter, wo den Taucher gleich zahlreiche Meerbrassen begrüßen. Ein Torbogen im Gestein lässt uns durch den Lavasporn hindurchgleiten, und über große Felsblöcke hinweg gelangt man vorbei an Eidechsenfischen, Meerbarbenkönigen, Goldstriemen, Lippfischen, Seesternen und Seeigeln an den Riffabhang, der in ca. 20 Meter Tiefe in einen Sandboden übergeht.

Wir folgen der Linie zwischen Gestein und ebenem Sand. Ein Makaronesen-Zackenbarsch lässt sich nur ungern näher betrachten, er zieht es vor, sich in den Spalten und Höhlen der großen Lavabrocken zu verstecken. Schließlich knickt das Felsriff nach links ab. Das ist die Stelle, die uns *Jörg*, der Basisleiter der Tauchschule Atalaia, beschrieben hat. Behalten wir unseren bisherigen Kurs bei, müssten wir direkt auf das Canyon-Riff stoßen. Um Luft zu sparen tauchen wir auf nur etwa 15 Meter Tiefe über den Sandboden hinweg, die einzelnen Gruppen von Röhrenaalen helfen uns die Richtung auch ohne Kompass zu halten. Nach mehreren Minuten über unstrukturiertem Meeresgrund treffen wir schließlich auf das Canyon-Riff, das bis auf ca. 21 Meter Tiefe hinunterreicht. Die Sicht ist hier mit gut 20 Meter besser als zu Beginn des Tauchgangs. Ein Schwarm Bonitos kreuzt unseren Weg, bevor wir in einen der engen Canyons einbiegen.

(Harald Pittracher)

Buchtipp:
„Tauchen in
warmen Ge-
wässern",
erschienen in
der Praxis-Reihe
des Reise
Know-How
Verlags

Der „Veteran" des Tauchsports auf Madeira, *Rainer Waschkewitz*, hat die neue Tauchschule „Madeira Seals" (www.madeira-seals.com) am im Bau befindlichen Yachthafen bei Caniçal (s. dort) gegründet. In dem vom Ehepaar *Waschkewitz* ins Leben gerufenen Unterwasser-Nationalpark tauchen nun andere kompetente Unternehmen.

Besonders zu empfehlen sind die deutschsprachigen Atalaia Diving und das Manta Diving Center.

Tauchschulungen und Tauchexkursionen bieten an:
- **Manta Diving Center,** deutschsprachig im Hotel Galomar, Caniço de Baixo, Tel. 291-935588, www.manta diving.com.
- **Imersão Aventura e Desporto,** Marina do Funchal, 9000 Funchal, Tel. 291-234815.
- **Scorpio Diving School,** 9000 Funchal, Tel. 966861846.
- **Tubarão Madeira Mergulho,** 9050 Funchal, Tel. 965 011126, www.scuba-madeira.com.
- **Atalaia Scuba Diving,** Hotel Roca Mar, 9125 Caniço de Baixo, Tel. 291-934330, Fax 933011, www.atalaia-madeira.com (deutschsprachig).
- **Diving Center and School,** Hotel Dom Pedro Baía, 9200 Machico, Tel. 968052543.
- **Baleira Diving Center,** Hotel Vila Baleira, Porto Santo, Mobil-Tel. 961913698, www.baleiradiving.com.

Angeln

Für Hochseeangler bietet Madeira ideale Gewässer. **Big Game Fishing** nach Thunfisch, Schwertfisch und Haien ist rund um die Insel möglich. Die Ausrüstung wird gestellt, ein halber Tag kostet etwa 100 €. Wer nicht in einer Gruppe hinausfahren möchte, sondern das Boot für sich allein haben will, muss ein Mehrfaches dieses Preises bezahlen.

- **Atalaia** (deutschsprachig), Hotel Roca Mar, 9125 Caniço, Tel. 291-934330, Fax 933011.
- **Turipesca Game Fishing Center,** Marina do Funchal, Loja 18, 9000 Funchal, Tel. 291-231063, Fax 231061.
- **Missiltour,** Marina do Funchal, Gate C, 9000 Funchal, Tel. 291-933414, Fax 933414.
- **Katerine B,** Captain Peter Bristow, Travessa das Virtudes 23, São Martinho, 9000 Funchal, Tel. 291-752685, Mobil-Tel. 962814906.
- **Costa do Sol,** Marina do Funchal, 9000 Funchal, Tel. 291-224390.

Für Rutenjagd auf **Forellen** im Ribeiro Frio erhält man eine Lizenz im Forsthaus von Ribeiro Frio. Die Ausrüstung muss mitgebracht werden.

Fahrrad-
fahren

Nur konditionsstarken Radlern kann Radfahren auf Madeira empfohlen werden. Die Steigungen zehren an den Kräften und man braucht bei dem ständigen Auf und Ab sehr lange, um die nächste Ortschaft zu erreichen. Andererseits ist Madeira ein **Paradies für Mountainbiker,** die das Insel-innere auf den schmalen Pfaden entlang der Leva-das, der Bewässerungskanäle, erkunden wollen.

Möchte man sein eigenes Rad mitnehmen, soll-te man dies frühzeitig bei der Fluggesellschaft an-melden (s. „Anreise: Fluggepäck"). **Geführte Tou-ren** bietet u. a. Viva Travel in Funchal an (Rua Ser-pa Pinto 32, Tel. 291-203900, www.viva-travel.pt). Für die **Miete** eines Mountainbikes muss man pro Tag ca. 8 bis 10 € kalkulieren, im Preis enthalten sind Helm und Versicherung. Als Ausrüstung er-hält man zusätzlich Reifenreparaturwerkzeug, Fahrradschloss und Karte. „Normale" Fahrräder und Mountainbikes vermieten:

● **Joyride,** Centro Comercial Olimpo (beim Casino Park Hotel), Funchal, Tel. 291-234906.
● **Terras de Aventura,** Caminho do Amparo 25, 9000-248 Funchal, Tel. 291-776818, Fax 771018, www.terrasdeaventura.com.

Gelände-
wagen-
fahrten

Auf geführten Touren im Geländewagen erreicht man Orte, die einem mit dem eigenen Wagen ver-schlossen bleiben würden, nicht nur weil die We-ge so schlecht sind, sondern auch, weil man sie wohl gar nicht erst finden würde.

● **Eurofun,** Olimpo Shopping Center, Av. do Infante, Fun-chal, Tel. 291-228638, Fax 228620.

Gleit-
schirm-
fliegen

Wer die Bergwelt von oben bestaunen möchte, kann sich auf das Abenteuer Gleitschirmfliegen einlassen. Wer keinen eigenen Schirm mitbringt, wird dem Piloten als Passagier vor den Bauch geschnallt und muss nichts anderes tun, als sich ruhig verhalten und die Landschaft genießen. Die Kosten betragen für einen ganztägigen Ausflug ca. 50 €, die Flugdauer ist witterungsabhängig (Aufwinde).

● **Hartmut Peters,** Mobil-Tel. 964133907, www.madeira-paragliding.com.

Golf

Madeira besitzt zwei Golfplätze: Palheiro Golf, außerhalb Funchals bei der Quinta do Palheiro, und Santo da Serra beim gleichnamigen Ort 30 Kilometer nordöstlich Funchals. Ein drittes 18-Loch-Green gibt es auf Porto Santo. Die „Madeira Island Open" werden jährlich im Frühling auf dem Green von Santo da Serra ausgetragen. Auf beiden Plätzen kann man Ausrüstung anmieten. Palheiro ist 6000 Meter lang und besitzt 18 Löcher. Er wurde 1993 von *Cabel Robinson* gestaltet. Santo da Serra wurde 1998 auf 27 Löcher erweitert.

● **Balancal Palheiro Golf,** São Gonçalo, 9050 Funchal, Tel. 291-792116, Fax 792456, balancal@mail.telepac.pt, www.madeira-real-estate.com.
● **Santo da Serra Golfclub,** Santo da Serra, Tel. 291-552345, Fax 552367.

●**Porto Santo Golfe,** Sítio da Lapeira de Dentro, Tel. 291-983777, Fax 982584, sdps@netmadeira.com.

Reiten   Wochentags kann man zwischen 9 und 17 Uhr nach Voranmeldung bei der Associação Hípica da Madeira reiten. Eine Stunde schlägt mit etwa 15 € zu Buche.

●**Associação Hípica da Madeira,** Quinta Vale Pires, São João Latrão, Tel. 291-792582, Mo Ruhetag.
●**Centro Hípico do Porto Santo,** Sítio da Ponta, Porto Santo, Tel. 967671689.

Canyoning   Mit Canyoning und „Abseiling" haben zwei neue Trendsportarten ihren Weg nach Madeira gefunden. Die tief eingeschnittenen Flussbetten sind dafür ein ideales Terrain. *Amilcar* organisiert das sportliche Abenteuer.

●**Amilcar,** Mobil-Tel. 964541793

Birding   Für Vogelbeobachtung ist Madeira mit seiner vielfältigen Vogelwelt hervorragend geeignet. *Madeira Windbirds* organisiert Halbtages- und Tagestouren auf der Insel und Bootsausflüge zur Vogelbeobachtung auf die Selvagens.

●**Madeira Windbirds,** Tel. 917777441, Fax 291-720030, www.madeirabirds.com.

Sonstiges   Eine **Joggingbahn** ist auf dem Gelände der Quinta Magnólia ausgewiesen. Fast jedes Hotel besitzt **Fitness-Studios,** und die meisten größeren Hotels verfügen über einen **Tennisplatz,** viele davon mit Flutlichtanlage. An der Rezeption kann man sich erkundigen, ob auch Nichtgäste den Platz benutzen dürfen. Ausrüstung wird meist vermietet.

Wandern   s. eigener Stichpunkt

Reisetipps A–Z

Unterwegs vom Pico do Arieiro
zum Pico Ruivo, dem höchsten Berg der Insel

Sprache

Die Sprache des Archipels ist **Portugiesisch.** Auf Madeira und Porto Santo kommt man in den touristischen Gegenden mit **Englisch** gut zurecht. Nur auf dem Land kann es manchmal schwierig sein, jemanden zu finden, der eine Fremdsprache beherrscht. Dank der stetig wachsenden Zahl deutscher Urlauber wird in den Ferienzentren meist auch **Deutsch** verstanden bzw. gesprochen.

Das Portugiesisch des Archipels unterscheidet sich nicht von dem des Festlandes, die Aussprache ist etwas weicher und ähnelt dem Dialekt an der Algarve, von der viele Portugiesen nach Madeira ausgewandert sind. Im **Anhang** findet sich eine kleine **Sprachhilfe** mit dem nötigsten Vokabular, darunter eine Liste mit Speisen und Getränken für den Restaurantbesuch.

Ein sehr praxisorientierter **Sprachführer Portugiesisch** ist im REISE KNOW-HOW Verlag in der Kauderwelsch-Reihe erschienen: „Portugiesisch – Wort für Wort" (Band 11). Dazu ist ein begleitender **AusspracheTrainer** auf Audio-CD erhältlich.

Sprach-ferien   Wer seinen Urlaub mit einem Sprachkurs verbinden möchte, hat dazu mehrere Möglichkeiten:

- **Academia de Linguas da Madeira,** Rua Ribeirinho de Baixo 33, 9000 Funchal, Tel. 291-231069, Fax 230211.
- **Cambridge School,** Rua da Carreira 240, 9000 Funchal, Tel. 291-743718.
- **Centro de Estudos, Línguas e Formação do Funchal,** Rua Bela de São Tiago 20, 9060-400 Funchal, Tel. 291-22 2894, Fax 225429, www.celff.pt.

Telefonieren

Telefonzellen gibt es auf der ganzen Insel. Allerdings gibt es fast keine Münz-, sondern nur **Kartentelefone.** Telefonkarten erhält man bei der Telecom bzw. in Läden mit einem Telecom-Schild.

Reisetipps A–Z

Telefonieren kann man auch beim Hauptpostamt in Funchal (bis 22 Uhr).

Ohne Probleme sind von Madeira aus **R-Gespräche** möglich, bei denen das Konto des Angerufenen mit den Telefonkosten belastet wird. Man wählt die Nummer 00800-33004900 (gebührenfrei) und wird automatisch zur Operator-Zentrale in Deutschland durchgestellt. Diese fragt bei der gewünschten Teilnehmernummer nach, ob sie die Kosten übernimmt. Zusätzlich zu den Verbindungsgebühren von ca. 50 Cent/Minute muss der Angerufene 2,50 € für den Service zahlen.

Der Normaltarif beim Telefonieren wird in Portugal von 8 bis 21 Uhr erhoben. **Billigtarifzeiten** sind 21 bis 8 Uhr und das Wochenende.

Die **nationale Auskunft** ist unter 118 zu erreichen, die **internationale Auskunft** unter 099. Mit dem **internationalen Operator** wird man unter der Nummer 098 verbunden. Wer **Telegramme** aufgeben will, wählt für Portugal 183, für das Ausland 182.

Achtung: Die **Vorwahlen** für ganz Portugal haben sich geändert. Die 0 vor der Rufnummer wird durch eine 2 ersetzt. Auf Madeira muss vor jeder Nummer die 291 gewählt werden.

Handy

Das eigene Mobiltelefon lässt sich in Madeira problemlos nutzen. Wegen hoher Gebühren sollte man bei seinem Anbieter nachfragen oder auf dessen Website nachschauen, welcher der Roamingpartner günstig ist, und diesen per **manueller Netzauswahl** voreinstellen. Nicht zu vergessen sind die **passiven Kosten,** wenn man von zu Hau-

---

Telefon-Vorwahlen
- **Madeira:** 00351 (für Portugal) + 291 + Rufnummer
- **Portugal:** 00351 + 2 + Städtevorwahl ohne 0 + Rufnummer
- **Deutschland:** 0049
- **Österreich:** 0043
- **Schweiz:** 0041

se angerufen wird (Mailbox abstellen!). Der Anrufer zahlt nur die Gebühr ins heimische Mobilnetz, die teure Rufweiterleitung ins Ausland zahlt der Empfänger. Wesentlich preiswerter ist es, sich von vornherein auf SMS zu beschränken, der Empfang ist dabei in der Regel kostenfrei.

Der Versand und Empfang von Bildern per MMS ist hingegen nicht nur relativ teuer, sondern je nach Roamingpartner auch gar nicht möglich. Die Einwahl ins Internet über das Mobiltelefon, um Daten auf das Notebook zu laden, ist noch kostspieliger – da ist in jedem Fall ein Gang in das nächste Internetcafé weitaus günstiger.

Unterkunft

Auf Madeira und Porto Santo gibt es eine ganze Palette von Unterkunftsmöglichkeiten, vom Fremdenzimmer über das Ferienapartment bis zum Luxushotel der Kette „Leading Hotels of the World". Die offizielle **Beherbergungsbroschüre** des Tourismusbüros weist für die Inseln sämtliche Unterkünfte (mit Klassifizierung) aus, die sich für den Führer angemeldet haben.

Außer um Weihnachten/Silvester dürfte es keine Probleme geben, in Funchal ein Zimmer zu bekommen, wenn man bereit ist, notfalls auch in der Stadt oder ein Stück vom Meer entfernt zu wohnen. In der Nebensaison (Frühjahr, Herbst) kann man sogar über den Zimmerpreis verhandeln. Schwieriger ist es in den anderen Inselteilen, da es nach wie vor nur wenige Betten gibt und einige Hotels sehr begehrt sind (z. B. Quinta do Furão in Santana). Es lohnt sich aber, vor Ort nachzufragen – meist bleibt doch das eine oder andere Zimmer unbesetzt.

Klassifizierung Die Einteilung der Unterkünfte ist verwirrend. Die Hotels tragen einen bis fünf Sterne. Die Apartments unterteilt man in Apartments und Tourist

Hotelpreise

Die Kategorien entsprechen in etwa den folgenden Preisen pro Person im Doppelzimmer mit Frühstück:

*	ca. 15–25 €
**	ca. 26–35 €
***	ca. 36–50 €
****	ca. 51–75 €
*****	über 76 €

Apartments. Apartments sind klassifiziert von einem bis vier Sterne, Tourist Apartments in erste und zweite Klasse. Pensionen unterteilt man in erste, zweite und dritte Klasse, und um die Verwirrung zu komplettieren, gibt es auf Madeira noch die Kategorie Tourist Village, die von einem einzigen Hotel ausgefüllt wird. Hinzu kommen noch Tourist Developments (ein Rundhüttendorf), Inns (ohne weitere Klassifizierung), Pousadas (einfache Berghütten) und schließlich Quality Inns, Manor Houses und Rural Tourism. Kein Mensch weiß – auch auf Madeira nicht –, was diese Unterscheidungen bedeuten.

Der Einfachheit halber wird im Folgenden unterschieden zwischen Hotels (unter die Hotels und *quintas* fallen), Pensionen (*estalagem, residencial, habitação, pensão*) sowie Apartment-Hotels und Ferienwohnungen.

Preise

Die Unterkunftspreise auf Madeira sind verglichen mit den Lebenshaltungskosten sehr hoch. Hotels der Luxusklasse berechnen für eine Person im DZ mit Frühstück ab 100 €, jene der Mittelklasse um 50 €, die einfacheren Häuser ab 25 €. Apartments kann man je nach Standard und Größe ab etwa 60 € mieten, in Pensionen sollte man mit 25 € rechnen. Häufig ist es günstiger, eine Pauschalreise (Flug und Hotel) zu buchen und dann bei Ausflügen gegebenenfalls auf die eine oder andere Übernachtung im Hotel zu verzichten und in einer Pension abzusteigen.

Hotels Hotels bieten entsprechend ihrer Klasse die notwendigen Annehmlichkeiten für einen schönen Urlaub. **Quintas** sind ehemalige Herrenhäuser, die zu Hotels umgebaut wurden und zwischen 10 und 70 Zimmer besitzen. Im Hotel Guide sind sie teilweise unter „Quality Inns" aufgeführt.

Pensionen Pensionen besitzen zwischen 10 und 40 Zimmern, teilweise ist der Übergang zu Hotels fließend. Die Ausstattung ist eher zweckmäßig, und der Hauptunterschied liegt im Serviceangebot. **Manor Houses** und **Rural Tourism** besitzen zwischen drei und zehn Zimmern.

Große Hotels haben zumeist ihre eigenen Badeanlagen – in die Felsen gebaute Meeresschwimmbecken mit zusätzlichem Pool

Mit Genehmigung darf man im Nationalpark zelten

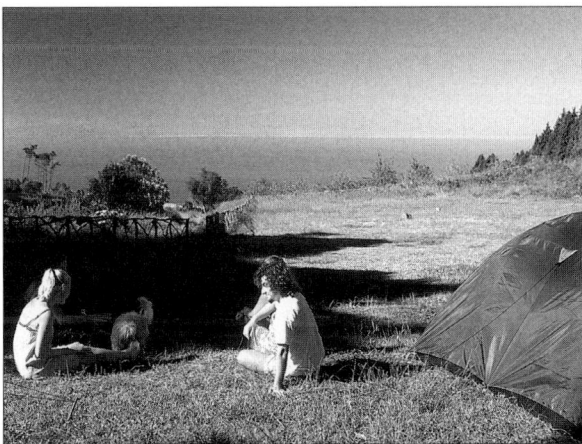

Ferienwoh- Ferienwohnungen gibt es in unterschiedlicher
nungen Größe und Ausstattung. Alle sind komplett eingerichtet und besitzen eine Küche zur Selbstversorgung. Einige haben zusätzliche Angebote wie Restaurant oder Pool.

Pousadas sind nicht zu verwechseln mit den
staatlichen Hotels in Spanien. Auf Madeira handelt es sich um große Berghütten beim Pico do
Ariero und bei der Serra d'Água.

Camping Es gibt nur **einen offiziellen Zeltplatz** auf Madeira. Er befindet sich in Ribeira da Janela. Allerdings
kann man in Absprache mit der Administration an
vielen Stellen in den Naturschutzgebieten sein Lager errichten. Voraussetzung ist die Voranmeldung bei der Forstverwaltung, an einigen Stellen
kann man auch vor Ort fragen (z. B. in Ribeiro
Frio). Meist ist ein Wasseranschluss zu nutzen,
manchmal auch eine Toilette. Anfragen für Camping in den Naturschutzgebieten bearbeitet das
Tourismusbüro in Funchal. Ein weiterer offizieller
Zeltplatz befindet sich auf **Porto Santo** am Sandstrand.

Versicherungen

Informationen zur Krankenversicherung finden sich im Kapitel „Gesundheit".

Egal welche weiteren Versicherungen man eventuell abschließt, hier ein **Tipp:** Für alle abgeschlossenen Versicherungen sollte man die Notfallnummern notieren und mit der Policenummer gut aufheben! Bei Eintreten eines Notfalles sollte die Versicherungsgesellschaft unverzüglich telefonisch verständigt werden!

Ob es sich lohnt, weitere Versicherungen abzuschließen wie eine Reiserücktrittsversicherung, Reisegepäckversicherung, Reisehaftpflichtversicherung oder Reiseunfallversicherung, ist individuell abzuklären. Aber gerade diese Versicherungen **enthalten viele Klauseln,** sodass sie nicht immer Sinn machen.

Die **Reiserücktrittsversicherung** für 35–80 € lohnt sich bei teureren Reisen und z. B. teureren Flugtickets mit einem fixen Termin, die man nicht umbuchen kann. Die Reiserücktrittsversicherung zahlt für den Fall, dass der Versicherte, ein Angehöriger oder ein Mitreisender vor der Abreise einen schweren Unfall hat, schwer erkrankt, verstirbt oder schwanger wird. Sie zahlt in der Regel auch, wenn man gekündigt wird oder nach Arbeitslosigkeit endlich einen neuen Arbeitsplatz bekommt, das Eigentum des Versicherten durch einen Brand oder Einbruch verwüstet wird u. Ä. Nicht gelten in der Regel Terroranschläge, Streik, Naturkatastrophen, Unruhen, Krieg etc., in diesen Fällen zahlt die Versicherung des Reiseveranstalters.

Die Reisegepäckversicherung **lohnt sich seltener,** da z. B. bei Flugreisen verlorenes Gepäck oft nur nach Kilopreis und auch sonst wird nur der Zeitwert nach Vorlage der Rechnung ersetzt wird. Wurde eine Wertsache nicht im Safe aufbewahrt, gibt es bei Diebstahl auch keinen Ersatz. Kameraausrüstung und Laptop dürfen beim Flug nicht als

Gepäck aufgegeben worden sein. Gepäck im unbeaufsichtigt abgestellten Fahrzeug ist ebenfalls nicht versichert. Die Liste ist endlos ... Überdies deckt häufig auch die Hausratsversicherung schon Einbruch, Raub und Beschädigung von Eigentum auch im Ausland.

Eine Privathaftpflichtversicherung hat man in der Regel schon. Hat man eine Unfallversicherung, sollte man prüfen, ob diese im Falle plötzlicher Arbeitsunfähigkeit aufgrund eines Unfalls im Urlaub zahlt. Auch durch manche **Kreditkarten** oder **Automobilclubmitgliedschaft** ist man für bestimmte Fälle schon versichert. Die Versicherung über die Kreditkarte gilt jedoch immer nur für den Karteninhaber!

Veranstalter: Pleite! Wer eine Rundreise oder eine Pauschalreise bucht, sollte sich idealerweise vergewissern, ob der Veranstalter **gegen Zahlungsunfähigkeit oder Insolvenz** versichert ist – das gilt vor allem für eher kleine Veranstalter oder Billigveranstalter. Denn nur wenn diese versichert sind, bekommt man die gezahlten Beträge und gegebenenfalls anfallenden Rückflugkosten von der Versicherung des Veranstalters im Pleitefall zurückerstattet. Als Nachweis dient der so genannte **Sicherungsschein,** den man spätestens bei der ersten (An-)Zahlung vom Veranstalter bzw. Reisebüro ausgehändigt bekommen sollte.

Aber Achtung: Im Mai 2005 hatte der Reiseveranstalter Interflug die Versicherungspolice nicht bezahlt und folglich blieben die Urlauber auf den Kosten sitzen. Will man absolut sicher gehen, dass der Reiseveranstalter wirklich versichert ist, kann man sich direkt bei der auf dem Sicherungsschein vermerkten Versicherungsanstalt nach der Gültigkeit des Versicherungsschutzes erkundigen.

Bei den deutschen Verbraucherzentralen kann man für 7,15 € die **Broschüre „Recht auf Reisen"** erwerben, die im Fall von Ärger mit Veranstaltern weiterhilft (www.verbraucherzentrale.com).

Wandern

Hinter den an der Küste mal sanft, mal steil vom Meeresniveau auf über 1800 m Höhe emporstrebenden Hängen verbirgt sich das Wanderparadies Madeiras. Es ist häufig verhüllt von Wolkenbänken, die Ausflügler von der Küste nicht abschrecken sollten, denn oft erreicht man nach einer kurzen Fahrtstrecke die Wolkengrenze und steht in strahlendem Sonnenschein. Einige sehr bequeme und **leichte Wandertouren,** aber auch **anstrengende Exkursionen** lassen sich in der Gebirgswelt unternehmen. Jeder, ob Familien mit Kindern oder erfahrene Alpinisten, wird eine Strecke finden, die seiner Leistungsfähigkeit entspricht. Und am Ende der Tour kann man sich in gemütlichen Restaurants erholen und den einfachen madeirensischen Gerichten zusprechen, die in der kühlen, aromatischen Waldluft noch besser schmecken als an der Küste.

Levadas   Hunderte von Wanderwegen führen durch das Inselinnere oder an der Küste entlang. Die alten Wege wurden an den **Wasserrinnen** – *levadas* genannt – entlang gebaut und dienten zur Wartung des Bewässerungssystems. Die Bauern benutzten sie, um die Wasserrinnen zu reinigen oder um das kostbare Nass zu einem anderen Feld umzuleiten. Heute dient das Netz der Levadas Touristen als Wanderwege-Markierung. Es gibt bekanntere Touren, wie die zu den 25 Fontes (Quellen), aber auch unbekannte und wenig begangene Routen, auf denen man mit sich und der Natur allein ist.

Markierte Routen   Im **Hochgebirge,** oberhalb der Levadas, sind Routen ausgewiesen und gut markiert. Auch weniger geübte Wanderer können sie begehen, sofern sie eine einigermaßen gute Kondition besitzen, da die Luft über 1500 Meter schon merklich dünner wird. Ein Höhepunkt ist der Anstieg auf den höchsten Gipfel von Madeira, den Pico Ruivo mit 1862 Metern, entweder von Norden aus oder von Süden über den Pico do Ariero (1818 m) und den Pico das Torres (1851 m). Eine Wanderung auf die wüstenhafte Halbinsel im Osten zur Ponta de São Lourenço ist ebenfalls ein Erlebnis.

Ein beliebter Wanderweg führt auf den 1862 Meter hohen Pico Ruivo

Geführte Touren

Ob man auf eigene Faust losgeht oder an einer geführten Tour teilnimmt, bleibt jedem selbst überlassen. Geführte Touren haben den Vorteil, dass die sachkundige Unterweisung den Teilnehmern die Natur auf eine Art nahe bringt, wie sie sie auf sich allein gestellt nicht erfahren würden. Nachteil ist, dass man sich nach dem Ungeübtesten in der Gruppe und nach den Wünschen aller richten muss.

Geführte Wanderungen unternehmen u. a.:
●**Hotel Jardim Atlântico** (deutschsprachig), Lombo da Rocha, 9370 Prazeres, Tel. 291-820220, Fax 820221.
●**Naturfreunde Madeiras,** Rua Portão de São Tiago 19, Tel./Fax 291-220703, www.naturfreunde-reisen-madeira.com.
●**Terras de Aventura,** Caminho do Amparo 25, 9000-248 Funchal, Tel. 291-776818, Fax 771018, www.terrasdeaventura.com.
●**Turivema,** in einer Seitenstraße der Estrada Monumental, gegenüber Hotel Girassol, Tel. 291-763898, Fax 766210, turivema@mail.telepac.pt, www.madeira-levadawalks.com.

Wander-ausrüstung

Wer Wanderungen unternimmt, sollte feste Hosen sowie **Bergschuhe** mit einer Sohle tragen, die auch auf schlüpfrigem Untergrund gut greift. Neben der wandergerechten Kleidung (auch einem warmen Pullover) benötigt man einen Tagesrucksack, eine Wasserflasche, einen **Regenumhang** (z. B. ein Poncho, der sich klein falten lässt und auch den Rucksack abdeckt) und vielleicht eine verschließbare Dose für den Imbiss. Ist der Rucksack nicht wasserdicht, schützt eine Plastiktüte die Kamera vor Nässe. Im Sommer benötigt man **Sonnenbrille und Kopfbedeckung,** insbesondere wenn man weit hinauf steigt. In großen Höhen wird die Sonneneinstrahlung ausgesprochen intensiv, und Wanderer sind gut beraten, außer Sonnenbrille und Hut auch Sunblocker und Lippenschutz in der Ausrüstung zu haben. Darüber hinaus gehört in den Rucksack ein kleiner **Verbandskasten** mit Mullbinde, Pflaster, etwas, um Blasen abzupolstern und eine elastische Binde, falls man sich den Fuß verstauchen sollte.

Achtung: wandernde Wege

Ein Hinweis zu den in diesem Buch beschriebenen Wanderungen: Durch **Erd- und Geröllrutsche** kann sich der Wegverlauf ändern. Auch die auf Madeira recht rege Bautätigkeit sorgt zuweilen dafür, dass sich der Wanderer plötzlich nicht (wie im Buch beschrieben) in idyllischer Natur, sondern auf einer Baustelle oder einer wilden Müllhalde wiederfindet. Für Hinweise und Korrekturen sind die Autoren stets dankbar!

Eine **Taschenlampe** ist notwendig für die Levada-Tunnel, sofern man nicht blind durchs Geröll stapfen und sich den Kopf stoßen will. Nur wer wirklich weit abseits der ausgetretenen Pfade marschiert, nimmt einen Spiegel oder eine Trillerpfeife zur Signalgebung in Bergnot mit. Auch Kompass, Fernglas und gutes Kartenmaterial mit Höhenlinien sind dann vonnöten.

Wander-
karten

Buchtipp:
„Richtig
Kartenlesen"
aus der Praxis-
Reihe des Reise
Know-How
Verlags

Eine Wanderkarte mit Radfahrrouten ist bei Kompass erschienen (1:50.000). Die besten Karten für Wanderungen – und abseits markierter Wege unabdinglich – sind bislang immer noch die 1993/94 erstellten Karten des Geographischen Instituts. Die beiden Blätter „Arquipélago da Madeira" (Ost und West) im Maßstab 1:50.000 zeigen die Höhenlinien. Sie sind auch im deutschsprachigen Buchhandel erhältlich, dort aber wesentlich teurer als auf Madeira. Allerdings könnte man sie zur Routenzusammenstellung vor der Abreise benötigen.

●**Instituto Portugués de Cartografia e Cadastro,** Rua da Sé 38, 9000 Funchal, Tel. 291-222532, Mo–Fr 9–12.30 und 14.30–17.30 Uhr.

Wander-
führer

Es gibt zahlreiche Wanderführer über Madeira, unter denen wir einen besonders aktuellen, präzisen und sehr handlichen Band empfehlen möchten:

●**Wandern auf Madeira,** Harald Pittracher, DuMont aktiv, Köln 2005. Mit 35 Wanderungen, guten Karten und Höhenprofilen.

Zeitschriften und Zeitungen

Fast alle großen deutschen Tageszeitungen und Wochenzeitschriften sind auf Madeira an Kiosken, im Buchhandel und in Hotels erhältlich. Sie erreichen die Insel meist mit einem Tag Verspätung. Für die Tagesplanung ist die größte Inselzeitung **„Diário de Notícias – Madeira"** mit ihrem ausgearbeiteten Wetterbericht hilfreich. Sie ist weitgehend auch für Leser zu verstehen, die des Portugiesischen nicht mächtig sind.

Zeitverschiebung

Auf Madeira gilt die **Westeuropäische Zeit** (WEZ). Sie liegt eine Stunde vor der Mitteleuropäischen Zeit (MEZ). Da auch auf Madeira eine Sommerzeitumstellung stattfindet, muss man von der MEZ grundsätzlich eine Stunde abziehen, das heißt 12 Uhr in Deutschland entspricht 11 Uhr auf Madeira.

Zollbestimmungen

Für EU-Bürger gelten keinerlei Einfuhrbeschränkungen, insbesondere nach Wegfall der Einkaufsmöglichkeit in Duty-Free-Läden. Dennoch dürfen die EU-Europäer nicht unbegrenzt Zigaretten, Schnaps und andere Waren mitnehmen. Reisende dürfen Waren aus der EU zum persönlichen Gebrauch oder als Geschenk steuerfrei mitnehmen, die Mehrwertsteuer wird innerhalb der EU nur einmal im Kaufland erhoben. **Bei Überschreiten** der nachfolgenden Mengen an steuerpflichtigen Waren muss nachgewiesen werden, dass keine gewerbliche Verwendung beabsichtigt ist:

● **Alkohol:** 90 Liter Wein (davon höchstens 60 Liter Schaumwein), 110 Liter Bier, 10 Liter Spirituosen über 22 % Vol. und 20 Liter unter 22 % Vol.

- **Tabakwaren:** 800 Zigaretten, 400 Zigarillos, 200 Zigarren, 1 kg Tabak
- **Anderes:** 10 kg Kaffee, 20 Liter Kraftstoff in einem Benzinkanister

Waren, die zu **gewerblichen Zwecken** verwendet werden, müssen grundsätzlich beim Finanzamt zur Umsatzsteuer angemeldet werden und, sofern sie der Verbrauchssteuer unterliegen, auch beim Hauptzollamt.

Darüber hinaus gelten in allen EU-Mitgliedstaaten weiterhin **nationale Ein-, Aus- oder Durchfuhrbeschränkungen,** z. B. für Tiere, Waffen, starke Medikamente etc. **Nähere Informationen:**

- **Deutschland:** www.zoll.de oder beim Zoll-Infocenter, Tel. 069-469976-00
- **Österreich:** www.bmf.gv.at oder beim Zollamt Villach, Tel. 04242-33233
- **Schweiz:** www.zoll.admin.ch oder bei der Zollkreisdirektion in Basel, Tel. 061-2871111

Schweizer können bei Rückeinreise in die Schweiz pro Tag und Person folgende Mengen zollfrei einführen:

- **Alkohol:** 2 Liter bis 15 % Vol. und 1 Liter über 15 % Vol.
- **Tabakwaren:** 200 Zigaretten oder 50 Zigarren oder 250 g Pfeifentabak
- **Anderes:** neuangeschaffte Waren für den Privatgebrauch (ausgenommen Lebensmittel) bis zu einem Gesamtwert von 300 SFr.

Weitere Details über **Einfuhrverbote und -einschränkungen** erhält man beim oben genannten schweizerischen Zollamt.

Landschaft und Natur

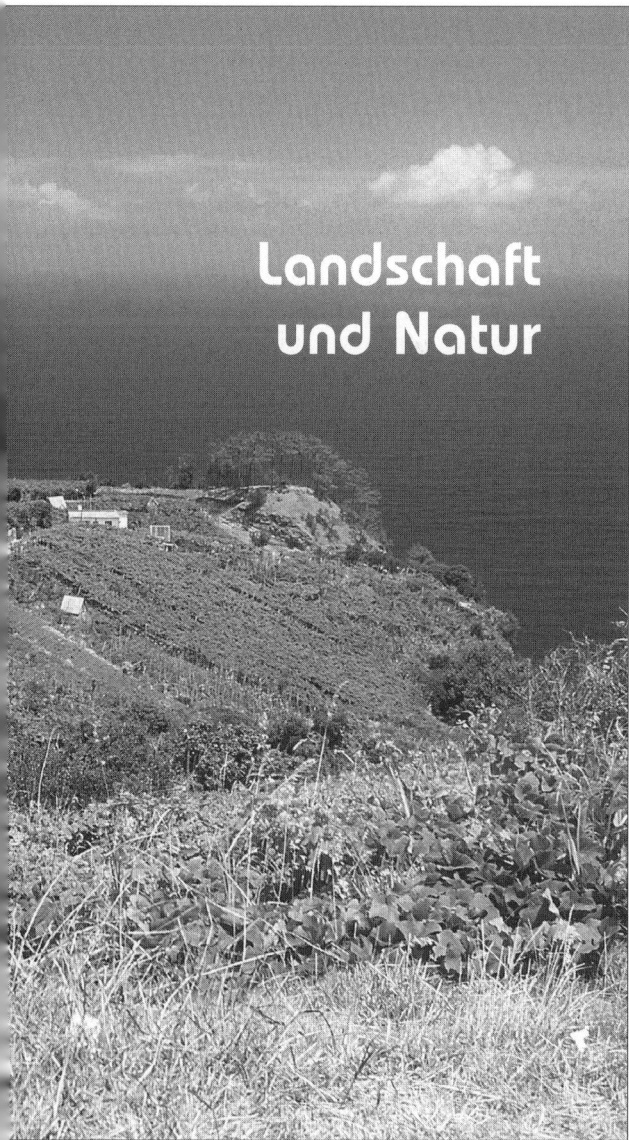

Geographie

Der **Archipélago da Madeira,** zu dem neben der Hauptinsel Madeira die kleinere Insel **Porto Santo** sowie die unbewohnten **Selvagens-** und **Desertas-Inseln** gehören, liegt 545 Kilometer von der Westküste Afrikas und knapp 1000 Kilometer von Portugal entfernt im Atlantischen Ozean. Entstanden ist der Archipel als Folge **vulkanischer Tätigkeit,** die vor etwa 20 Millionen Jahren unterseeisch ihren Anfang nahm und allmählich die Inseln aufbaute. Etwa 1,7 Millionen Jahre ist es her, dass dieser Prozess zum Stillstand kam. Heute gelten Madeiras Vulkane als erloschen, die Kräfte der Erosion haben das weiche Tuffgestein der vulkanischen Aschen abgetragen und die Basaltschlote zu **zerklüfteten Bergspitzen** geformt.

Das steile Relief Madeiras setzt sich unter dem Meeresspiegel fort, bis zu 5000 Meter hoch ist die Hauptinsel vom Meeresgrund aus gesehen. Über dem Meer erreicht sie mit dem 1862 Meter hohen **Pico Ruivo** ihre höchste Erhebung.

Mit 741 Quadratkilometern Fläche ist Madeira das größte Eiland des Archipels, gefolgt von Porto Santo (42,5 km²). Selvagens und Desertas bestehen aus mittleren und kleinen Felsklippen und -inseln, die bis zu 400 Meter hoch aus dem Meer ragen.

Die Hauptinsel

„Blumentopf im Atlantik" wird Madeira oft genannt, und diese Bezeichnung hat die Insel nicht nur ihrer **legendären Blütenfülle,** sondern auch ihrer Form zu verdanken. Als ein ellipsenförmiger Klotz, dessen „Seitenwände" kühn und steil aus dem Meer herauswachsen und im Inselzentrum mehrere bizarr erodierte Gipfel bilden – so erscheint Madeira dem Reisenden, der vom Flugzeugfenster aus den ersten Blick auf die Insel wirft. Links und rechts der **gebirgigen Inselmitte** fällt

Landschaft und Natur

O20ma Foto: sk

Die Nordostküste Madeiras bei Santana

das Gelände zu zwei Hochebenen ab, die den schroffen, unzugänglichen Eindruck mildern: Westlich liegt die große **Paúl da Serra,** östlich davon und wesentlich kleiner die **Santo da Serra.**

Wie die Rückenzacken eines schlafenden Drachen wirkt die nach Norden schwingende, felsige Silhouette der Halbinsel **Ponta de São Lourenço,** in deren „Kielwasser" die Desertas liegen. Die Zivilisation konnte dieser unzugänglichen Landschaft nur wenig Raum entreißen – auch dies wird aus der Luft betrachtet besonders deutlich. Die große halbkreisförmige Bucht von Funchal und kleinere geschützte Stellen liegen entlang der Südküste, während der Norden kaum erschlossen ist.

Die Ribeiras

Noch ein weiteres für Madeira typisches und für seine Wirtschaft außerordentlich wichtiges Phänomen erschließt das Luftbild: tiefe Schründe, die von der Gebirgsregion zu den Küsten hinunterstreben. Es sind die *ribeiras,* **Flüsse,** die in den regenreichen Höhenlagen ihren Anfang nehmen und sich vor allem zur Nord-, aber auch zur Südküste hin ihren Weg durch das weiche Tuffgestein bahnen. In den Jahrmillionen ihrer Erosionsarbeit wurden so **tiefe Schluchten** geschaffen, die sich an der Küste zu breiten Tälern öffnen. Die Mündungen der *ribeiras* sind deshalb die wichtigsten Siedlungsräume Madeiras und natürlich wird hier, wo die Hänge flacher und weiter werden, intensiv Landwirtschaft betrieben.

Porto Santo

Schärfer könnte der Kontrast zwischen zwei Schwestern nicht sein. Im Gegensatz zur gebirgigen und tiefgrünen Hauptinsel wirkt Porto Santo, 43 Kilometer nordöstlich von Madeira, wie ein Aschenputtel. Etwa elf Kilometer lang und sechs Kilometer breit und mit dem nur 517 Meter hohen Pico Facho gekrönt, ist Porto Santo nicht nur wesentlich kleiner, es ist zudem **wasserarm und**

wüst wie der Planet Tatooine aus dem „Krieg der Sterne". Dass die etwa 5000 Porto-Santesen dennoch mit einer gehörigen Portion Selbstbewusstsein der grünen Konkurrentin trotzen, liegt an dem **neun Kilometer langen Sandstrand,** der Porto Santos Südküste säumt. Die Madeirenser können diese Gabe der Natur nur neidvoll bewundern, hat die Blumeninsel doch wegen der Felsküste kaum „natürliche" Bademöglichkeiten zu bieten.

Dass Porto Santo so trocken ist, hat seine Ursache in der flachen Oberflächengestalt. Die von Passatwinden herangetriebenen, wassergesättigten Wolkenmassen sausen einfach über die Insel hinweg und bleiben an Madeiras Knapp-Zweitausendern hängen. Dort regnet es im Überfluss, während die kleine Nachbarinsel vom Wettergott eher stiefväterlich behandelt wird. Landwirtschaft ist unter solchen Bedingungen ein mühsames Unterfangen; etwas Vieh weidet das magere Gras ab, und wären da nicht der NATO-Stützpunkt und der Tourismus, Porto Santo wäre heutzutage wohl weitgehend verlassen.

Desertas

Etwa 20 Kilometer südöstlich von Madeira liegen die als zuverlässige Schlechtwetterboten gefürchteten Desertas-Inseln **Chão, Deserta Grande** und **Bugio.** Mit einem Kilometer Breite und zwölf Kilometern Länge ist Deserta Grande die größte und mit 479 Metern Höhe auch die höchste der drei „Verlassenen". Von Funchal aus sind sie normalerweise nur schemenhaft zu erkennen. Erscheinen sie aber deutlich umrissen, bedeutet dies, dass ein Wetterumschwung zum Schlechten bevorsteht. Die drei Inseln empfangen ähnlich wie die Halbinsel Punta de São Lourenço kaum Regen und wurden deshalb nie landwirtschaftlich genutzt. Heute stehen sie als **Rückzugsgebiet der Mönchsrobben** unter Naturschutz (s. auch „Ausflug zu den Ilhas Desertas" im Kapitel „Der Osten: Caniço").

Selvagens

Fast 300 Kilometer liegen die Selvagens-Inseln, die verwaltungstechnisch zur Autonomen Region Madeira gehören, von der Hauptinsel entfernt. Doch liegen die insgesamt knapp vier Quadratkilometer

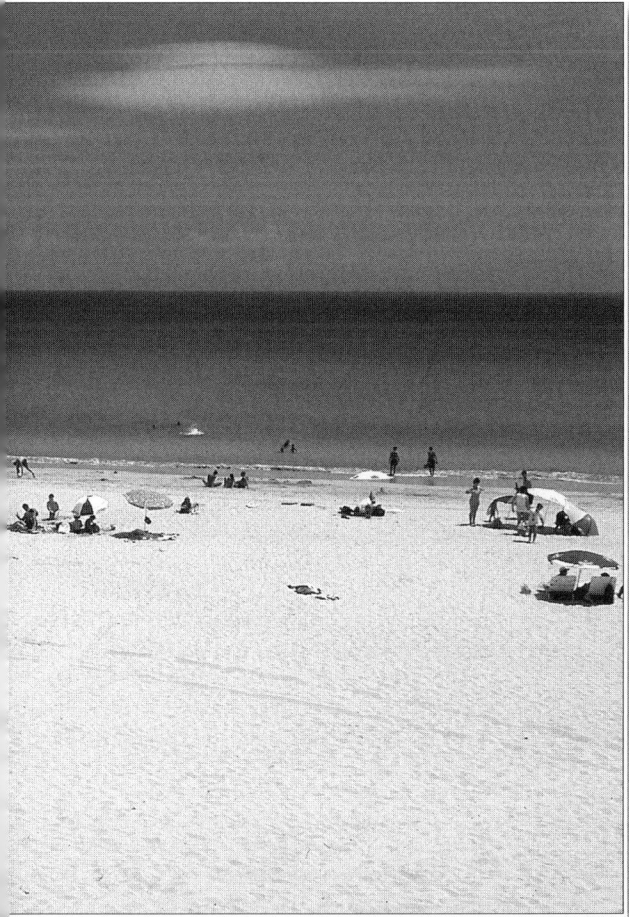

großen, eine Kette von Felszacken bildenden Eilande näher zu den Kanarischen Inseln. Der por-

Der neun Kilometer lange Sandstrand von Porto Santo ist das touristische Kapital der Nachbarinsel

tugiesische Territorialanspruch auf die unbewohnten und heute zum **Vogelschutzgebiet** erklärten
Inseln liegt wohl darin begründet, dass sie Portugals
Seehoheit wesentlich nach Süden erweitern. Auf
Selvagen Grande soll übrigens ein legendärer Pira-
tenschatz vergraben sein. Doch obwohl die Insel
nicht groß ist, wurde er bis heute nicht gefunden.

Klima

Madeira liegt mitten im Atlantik, etwa auf der
Höhe von Casablanca in Marokko. Der Ozean
sorgt mit seinem Temperaturausgleich für ein mil-
des und angenehmes Klima, das **keine Extreme**
kennt. Im Sommerhalbjahr sorgen die von den
Azoren kommende Meeresströmung und der
Nord-Ost-Passat für Abkühlung, so dass es trotz
der südlichen Lage nie richtig heiß wird.

Mit einer „Insel des ewigen Frühlings" assoziiert
wohl jeder Mitteleuropäer auch ewigen Sonnenschein. Im Falle Madeiras ist dies jedoch nicht
ganz richtig. Die Insel ist das ganze Jahr über einem recht **wechselhaften Wettergeschehen** ausgesetzt, das neben Sonne immer wieder Tief-
druckgebiete über Madeira treibt. Deshalb sollten
Reisende zu jeder Jahreszeit mit plötzlichen Um-
schwüngen rechnen und auf ein paar feuchte Tage eingestellt sein. Schließlich sorgen eben diese
dafür, dass Madeira sich in immer neue duftende,
bunte Blütenkleider hüllen kann (siehe auch Kapitel „Praktische Reisetipps: Reisezeit").

**Passat-
winde**

Im Zusammenspiel mit der Madeira durchziehen-
den hohen Bergkette führt der Passat zu einem
weiteren Phänomen. Der **feuchte Wind** staut sich
an der Nordseite der Insel zu Wolken und regnet
dort stärker ab als auf der dem Wind abgewand-
ten Südseite. An vielen Tagen im Jahr herrscht
morgens in Funchal strahlend blauer Himmel. Bis
Mittag kommen die **Wolkenbänke** zusehends

Landschaft und Natur

Lufttemperaturen in °C

Niederschläge in mm

Sonnenstunden im Monat

Wassertemperaturen in °C

über die Berge, bis sie schließlich Monte einhüllen. Dann fällt dort häufig leichter Nieselregen, während in Funchal noch ab und an die Sonne blitzt. Der feuchte Passat ist die Ursache für Madeiras Pflanzenreichtum, da die Niederschläge das ganze Jahr über verhältnismäßig hoch sind.

Porto Santo ist dagegen eine **wüstenhafte Insel.** Zwar fällt auch hier relativ viel Regen, durch Ab-

Bananen werden seit Beginn des
20. Jahrhunderts auf Madeira kultiviert

holzung über die Jahrhunderte hat der Boden aber die Fähigkeit verloren, Feuchtigkeit zu speichern, und das Wasser läuft ungenutzt ins Meer oder wird in Becken gesammelt.

Klima-
zonen

Auf Madeira werden zwei Hauptklimazonen unterschieden, die Nordseite mit stärkeren Niederschlägen und die trockenere Südseite. Darüber hinaus existieren **vier Höhen-Klimazonen:** Bis etwa 400 Meter reicht die trockene und warme bis heiße Tiefenzone. Daran schließt eine milde und feuchtere Zone an, die über 1000 Höhenmeter in die bis 1500 Meter hoch reichende Wolkenzone übergeht, in der ganzjährig Niederschläge fallen. Ab 1500 Meter beginnt die trockene Höhenzone oberhalb der Passatwolken. Während es am Meer regnet, kann hoch in den Bergen durchaus strahlendes Wetter herrschen, das zu Wanderungen einlädt. Die Ausblicke auf die aus einem Wolkenmeer ragenden Gipfel sind fantastisch.

Schnee fällt auch in den Bergen nur selten, doch können gerade im Winter Wettereinbrüche zu Nebel und einem starken Temperaturabfall führen, was man bei Wanderungen berücksichtigen sollte.

Flora und Fauna

Die Pflanzenwelt

Als *L. do Lolegname,* Holzinsel, ist Madeira auf historischen Weltkarten wie dem berühmten Medici-Atlas aus dem Jahre 1351 verzeichnet, und auch der portugiesische Name leitet sich von *madeira,* Holz, ab. Die Insel war bei ihrer „offiziellen" Entdeckung im Jahr 1419 so dicht bewaldet, dass die Kapitäne *Zarco* und *Teixeira* Mühe hatten, eine Stelle für die erste Siedlung zu finden. Nachdem sie in der Bucht von Câmara de Lobos ihre Zelte aufgeschlagen hatten, gingen sie daran, die weitaus größere und sicherere Bucht weiter östlich auf der Höhe des heutigen Funchal zu roden. Sieben Jahre wüteten Feuer auf der Insel, so berichten die Chronisten, bevor die Kolonisatoren endlich ihren Sitz in der Fenchelbucht (*funchal* = Fenchel) nehmen konnten. Im gleichen Tempo ging es weiter. Der ursprüngliche Baum- und Pflanzenbestand wurde systematisch abgeholzt und gerodet. Heute sind vom Laurazeenwald, wie man die vornehmlich aus Lorbeerarten bestehende grüne Lunge Madeiras nennt, nur noch klägliche Reste erhalten.

Welche Pflanzen außer Fenchel die ersten Siedler auf Madeira vorfanden, ist heute nicht mehr zu rekonstruieren. Sicherlich zählte der endemische, also nur auf Madeira beheimatete **Schopf-Fingerhut** *(Isoplexis sceptrum)* mit seinen großen, lanzettförmigen Blättern dazu. Seine bienenkorbartigen Blütenstände zeigen sich zwischen Juni und August in strahlendem Gelb. Auch der lila blühende **Madeira-Storchschnabel** *(Geranium maderense)* – mit bis zu einem Meter Höhe ein respektabler Busch – dürfte die Neuankömmlinge mit betörenden Duftschwaden begrüßt haben. Beide Pflanzen sieht man häufig als Ziergewächse in den Gärten und Parks, aber auch wild wachsend in freier Natur.

Lorbeer

Unter den 780 auf Madeira ursprünglich beheimateten Pflanzenarten bilden die Laurazeen sicherlich die auffälligste Spezies: Lorbeer wächst in Höhen zwischen 700 und 1500 Meter, also ebendort, wo die Feuchtigkeit durch Regenfälle am höchsten ist. Bis zu 25 Meter Höhe erreichen **Stinklorbeer** *(Ocotea foetens)* und der auf Madeira *vinhático* genannte **Madeira-Lorbeer** *(Persea indica),* der wegen seines harten, rötlichen Holzes den Spitznamen „Madeira-Mahagoni" trägt. Zusammen mit dem etwas kleineren **Kanarischen Lorbeer** *(Laurus azorica)* lieferten sie ein hervorragendes Rohmaterial für die Möbelherstellung. Heute stehen sie weitgehend unter Naturschutz.

Der Drachenbaum – ein Urgestein der madeirensischen Pflanzenwelt

Mit seinem wuchtigen glatten Stamm, der sich zu mehreren gigantischen Armen verzweigt, wirkt der Drachenbaum wie ein Urtier unter der sonst so gefälligen Flora Madeiras. *Dracaena draco*, eine Aloenart, ist nur auf dem Madeira-Archipel, den Kanarischen und den Kapverdischen Inseln beheimatet. Auf Porto Santo, das bei der Entdeckung wohl von einem wahren Drachenbaum-Wald bedeckt war, wurde er fast völlig ausgerottet. Auch auf Madeira stehen nur noch in Parks und Gärten Exemplare dieses Baumes mit seinen harten, lanzettförmigen Blättern. Es wurden ihm heilende Kräfte zugeschrieben: Ritzt man die Rinde an, tritt ein rötliches Harz aus, das man früher für medizinische Zwecke und zum Färben von Lacken verwendete. Neben diesem „Drachenblut" war auch das schwere, harte Holz des Drachenbaums sehr begehrt. Heute werden auf Porto Santo große Anstrengungen unternommen, mit Drachenbäumen aufzuforsten.

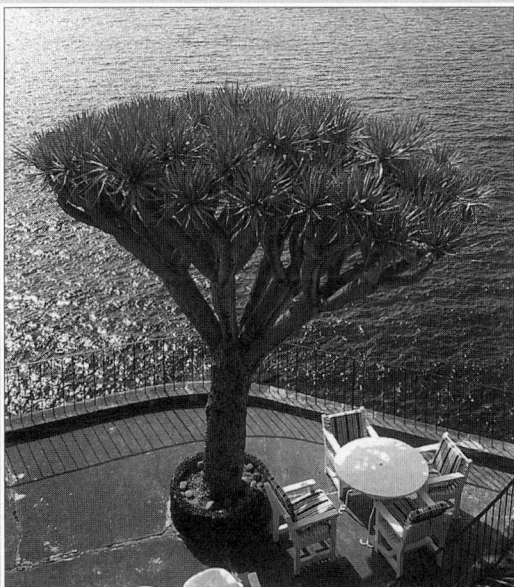

Landschaft und Natur

Buschwerk und Farn

In höheren Lagen weichen die Lorbeerwälder Buschwerk und Farn. Die **Besenheide** (Erica scoparia) erreicht stolze drei Meter Höhe; ihre Zweige finden als schützende Zäune vor allem in den Weinbaugebieten entlang der Nordküste vielfach Verwendung. Der mit ihr verwandte **Baumwacholder** (Juniperus cedrus) gedeiht dagegen in niedrigeren Lagen am besten. Eine endemische Heideart ist die häufig auf Felsen siedelnde **Glockenheide** (Erica madeirensis), deren zartrosa Blütenglöckchen im Juli und August die grauen Steinplatten beleben. Die bis zu zwei Meter hohe **Madeira-Heidelbeere** (Vaccinium maderense) erfreut mit ihren aromatisch schmeckenden Früchten im September und Oktober die Wanderer. Der Busch wuchert vielerorts entlang der Levada-Wege.

Was Wanderern auf Madeira vor allem in Hochlagen besonders auffällt, ist der dichte **Farnbewuchs.** Ein weicher, tiefgrüner Teppich breitet sich links und rechts der Pfade aus. Unter den über 40 Farnarten kann man neben „alten Bekannten" aus Europa **Wollfarn** (Ceterach aureum) mit runden Blättern und den endemischen **Schildfarn** (Polystichum falcinellum) entdecken. Dazwischen breiten über hundert verschiedene Moose und Flechten ihre samtigen Polster aus.

Exotische Pflanzen

Madeiras Nationalblume, die aus Südafrika importierte, orange-lilafarbene **Strelitzie** (Strelizia reginae), hat ebenso wie die meisten ihrer dekorativ blühenden Schwestern die Insel erst besiedelt, als die einheimischen Pflanzen weitgehend gerodet waren. Nicht zuletzt der **englischen Gartenleidenschaft** ist es zu verdanken, dass sich so viele Exoten auf Madeiras fruchtbaren Vulkanböden heimisch fühlen und die Insel in ein tropisches Paradies verwandeln. **Hortensien** wachsen nicht nur in den Vorgärten, sie säumen als blau-weiß-rosé blühende Hecken auch viele Straßen, meist abwechselnd mit der **Afrikanischen Liebesblume** (Agapanthus praecox), deren zartlila Blütendolden

Landschaft und Natur

auf schlanken Stielen über das Blattwerk hinaus-
wachsen. Häufig drängen sich die feinen rotoran-
gen **Rachenlilien** (Chasmanthe aethiopica) zwischen das Blau-Weiß und sorgen für hübsche
Farbakzente.

Mit der Artischocke verwandt ist die südafrikani-
sche **Königsprotee** (Protea cynaroides), die ihre
großen roséfarbenen Blüten zwischen April und
Juni entfaltet. Aus unseren Blumenläden bekannt
ist die **Calla,** ein wächsern aussehendes, zartes
Geschöpf in Rosé, Rot oder Weiß. Im Gegensatz
zur Königsprotee finden sich Calla gelegentlich
auch wild blühend am Wegesrand.

Klima und Böden eignen sich hervorragend für
die Aufzucht der empfindlichen **Orchideen.** In ihrer veredelten Form wachsen sie nicht in freier Natur, sondern werden in Gewächshäusern gezüchtet. Der Export exotischer Blumen bildet heute ei-

Eigentlich eine tropische Blume: die Strelitzie

nen wichtigen Wirtschaftszweig auf Madeira. Neben Orchideen werden Proteas, Calla und Strelitzien ausgeführt.

Bougainvillea, Hibiscus und **Weihnachtsstern** lassen Blütenkaskaden über Gartenmauern regnen. Alleen aus **Jacaranda** verwandeln sich im April und Mai in ein lilafarbenes Schattendach, während **Mimosen** und andere Akaziengewächse Duftwolken aus ihren gelben Blüten verströmen. Auch an Kakteen und Aloen mangelt es nicht: **Baumaloen** aus Südafrika wuchern in Form von stacheligen Hecken als Wegbegrenzung in den Parks, und **Fächer-Aloen** wachsen zu richtigen kleinen Bäumen heran. Skurril und fremdartig wirken die wie überdimensionale Fühler aussehenden Blütenstände der mexikanischen **Drachen-**

Eukalyptus und die Folgen

Als Madeira dank rücksichtsloser Rodung endgültig seines Feuchtigkeit speichernden Bewuchses beraubt war, hatten die Siedler nicht nur mit Holzmangel zu kämpfen, sondern auch mit der Erosion. Verschwunden war der Laurazeenwald mit seinen dichten Sträuchern, Farnen und Moosen, die früher das von den Bergen abfließende Wasser aufsaugten und in Fruchtbarkeit spendende Quellen verwandelten. Verschwunden waren die Wurzeln, die früher das Erdreich zurückhielten, wenn Regen es wegzuspülen drohte. Das Ökosystem Madeira war fast vollständig ruiniert, und schließlich wurde beschlossen, die Insel mit Eukalyptus aufzuforsten.

Der aus Australien stammende Eukalyptus besitzt einen großen Vorteil: Er ist anpassungsfähig, robust und wächst schnell. Allerdings entzieht er dem Boden Wasser, weswegen er in sumpfigen Regionen gerne als flankierende Maßnahme zur Trockenlegung angepflanzt wird. Diese Eigenschaft hat jedoch negative Folgen. Da sich Feuchtigkeit liebende und speichernde Pflanzen in der Gemeinschaft mit Eukalyptus nicht wohl fühlen, sind die mit diesem Baum aufgeforsteten Regionen arm an Bodendeckern. Entsprechend wenig Wasser wird in den Eukalyptuswäldern gespeichert – es fließt ungehindert zu Tal und ist für die Landwirtschaft verloren. Vor allem entlang der Südküste trifft man in Höhen ab 800 bis etwa 1400 Meter auf Eukalyptuswälder, die im Gegensatz zum lorbeerbewaldeten Norden einen eher monotonen Eindruck hinterlassen.

baum-Agaven, wogegen die **Hundertjährige Agave** mit ihren bis zu acht Meter hohen Blütenstängeln auch aus Südeuropa bekannt ist.

Ein Bewohner niederer Küstenregionen ist der bis zu zehn Meter hohe **Baumfarn** *(Sphaeropteris cooperi).* Diese einer Palme ähnelnde Pflanze stammt ursprünglich aus Australien. Zentralafrika ist die Heimat des **Leberwurstbaums** *(Kigelia africana),* dessen Früchte wie Würste aussehen. Vier Arten von **Korallenbäumen** – alle mit tiefroten, aber unterschiedlich geformten Blüten – wurden aus Afrika und Südamerika eingeführt; und wohl selten sind auf engem Raum so viele Vertreter der **Palmenwelt** zu bestaunen wie auf Madeira.

Nutzpflanzen

Die erste Kulturpflanze, die auf Madeira heimisch wurde, war **Zuckerrohr.** Der Konkurrenz durch die Sklavenplantagen Südamerikas konnten die Pflanzungen allerdings nicht lange standhalten und wurden schnell von Weingärten verdrängt. **Wein** spielt noch heute eine wichtige Rolle in der Wirtschaft, daneben sorgen **Bananen,** die vor allem an der Südküste gedeihen, für Exporterlöse.

Ähnlich vielfältig wie die „nutzlose" blühende Verwandtschaft ist die Familie der Obstgehölze, die ebenfalls aus allen Teilen der Welt stammt: **Maracujas, Guaven, Ananas, Papayas** und **Mangos** sind nur einige der Vitaminspender, die auf Madeiras Märkten rund um das Jahr verkauft werden. Um den Getreideanbau ist es dagegen eher schlecht bestellt. Eine Ursache ist die monokulturelle Landwirtschaft, die bereits mit dem Beginn der Besiedlung auf größtmögliche Exporterlöse ausgerichtet war: An Stelle von Weizen und Mais wurden Zuckerrohr und Wein gepflanzt. So kam es in der Geschichte der überaus fruchtbaren Insel immer wieder zu Hungersnöten. Getreide wurde zwar importiert, aber selten in ausreichender Menge. Heute sieht man auch kleine Getreidefelder; sie reichen aber bei weitem nicht aus, um den Grundbedarf der Bevölkerung zu decken.

Landschaft und Natur

Die Tierwelt

Entsprechend der isolierten Lage Madeiras und Porto Santos ist es um die Landfauna eher mager bestellt. Autochthone Arten konnten sich abgesehen von der **Fledermaus** nicht entwickeln, und da alle verfügbaren Böden in den Dienst der Landwirtschaft gestellt wurden, blieb für versehentlich oder absichtlich importierte Wildtiere kaum Raum. Auf Porto Santo setzten die ersten Ankömmlinge Kaninchen aus. Als sie ein Jahr später wiederkamen, hatten sich die Karnickel massenweise vermehrt und die Insel kahlgefressen, worauf man daranging, sie mühsam wieder auszumerzen.

Heute begegnen dem Wanderer unzählige **Eidechsen** auf Mäuerchen und Wegen. Die ganze Farbenpalette der Natur spiegelt sich auf ihren schlanken, glänzenden Körpern, und viele sind außerordentlich zutraulich. Kaninchen und Ratten, die ihren Weg als blinde Passagiere auf den Handelsschiffen nach Madeira fanden, wird man kaum zu Gesicht bekommen. Zauberhaft sind die vielen **Schmetterlinge,** darunter Totenkopf, Taubenschwänzchen und Monarchenfalter. Wer sich für **Spinnen** interessiert, sollte eine geführte Exkursion auf die Desertas unternehmen. Dort leben hochgiftige Wolfsspinnen unter Naturschutz.

Nutztiere sieht man eher selten. Dies liegt daran, dass auf Madeira **Rinder** nicht frei weiden dürfen, sondern in so genannten *palheiros,* kleinen Ställen, gehalten werden. Nicht besser ergeht es den **Ziegen.** Nur auf der Hochebene Paúl da Serra wird ein wenig Weidewirtschaft betrieben. Dort dürfen Schafe, Ziegen und einige Rinder den Sommer über ungestört am Farn knabbern und die frische Luft genießen.

Vögel   Der Madeira-Archipel liegt auf der Wanderroute der **Zugvögel** und wird deshalb als Zwischenstopp von zahlreichen Vogelarten besucht – wobei sie den einsamen Inseln wie Desertas oder

Porto Santo deutlich den Vorzug vor dem landwirtschaftlich erschlossenen Madeira geben. In den Gebirgsregionen und auf der Hochebene Paúl da Serra kann man mit Glück Raubvögel wie **Falken** und **Bussarde** beobachten. Zahlreiche **Sturmtaucher** leben in den Küstenzonen und kommen – wie die vom Aussterben bedrohten *Pterodroma madeira* und *Pterodroma deserta* – zum Brüten auf unzugänglichen Felsvorsprüngen an Land. Beide wurden durch Landsäuger (Hunde, Katzen, Ratten) und den Eingriff der Menschen in ihrem Bestand stark dezimiert.

Als besonders schützenswert gilt auch die **Silberhalstaube** *(Columba trocaz)*, deren Lebensraum, der Laurazeenwald, auf den Kanarischen Inseln und Madeira fast verschwunden ist. Nur mit großem Glück ist das graue, fast schmucklose Geschöpf im dichten Grün um Rabaçal und in anderen verbliebenen Lorbeerwäldern auszumachen.

Meeresfauna **Mönchsrobben** *(Monachus albiventer)* waren früher in den Gewässern um Madeira häufig anzutreffen. Sie wurden von den Fischern als Nahrungskonkurrenten unerbittlich verfolgt, so dass heute nur noch eine kleine Kolonie dieser putzigen Tiere unter strenger Beobachtung auf den Desertas lebt. **Pottwale** waren zwischen 1940 und 1980 das Ziel von Walfangbooten aus Caniçal. Heute ist der Fang der großen Meeressäuger verboten. In den Sommermonaten führen ihre Wanderrouten an Madeira vorbei; sichten wird man sie allerdings nur unter kundiger Führung und mit großem Glück. Häufiger begegnen den Ausflugsbooten **Delfine.**

Da die Gewässer um Madeira sehr tief und dadurch nährstoffarm sind, finden sich keine großen Fischschwärme. **Thunfische** werden beispielsweise nicht mit großen Netzen, sondern mit Angelleinen gefangen.

Über die Fischwelt der Tiefsee gibt es kaum Informationen. Nur der **Schwarze Degenfisch** *(Apha-*

nopus carbo), der normalerweise in 1000 Metern Tiefe lebt, hat die Angewohnheit, nachts sein sicheres Territorium zu verlassen und näher an die Meeresoberfläche zu schwimmen. Dann wird er mit mehrere hundert Meter langen Leinen gefangen und als besondere Delikatesse auf die Märkte und in die Restaurants gebracht. Der über einen Meter lange und bis zu zwölf Zentimeter Durchmesser schmale Fisch besitzt keine Schuppen, hat ein riesiges, mit nadelspitzen Zähnen bestücktes Maul und ähnelt einem Aal.

Taucher berichten von Begegnungen mit **Rochen** und **Mantas.** Hochseeangler finden im Sommer große **Merline** und **Schwertfische,** die nach erfolgreichem Kampf „Mann gegen Fisch" gewogen, vermessen und wieder in die Freiheit entlassen werden.

Forellen wurden von Europa nach Madeira gebracht und in den Flüssen ausgesetzt. In zwei Zuchtstationen (Ribeiro Frio, Seixal) werden die Süßwasserfische aufgezogen und an Restaurants verkauft oder ausgewildert. **Aale,** die früher als einzige Fische in den Flüssen Madeiras beheimatet waren, sieht man heute kaum noch.

Naturschutz

**Schutz-
gebiete**

Zwei Drittel Madeiras stehen unter Naturschutz: Die landwirtschaftlich nutzbare Fläche der Insel endet in etwa 800 Metern Höhe, darüber beginnt der **Parque Natural da Madeira,** der zu Teilen für Holz- und Viehwirtschaft oder als Erholungsgebiet genutzt werden darf. Innerhalb dieses Naturschutzgebietes sind außerdem kleinere Naturparks ausgewiesen, in denen vor allem Laurazeenbestände gehegt werden: so bei Ribeiro Frio, im Caldeirão Verde nördlich des Pico Ruivo und bei Rabaçal unterhalb der Paúl da Serra.

Auf Initiative des deutschen Taucherpaares *Gisela* und *Rainer Waschkewitz* wurde 1986 ein **Meeres-Nationalpark** ausgewiesen, der östlich von Funchal beginnt und bis zur Ponta de Oliveira bei Caniço de Baixo reicht. Fischfang und Harpunieren sind in dieser Zone verboten. Die Idee zur Schaffung eines Nationalparks um die Punta de Garajau kam den passionierten Tauchern, nachdem sie mit viel Geduld Fische angefüttert und handzahm gemacht hatten und dann beobachten mussten, dass dies für die lokalen Fischer eine willkommene Gelegenheit war, den ansonsten eher beschwerlichen Fischfang mit den an Menschen gewöhnten Meerestieren einfacher zu gestalten. Seit 1986 wird in der **Reserva Natural Parcial do Garajau** nur noch geschnorchelt und getaucht.

Die drei **Desertas-Inseln** wurden 1990 unter Naturschutz gestellt, um die hier lebenden letzten Mönchsrobben Madeiras vor der Ausrottung zu schützen. Neben Robben fühlen sich riesengroße Wolfsspinnen auf den Desertas wohl. Touristen können die Desertas nur im Rahmen einer geführ-

Landschaft und Natur

02ema Foto: sk

ten Exkursion besuchen. Wer nicht nur vor den Inseln segeln und schnorcheln, sondern auch an Land gehen möchte, sollte dies vorab mit den Organisatoren absprechen, da hierfür eine weitere Sondergenehmigung erforderlich ist.

Die **Selvagens** waren bis 1967 in Privatbesitz, wurden dann als Jagdgebiet verpachtet und sollten 1971 an den WWF verkauft werden. Diesem Vorhaben schob der portugiesische Staat einen Riegel vor. Er erwarb die von Wasservögeln wie dem Gelbschnabel-Sturmtaucher besuchte Inselgruppe und wandelte sie in ein Vogelschutzgebiet um.

Baumfarn im Tropischen Garten von Monte

**Umweltbe-
wusstsein**

So sehr sich die Autonome Region Madeira auch bemüht, den Naturschutzgedanken in der Bevölkerung zu verankern, auf große Gegenliebe stößt dies nicht. Mehrmals machten sich beispielsweise Fischer auf, um Mönchsrobben und Seevögel zu dezimieren, weil sie in ihnen nichts anderes sahen als Nahrungskonkurrenten. Auf den Selvagens schafften es die erbosten Männer, immerhin die Hälfte der dort brütenden 60.000 Seevögel abzuschlachten. Madeiras Naturschutzbehörde reagierte darauf mit der Aufstellung von Wachen, so dass die Tiere heute relativ geschützt und ungestört leben können.

Deutlich wird das mangelnde Umweltbewusstsein vor allem entlang der wunderschönen Wanderwege im Inselinneren und an den „wilden" Stränden und Klippen an der Küste: Immer wieder trifft man auf Müllhalden inmitten paradiesischer Natur, auf achtlos weggeworfene Plastiktüten und Dosen, auf illegal entsorgten Schrott. Einen Teil mögen unachtsame Wanderer und Touristen dazu beitragen, die Hauptschuld trifft aber sicherlich die Madeirenser selbst. Wie viele andere Mittelmeervölker scheinen sie die Abfälle am Wegesrand kaum zu stören.

Vor einer Verurteilung dieses Verhaltens sollte man sich allerdings hüten. Die wirtschaftlichen Verhältnisse, in denen ein Großteil der Menschen lebt, sind gemessen am gesamteuropäischen Standard nicht sehr gut, und die Bildungssituation steht dem kaum nach. Warum Geld und Energie für den Schutz der Natur aufgewendet werden, während Teilen der Bevölkerung das Nötigste zum Leben und für eine berufliche Ausbildung fehlt, ist für die Ärmsten der Armen nicht unbedingt einsichtig.

Landschaft und Natur

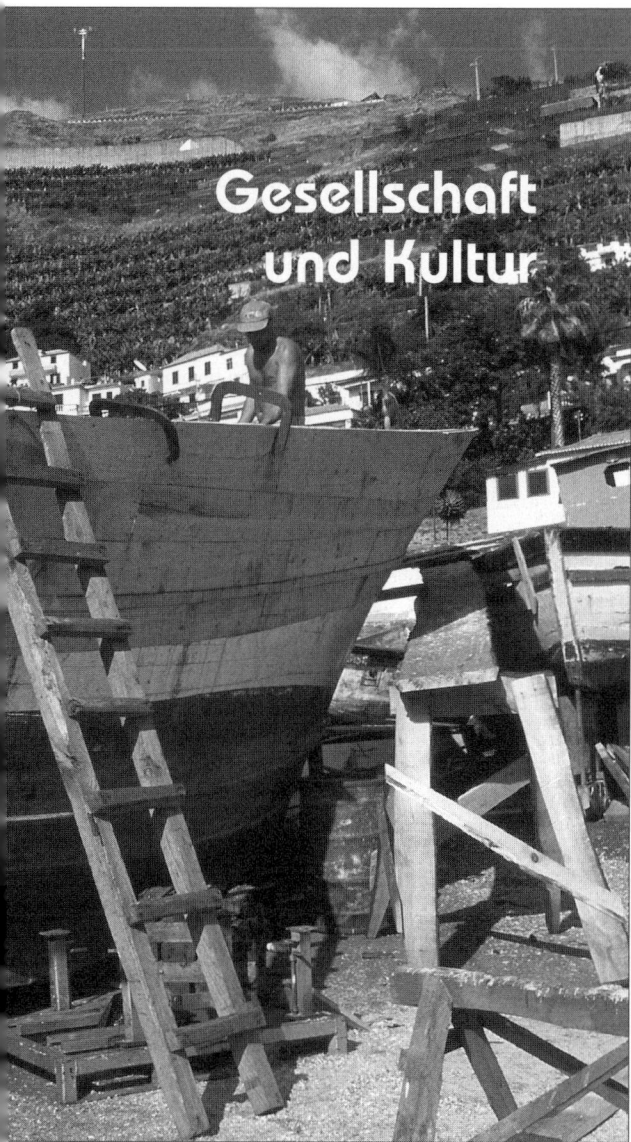

Gesellschaft
und Kultur

Geschichte

Madeira gehört seit Beginn seiner Besiedlung zu **Portugal** und war nur einmal während einer kurzen Zeitspanne von Spanien besetzt. Als offizielles Jahr der Entdeckung Madeiras ist 1419 in die Annalen eingegangen. Historiker bezweifeln allerdings, dass die Inselgruppe früheren Seefahrern unbekannt gewesen sein soll. Nicht nur die Eintragungen in historischen Weltkarten – so die von 1351 im Medici-Atlas und die von 1375 im Katalanischen Atlas von *Abraham Cresques* – legen die Vermutung nahe, dass Madeira bereits vorher bekannt war. Auch der häufig befahrene Seeweg entlang der Küste Westafrikas macht es eher unwahrscheinlich, dass die Insel der Aufmerksamkeit von Handels- und Entdeckungsreisenden entgangen sein soll.

Entdeckung und Besiedlung

1419 war es so weit: *João Gonçalves Zarco* und seine Begleiter *Tristão Vaz Teixeira* und *Bartolomeu Perestrelo,* die im Auftrag des portugiesischen Prinzen *Henrique* Expeditionen durchführten, wurden von einem Sturm bei Porto Santo an Land getrieben. Als das Unwetter vorbei war, sichteten sie ein wesentlich größeres Eiland – Madeira – und setzten über. In der Bucht von Machico gingen die **Inselentdecker** erstmals an Land, erforschten die Südküste und erwählten die von Mönchsrobben bevölkerte Bucht von Câmara de Lobos, die „Wolfsbucht", zur ersten Niederlassung auf der „Holzinsel".

Ab 1425 wurde Madeira auf Betreiben von *Heinrich dem Seefahrer* **systematisch besiedelt.** Sklaven wurden auf die Insel verschleppt, um hier Zuckerrohrplantagen anzulegen und Bewässerungskanäle (*levadas*) zu ziehen. Die Verwaltung wurde dreigeteilt: 1440 erhielt *Tristão Vaz Teixeira* Machico und die östliche Inselhälfte als **Herzogtum,** vier Jahre später wurde *Bartolomeu Perestrelo* mit Porto Santo beliehen und 1450 schließlich

Zarco zum Herzog von Funchal und der westlichen Inselhälfte ernannt. Fünf Jahre später und 36 Jahre nach Madeiras Entdeckung besuchte der venezianische Kauffahrer *Ca da Mosto* die Insel und fand ein **blühendes Gemeinwesen** mit ertragreicher Landwirtschaft vor.

1478 soll *Christoph Kolumbus* Madeira seinen ersten Besuch abgestattet haben. Der Zuckerhändler und spätere Amerikaentdecker habe, so erzählt man stolz auf Porto Santo und Madeira, in den Gewässern um die Inseln grundlegende Beobachtungen über die Meeresströmungen gemacht, die ihn zu seinen kühnen Plänen inspirierten.

Auf-schwung und Niedergang

Ende des 15. Jahrhunderts formierte sich eine Handelsachse, die Madeira mit den flämischen Hafen- und Handelsstädten verband. Zucker wurde vor allem nach Antwerpen geliefert, und im Gefolge dieser Entwicklung ließen sich zahlreiche **flämische Kaufleute** in Funchal nieder. Der Reichtum des Adels und der Kaufmannsschicht fand seinen Niederschlag im Bau von Kirchen und Palästen sowie in deren Ausstattung mit kostbaren Möbeln und Porzellan aus allen Teilen der damals bekannten Welt. Die zu jener Zeit nach Madeira gebrachten flämischen Kunstwerke aus der Hand berühmter Maler wie *Rogier Van der Weyden* waren als „versilberter Zucker" sichere Geldanlagen. Heute bilden sie den Grundstock des Museums Arte Sacra in Funchal. Im Kontrast zum Reichtum der zumeist ausländischen Investoren standen die Lebensbedingungen der einfachen Bevölkerung. 1485 kam es zur **ersten Hungersnot,** der noch zahlreiche weitere folgen sollten, denn von Anfang an wurde nicht zur Selbstversorgung, sondern nur für den Export gepflanzt.

Im Jahre 1508 erhielt Funchal die **Stadtrechte** und ein eigenes Wappen, in dem sich die Quelle des madeirensischen Wohlstands spiegelte: fünf Zuckerhüte. Der Reichtum lockte nun auch vermehrt Freibeuter an, so dass Funchal mit einer

Gesellschaft und Kultur

Stadtmauer zur See hin gesichert werden musste. 1514 wurde die **Diözese Funchal** gegründet, die fortan für alle überseeischen Besitzungen Portugals zuständig sein sollte. Bereits 1521 begann der erste **wirtschaftliche Niedergang** auf der Insel, denn der ausgelaugte Boden lieferte immer weniger Erträge. Vielerorts wurde Zuckerrohr durch Weinreben ersetzt.

Heinrich der Seefahrer – der Weise aus Sagres

Heinrich der Seefahrer, eigentlich *Henrique*, Sohn von *König João I. von Portugal*, wurde am 4. März 1394 geboren. 1415 eroberte der Infant die Hafenstadt Ceuta und wurde mit ihrer Verwaltung betraut. Hier, an der Straße von Gibraltar, wurde wahrscheinlich sein Interesse an der Seefahrt geweckt. Als *Henrique* drei Jahre später zum Großmeister des Christusordens ernannt wurde, sah er seine große Stunde gekommen. Der Orden hatte die Nachfolge der vom Papst aufgelösten Tempelritter angetreten und auch deren Reichtümer übernommen. Endlich besaß *Henrique* die Mittel, sich seiner einzigen Leidenschaft zu widmen: der Erforschung der See.

In Sagres im Südwesten Portugals gründete er eine Seefahrerschule und -akademie, in der Reiseberichte und Karten gesammelt und studiert wurden. In der angeschlossenen Werft wurde angeblich der Segelschifftyp der Karavelle entwickelt, der den herkömmlichen Schiffen weit überlegen war. Kapitäne wurden geschult und auf Entdeckungsreisen geschickt. Erste Frucht der Bemühungen war die „Entdeckung" beziehungsweise Inbesitznahme des Madeira-Archipels 1419, gefolgt von den Azoren und den Kapverdischen Inseln. *Heinrichs* Karavellen segelten an der afrikanischen Küste aber noch weiter nach Süden bis zum Mündungsgebiet des Gambia River (heute Senegal/Gambia). Spätere Forschungsfahrten, wie die Umseglung des Kaps der guten Hoffnung durch *Bartolomeu Diaz*, wären ohne die akribische Vorarbeit der Akademie von Sagres undenkbar gewesen. *Heinrich* selbst, der schon bald den Beinamen *O Navegador*, der Seefahrer, erhielt, nahm an keiner dieser Fahrten teil. Er dirigierte sie nur aus seinem dem Wind und den Wellen ausgesetzten Domizil am südwestlichsten Zipfel Europas. Er starb am 13. November 1460.

Spanier und Engländer

1580 begann Madeiras **spanisches Intermezzo.** Spanien, das Portugal erobert hatte, unterstellte die bis dahin in Herzogtümer geteilte Insel einer Zentralverwaltung. 60 Jahre später revoltierten die Portugiesen erfolgreich gegen die neuen Landesherren; nach der Befreiung vom spanischen Joch 1640 wurde die Verwaltungsstruktur mit dem Zentrum Funchal beibehalten.

Die Eheschließung der portugiesischen Prinzessin *Katharina von Braganza* mit dem englischen König *Charles II.* im Jahr 1662 öffnete den Engländern Tür und Tor auf Madeira. Die Insel avancierte zum bedeutenden **Versorgungspunkt englischer Kauffahrer** auf dem Weg in die amerikanischen Kolonien. Wichtigstes Exportgut war auf der Insel produzierter Wein, der sich als außerordentlich widerstandsfähig erwies und stürmische Seefahrten sowie extreme Temperaturschwankungen hervorragend überstand.

Naturkatastrophen

Das verheerende Erdbeben, das 1755 Lissabon zerstörte, zeigte seine Auswirkung auch auf Madeira, wo eine **Flutwelle** Teile der Hauptstadt Funchal niederriss. **Überschwemmungen** durch die reißenden *ribeiras* richteten 1803 große Schäden an und brachten 600 Menschen den Tod. Daraufhin beschloss die Stadtverwaltung, die Flüsse zu kanalisieren.

Mitte des 19. Jahrhunderts brach mit Mehltau und Reblaus eine neue Katastrophe über die Insel herein. Die Schädlinge vernichteten die Weinpflanzungen; der Niedergang des Weinhandels und **Hungersnöte** waren die Folge. 1856 starben bei einer **Cholera-Epidemie** 7000 Madeirenser. Die trostlosen Lebensbedingungen veranlassten immer mehr Menschen, ihre Heimat zu verlassen. Die Auswanderer wandten sich vor allem nach Südamerika und in Richtung südliches Afrika.

1860 versuchte die Engländerin *Elisabeth Phelps* die Situation der landlosen Bevölkerung zu verbessern, indem sie die Frauen mit neuen Stickmustern bekannt machte und deren Erzeugnisse nach England verkaufte. Damit begann der Siegeszug der **Madeira-Stickerei.**

Im 20. Jh. Eine neue Epoche für Madeiras Wirtschaft brach 1891 mit der Eröffnung von **Reid's Palace Hotel** an: Bereits ab Mitte des 19. Jahrhunderts waren immer mehr europäische Adelige nach Madeira gekommen, um im milden Klima der Insel ihre Leiden zu kurieren. Besonders bei Lungenkrankheiten wurde die Insel von Ärzten empfohlen. Mit dem Reid's Palace besaß sie nun ein angemessenes Hotel, das flugs Prominenz aus allen Teilen der Welt anlockte. Der **Madeira-Tourismus** war geboren. 1893 wurde die Zahnradbahn von Funchal nach Monte gebaut, 1947 die erste Wasserflugzeugverbindung zwischen England und Funchal aufgenommen, 1960 der Flughafen auf Porto

Meilenstein in der madeirensischen Tourismusentwicklung:
Reid's Hotel, zu Beginn des 20. Jahrhunderts
ein Kurpalast für die vorwiegend britische Prominenz

Santo und vier Jahre später der Aeroport Santa Clara auf Madeira eröffnet. Ab den 60er Jahren des 20. Jahrhunderts wurde westlich von Funchal eine Hotelzone aus dem Boden gestampft.

1926 erschütterte ein **Militärputsch** das Mutterland Portugal und die Insel. Madeira stand nun unter der faschistischen Diktatur von *Antonio de Oliveira Salazar,* die erst 1974 mit der **Nelkenrevolution** – die Soldaten trugen Blumen in den Gewehrläufen – ihr Ende fand. Mehrere Hungerrevolten der Madeirenser, die sich gegen das Handelsmonopol einiger Salazar-Günstlinge richteten, wurden von der Armee niedergeschlagen.

Autonome Region

Madeira genießt als **Autonome Region Portugals** seit 1976 weitgehende Unabhängigkeit in allen innenpolitischen Belangen und wird von Lissabon nur in den Bereichen der Sicherheits- und Außenpolitik dirigiert. Regierungschef ist seit 1978 *Dr. Alberto João Jardim,* regierende Partei die sozialdemokratische PSD. In der Opposition sind die sozialistische Partei SP, die konservative CDS und ein Bündnis verschiedener Linksparteien, CDU, vertreten. Gewählt werden die 50 Volksvertreter Madeiras alle vier Jahre, fünf Delegierte vertreten die Belange der Autonomen Region Madeira (RAM) im Lissaboner Parlament.

Madeira ist in **elf Landkreise** (*concelhos*) und **53 Gemeinden** (*freguesias*) unterteilt, wobei Porto Santo einen eigenen Landkreis bildet. Auf Madeira selbst sind Funchal, Câmara de Lobos, Ribeira Brava, Ponta do Sol, Calheta, Porto Moniz, São Vicente, Santana, Machico und Santa Cruz Hauptorte der jeweiligen *concelhos*. Funchal weist mit 1513 Einwohnern pro Quadratkilometer die höchste, Porto Moniz im Nordwesten mit knapp 43 Einwohnern die niedrigste Bevölkerungsdichte auf.

Beitritt zur EU

1986 erfolgte Portugals – und damit Madeiras – **Beitritt zur Europäischen Union.** Nun flossen Fördergelder in die strukturell unterentwickelte

Steckbrief Madeira

Fläche: Madeira 741 km², Porto Santo 42 km²,
Desertas 14,2 km², Selvagens 3,6 km²
Bevölkerung: Madeira 260.000 Einwohner,
Porto Santo 5000 Einwohner
Verwaltung: gehört als „Autonome Region
Madeira" zu Portugal
Hauptstadt: Funchal, 125.000 Einwohner
Flagge: drei vertikale Streifen in Blau-Gelb-Blau.
Den gelben Mittelstreifen schmückt das in Rot
gehaltene Kreuz des Ordens der Christusritter.
Sprache: Portugiesisch
Bruttoinlandsprodukt: 3,6 Milliarden Euro
BIP/Einwohner: 15.000 € (im Vergleich:
Deutschland 25.000 €)
Inflation: 2,1 %
Arbeitslosigkeit: 4 %
Analphabetenquote: 12,7 % nach offiziellen
Angaben

Region. Vor allem in den Straßenbau, die Energie-
versorgung und die Telekommunikation wurde investiert. Zum Jahreswechsel 2000 wurde das pres-
tigeträchtigste Projekt der Insel fertiggestellt: der
Ausbau des viel zu kleinen **Flughafens Santa Clara** zu einem Airport, auf dem endlich auch Jumbos landen können. Dazu musste die Landebahn
auf Stelzen und über aufgeschüttete Plattformen
über dem Meer verlängert werden.

**Regierungs-
wechsel in
Portugal**
Madeira wählt traditionell seit 1978 die sozialdemokratische PSD und deren Vorsitzenden *Dr. Alberto João Jardim*. Auf Landesebene hat die Partei
ihre Mehrheit bei den Wahlen 2005 an die PS, die
Sozialistische Partei, verloren.

Wirtschaft

Obwohl Madeira intensiv landwirtschaftlich genutzt wird, schlagen die Erträge im Bruttoinlandsprodukt nur mit vier Prozent zu Buche. 13 Prozent
der aktiven Bevölkerung sind in der **Landwirtschaft** beschäftigt und erhalten einen Durch-
schnittslohn von 400 € im Monat. Die Anbauflä-
chen sind winzig, schwer zugänglich und meist
nur per Hand zu bearbeiten. Maschinen, die sich
die meisten Bauern ohnehin nicht leisten könnten,
wären auf dem Gros der Ackerflächen unbrauch-
bar, denn so gut wie überall wird das steile, gebirgige Land nur mittels Terrassenfeldern urbar gemacht. Dies und die über die Jahrhunderte verfes-
tigten Strukturen des Großgrundbesitzes lassen eine effektive Landwirtschaft nicht zu.

Im sekundären Sektor, der **verarbeitenden In-
dustrie,** werden 19 Prozent des Bruttosozialpro-
dukts erwirtschaftet und 31 Prozent der Menschen beschäftigt. Mit 77 Prozent des Bruttosozial-
produkts und 56 Prozent der Beschäftigten wölbt
sich der tertiäre Sektor, die **Dienstleistungen,** wie
ein Wasserkopf über den schwachen wirtschaftlichen Unterbau. Gesamtwirtschaftlich spielt dabei
der Tourismus eine große Rolle: 5000 Arbeitsplätze wurden durch den Fremdenverkehr direkt auf
Madeira geschaffen. Darüber, wie viele indirekte
Einkommensmöglichkeiten zusätzlich entstehen,
wenn Handwerker, Transportunternehmer etc.
dem Tourismus zuarbeiten, gibt es keine Schät-
zungen.

Landwirtschaft

Die 741 Quadratkilometer große Insel wird seit
den Anfängen ihrer Besiedelung intensiv landwirtschaftlich genutzt, obwohl ihre steile, gebirgige
Bodengestalt einen effektiven Feldbau kaum
zulässt. Die ersten Siedler rodeten deshalb den
Wald vor allem entlang der flacheren Südküste.

Gesellschaft und Kultur

Die agrarische Erschließung des Nordens erfolgte erst, als der Bevölkerungsdruck im Süden zu groß wurde, abgesehen von zwei Ausnahmen, dem Tal bei São Vicente und bei Faial/Porto da Cruz. Heute ist etwa ein Drittel der Insel kultiviert.

Bananen sind ein wichtiges Exportprodukt

Als der Zuckerrohranbau nicht mehr lukrativ war, setzte sich der Weinbau immer mehr durch

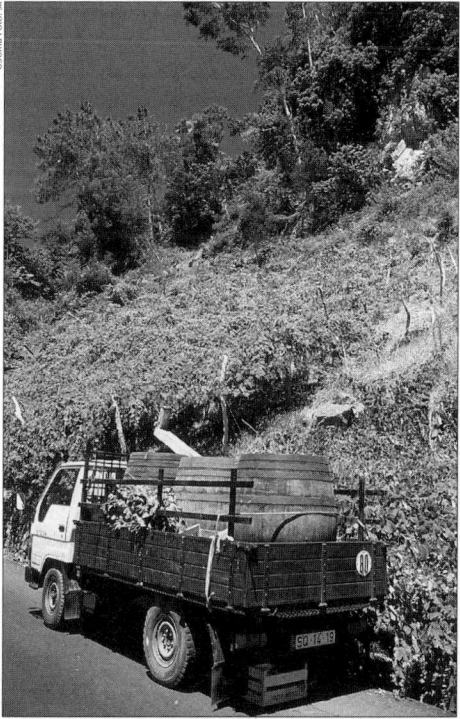

Wichtigste Anbauprodukte Entlang der Südküste herrschen in den tieferen Lagen bis 300 Meter **Bananenpflanzungen** vor. Seit 1911 werden Bananen auf Madeira für den Export angebaut, wenngleich sich nur ein geringer Teil der Böden für die Kultivierung der empfindlichen Tropenpflanze eignet. Bananen bilden heute das wichtigste Ausfuhrprodukt der Insel.

Wein, der die Inselwirtschaft über Jahrhunderte beherrschte, schlägt mit 7,5 Millionen Euro zu Buche und liegt damit noch unter den Ausfuhrumsätzen für Madeira-Stickerei (ca. 9 Millionen Euro). Im stetigen Aufwind befinden sich die **Blumenex-**

porte. Gezüchtet werden vor allem Strelitzien, Calla, Proteen und Orchideen.

Förderung durch die EU

Der Beitritt zur Europäischen Union bescherte Festland und Insel zahlreiche Fördermaßnahmen, die sich vor allem im infrastrukturellen Sektor niederschlagen. Der Bau von Straßen, der Ausbau des Flughafens, die Errichtung von Windkraftwer-

Abhängige Pächter und mächtige Grundeigner – traditionelle Landnutzung

Die traditionelle Form der Landnutzung war bis zum Beginn des 19. Jahrhunderts auf Madeira üblich: Einige wenige **Majoratsherren** besaßen den Großteil des bewirtschaftbaren Bodens und verpachteten diesen in kleinen Parzellen an die *colonos,* die Felder bestellen und die Kulturen pflegen sollten. Diese **Pächter** hatten alles zur Kultivierung Notwendige selbst beizusteuern und erhielten nach Abzug des „Zehnten" für die portugiesische Krone die Hälfte des Ertrages. Die andere Hälfte fiel dem *senhorio,* dem Majoratsherren, zu.

Schwierig wurde die Landwirtschaft nicht nur durch den fast überall nötigen **Terrassenbau,** ohne den man die Hänge nicht hätte bepflanzen können, sondern auch durch ein komplexes System von **Wasserrechten:** Prinzipiell gehörte das Wasser, das bis zum 19. Jahrhundert weitgehend ungelenkt von den Bergen zu Tal strömte, dem König. Als die ersten *levadas* (Kanäle) gebaut wurden, geschah dies zum Teil von privater Hand. Der Levada-Eigentümer veräußerte das Wasser wiederum an die *colonos,* die den Zulauf zu ihren Pachtfeldern stunden- oder tageweise kaufen konnten. Wer durch Missernten oder schlechte Marktlage kein Geld hatte, konnte sein Land nicht bewässern, und Regenfälle sind an der Südküste eher rar.

Verkompliziert wurde das Verhältnis der Grundeigner und ihrer *colonos* durch die Tatsache, dass alle vom Pächter errichteten Gebäude und Einrichtungen ihm gehörten und er deshalb nicht ohne Entschädigung für seinen Besitz die Pacht wechseln konnte. Da sich die meisten *senhorios* weigerten, einen angemessenen Abstand zu zahlen, waren die Pächter, die den Boden nicht nur bestellten, sonken und einer Freihandelszone wurden mit EU-Geldern forciert bzw. erst möglich gemacht.

Als Agrarregion am Rande Europas genießt Madeira besondere Fördermaßnahmen zur Stärkung des **landwirtschaftlichen Sektors.** Vor allem der Viehwirtschaft gilt das Augenmerk der Brüsseler Beamten. Mit der Einfuhr von Zuchtrindern und -schafen sollen die Nutzviehbestände veredelt und aufgestockt werden. Die **Fischereiflotte** Madeiras soll langfristig mit modernen Booten aufge-

dern in ihren Häusern darauf wohnten, ein Leben lang bzw. über Generationen hinweg an ihren Landherren gebunden.

Während ein freier Bauer in erster Linie zur Selbstversorgung gepflanzt hätte, mussten die Pächter jene Kulturen anlegen, von denen sich der Landeigner den größten Gewinn versprach. In den Anfangsjahren der Kolonisierung war dies Zuckerrohr, später Wein. So war die Insel in der Lebensmittelversorgung stets vom Mutterland und eingehandeltem Getreide abhängig. Die selbst angebauten Getreidesorten deckten bestenfalls den Bedarf für ein Drittel des Jahres, und je schlechter die Ernten ausfielen, desto heftigere **Hungersnöte** drohten. Man kann sich heute angesichts der Üppigkeit Madeiras nicht vorstellen, dass noch Anfang des 20. Jahrhunderts Menschen inmitten dieses Paradieses an Hunger starben.

Die Hungersnöte waren es auch, die letztendlich den Ausschlag dafür gaben, die Wasserversorgung des regenarmen Südens mittels künstlich gegrabener und in der Fels getriebener **Kanäle** sicherzustellen. Von der wie ein Schwamm mit Wasser vollgesogenen Hochebene Paúl da Serra wurde ab 1848 ein Netz von *levadas* an die Südwestküste geleitet, 1890 war das Projekt endlich fertiggestellt. Ein nicht unwesentlicher Effekt der über 40 Jahre dauernden Bauarbeiten war die Beschäftigung eines Heeres von *colonos* und Landlosen, die so den Lebensunterhalt für ihre Familien verdienen konnten.

1849 wurde eine Bestimmung erlassen, die die Naturalienabgabe für die Pacht verbot und sie durch normale Pachtzahlungen ersetzte. Dies sollte den *colonos* freiere Hand bei der Bewirtschaftung ihrer Felder geben.

Am Ende des 20. Jahrhunderts waren etwa 30 Prozent der landwirtschaftlich genutzten Fläche Madeiras in der Hand von Pächtern. 72 Prozent der landwirtschaftlichen Einheiten waren kleiner als ein Hektar, nur zwei Prozent gehörten mit über 50 Hektar Großbauern bzw. landwirtschaftlichen Unternehmen.

rüstet werden, eine Tatsache, die den vielen kleinen Fischern nicht behagt, da sie die Konkurrenz der schnellen Motorschiffe fürchten. Im Bereich des **Naturschutzes** engagiert sich die EU unter anderem in den Schutzmaßnahmen für die vom Aussterben bedrohten Vogelarten.

Auch im **Tourismus** schießt die Union zu: Auf vielen Hotelbaustellen prangt das Sternenlogo der Gemeinschaft, die vor allem Projekte unterstützt, mit denen alte Herrenhäuser, *quintas,* vor dem Ruin bewahrt und zu Luxushotels umgestaltet werden. Und sogar Tourismusprospekte werden vom European Regional Development Fund bezuschusst.

Spielwiese der Prominenz – berühmte Touristen auf Madeira

Der Run der Reichen und Schönen auf Madeira begann um die Mitte des 19. Jahrhunderts, ihre schillerndste Protagonistin war in jener Zeit sicherlich die österreichische Kaiserin *Elisabeth I.,* kurz **Sissi** genannt. Sie kam Ende 1860 auf die Insel, um hier eine nicht näher definierte Krankheit, wahrscheinlich Schwindsucht, zu kurieren. Ein halbes Jahr lebte *Elisabeth I.* in der Quinta das Angústias, an deren Stelle sich heute das futuristisch anmutende Casino von Madeira erhebt.

Und noch ein österreichischer Monarch ist schicksalhaft mit Madeira verbunden: **Kaiser Karl I.,** der nach dem Ersten Weltkrieg 1918 auf den Thron verzichten musste und 1922 lungenkrank und weitgehend besitzlos in Monte Unterschlupf fand. Im Gegensatz zu *Sissi* fand *Karl I.* auf der Blumeninsel keine Heilung. Er starb am 1. April und wurde in der Wallfahrtskirche von Monte beigesetzt.

Mit der Eröffnung von Reid's Palace Hotel 1891 wurde es endgültig schick, den Winter auf Madeira zu verbringen. **George Bernard Shaw** ließ es sich zwischen Dezember und Februar 1924/25 bei Tennis und Tango

Tourismus

Lange Zeit setzte Madeira auf **elitären Tourismus.** Dies belegt beispielsweise die große Zahl anspruchsvoller Vier- und Fünf-Sterne-Hotels, der bis Anfang der 1970er Jahre nur wenige Mittelklasse- und einfache Unterkünfte gegenüberstanden. Seit 1976 hat sich die Zahl der Hotelbetten von damals 10.000 verdreifacht. Diese 30.000 Betten gelten im Augenblick noch als Limit, Madeira möchte nicht mit den Kanaren in Punkto Massentourismus konkurrieren.

Jährlich kommen etwa **800.000 Gäste** auf die Insel, mit 140.000 deutschen Urlaubern stellt die Bundesrepublik inzwischen das zweitgrößte Kontingent nach Großbritannien. Geändert hat sich

Gesellschaft und Kultur

gut gehen. **Winston Churchill** kam im Winter 1950 zum Malen und erkor den Fischerort Câmara de Lobos zu seinem Favoriten. 1952 fand **Gustaf Gründgens** auf Madeira „sein Paradies". Unerkannt konnte er durch die Straßen Funchals schlendern und die Tatsache genießen, dass ihn niemand mit seiner Vergangenheit konfrontierte: „Es ist hier ganz anders als in Italien. Sehr gepflegt, sehr englisch, Insel sehr reich. Keine Deutschen ...", schrieb er nach Hause.

Ungefähr zur gleichen Zeit traf ein prominentes Filmteam im Reid's ein: **John Huston** und **Gregory Peck** kamen zu Dreharbeiten für „Moby Dick" nach Madeira. Tatsächlich wurden nur wenige Szenen in den Gewässern um die Insel gedreht. Die beiden Jagdfanatiker aber genossen es offensichtlich, an echten Waljagden teilzunehmen. „An einem einzigen Tag haben wir zwanzig Wale getötet ... Wer noch nie einen Wal in rauer See harpuniert hat, hat nicht wirklich gejagt", beschrieb *John Huston* seine Erlebnisse nach einem Walfang mit den Fischern von Caniçal.

Nach dem Siegeszug *Fidel Castros* 1958 in Kuba verschlug es den Diktator **Fulgencio Batista** samt Familie und Hofschranzen ins Reid's, wo sie mehrere Monate logierten und Unsummen von Geld verprassten. Auf Madeira munkelte man, dass der Batista-Clan die enorme Summe von 100 Millionen Britischen Pfund bei der Flucht aus Kuba mitgenommen hatte.

auch das Urlaubsverhalten: In zunehmendem Maß wird Madeira als **Aktiv-Reiseziel** besucht. Die heimische Tourismusindustrie reagierte auf die neuen Ferienbedürfnisse ihrer Gäste mit dem Bau von Hotels außerhalb Funchals, mit der Markierung und dem Ausbau der beliebten Levada-Wanderwege und mit einem stetig wachsenden Angebot unterschiedlicher Aktivitäten. Wassersport, Golf und Wandern sind nur einige der vielen Möglichkeiten, sich auf Madeira aktiv zu erholen; auch Mountainbiker, Kletterer, Hochseeangler und Paraglider kommen hier auf ihre Kosten.

Parallel dazu investierte man in den **kulturellen Bereich.** Museen wurden erweitert sowie viele der historischen Häuser und Kirchen hervorragend restauriert und wieder zugänglich gemacht. Ein umfangreiches Veranstaltungsprogramm, das vom Theater über klassische Musik bis hin zu Folklorefesten reicht, sorgt zusätzlich für Unterhaltung.

Bevölkerung

Herkunft der Madeirenser

Die meisten der 265.000 Einwohner Madeiras und Porto Santos sind **Nachfahren portugiesischer Einwanderer,** die vor allem in den unterentwickelten Regionen Portugals wie dem Alentejo und an der Algarve mit dem Versprechen gelockt wurden, auf Madeira ein neues, besseres Leben beginnen zu können. Für einige ging dieser Traum in Erfüllung. Die große Mehrzahl fristete dagegen auch in der neuen Heimat ein ärmliches Dasein in der Abhängigkeit von mächtigen Großgrundbesitzern. Diese wiederum stammten vom portugiesischen Adel ab, waren Nachkommen der ersten Legatskapitäne und Inselentdecker oder gehörten reichen Kaufmannsfamilien an. Auch Genueser, Flamen und später Engländer bildeten die wohlhabende Oberschicht der Insel, und noch heute dominieren ausländische Familien wie die *Blandys* die Wirtschaft.

Gesellschaft und Kultur

Seit der Entdeckung Madeiras wurden **Mauren** aus Nordafrika und die mit ihnen verwandten **Guanchen** von den Kanarischen Inseln als Sklaven in der Landwirtschaft eingesetzt. Heute sind die ehemaligen Leibeigenen in der Bevölkerung aufgegangen, ihre Spuren kann man aber gelegentlich im dunkleren Teint und den gekräuselten Haaren der Madeirenser wiederfinden.

Die Porto-Santesen

Porto Santos Einwohner gelten den emsigen Madeirenser als ausgemachte Faulpelze und Drückeberger. Tatsächlich ist die Stimmung auf der Nachbarinsel entspannter, friedlicher und verschlafener, ja irgendwie „afrikanisch". Es geht geruhsam zu – sicherlich eine Folge der harten und von Wetterunbilden immer wieder zunichte gemachten Arbeit, die die Menschen auf Porto Santo seit Jahrhunderten verrichten. Ein gewisser Fatalismus macht das Leben einfacher. Und weil die Bewohner Porto Santos im Jahr 1533 auf einen offensichtlich geistesgestörten Viehhirten hereinfielen, der sich zum Propheten ausrief und ihnen jegliche Arbeit verbot, werden sie von den besserwisserischen Madeirensern noch heute *profetas* geschimpft.

Soziales

Bildung

In puncto Bildung gibt es deutliche Unterschiede zwischen dem Einzugsbereich Funchal und der Südküste einerseits sowie dem Inselinneren und der Nordküste andererseits. Natürlich gilt auch auf Madeira wie in Portugal die **allgemeine Schulpflicht,** doch wird in abgelegenen Dörfern der Besuch einiger Grundschulklassen vor allem für Mädchen als ausreichend angesehen. Wie schlecht es um die Bildung stand und steht, verdeutlichen einige Zahlen: 1930 waren zwei Drittel der Madeirenser nicht des Lesens und Schreibens kundig. Heute wird die offizielle Zahl von **15 Prozent Analphabeten** genannt. Eine Recherche der Frankfurter Allgemeinen Zeitung brachte Mitte der 1990er Jahre aber ein ganz anderes Ergebnis: Sie berichtete von 40 Prozent Analphabeten.

Der Reisende wird in ländlichen Regionen immer wieder auf Menschen treffen, die nicht in der Lage sind, eine Adresse aufzuschreiben. Meist wird dieses Stigma mit umständlichen Erklärungen kaschiert. In solchen Situationen sollte man möglichst sensibel reagieren und sein Gegenüber nicht merken lassen, dass man den wirklichen Grund für die „Schreibunlust" kennt.

Gesundheitswesen

2002 gab es 489 Ärzte auf der Insel, was einem Durchschnitt von 2 Ärzten pro 1000 Einwohner entspricht. Die Kindersterblichkeit ist zwischen 1981 und 2004 von 26,7 auf 7,9 Prozent gefallen; sie ist im Vergleich mit dem Festland (0,7 %) aber immer noch erschreckend hoch. Das Bevölkerungswachstum lag noch Anfang des 3. Jahrtausends bei 3,4 Prozent – auch dies eine Zahl, die man eher aus Entwicklungsländern kennt (Portugal 0,1 %). Die Wachstumsrate nimmt seither aber kontinuierlich ab.

Religion

Wie im Mutterland begegnet dem Gast auch auf Madeira eine tiefe Religiosität. Die **römisch-katholische Kirche** hat Gottes Lob in zahllosen Kirchen und Kapellen auf der Insel in Stein manifestiert. Jedes dieser Gotteshäuser besitzt seinen speziellen Schutzheiligen, der mit bunten Kirchenfesten gefeiert wird. Vor allem im Sommerhalbjahr findet an fast jedem Wochenende irgendwo auf Madeira eine *romaria,* eine Wallfahrt, statt, die nicht nur Anlass zu Andacht und Gebet ist, sondern in einem **feuchtfröhlichen Volksfest** endet.

Heiligenfeste

Viele Legenden kreisen um **Kirchenpatrone.** Allen voran wird von **Marienerscheinungen** erzählt, die fast überall im Zusammenhang mit aus dem Fels sprudelnden Quellen auftreten. Ein beliebtes Motiv sind auch von Flutwellen fortgeschwemmte Heiligenstatuen oder Kruzifixe, die sich auf wunderbare Weise unbeschädigt wiederfinden.

Ganz gleich, welchen Heiligen die Menschen feiern – immer werden Straßen, Häuser und Kirche üppig mit Blüten und Baumgrün geschmückt. Die Duftschwaden von gegrilltem Fleisch vermischen sich mit den tausend Aromen frischer Zweige und Blumen. Böllerschüsse und gemurmelte Gebete behaupten sich gegen die Tingeltangelmusik von Kinderkarussells; fliegende Verkäufer preisen ihre Ware an, während mobile Bäckereien durch lautes Klatschen auf den frisch gekneteten Teig auf sich aufmerksam machen. Jedes Heiligenfest hat seinen eigenen Charakter, immer verbinden sich dabei tiefe Frömmigkeit und Lust zum ausgelassenen Feiern.

Transportmittel à la Madeira – vom Ochsenschlitten zur Magnetschwebebahn

Heute wirken sie außerordentlich malerisch und folkloristisch, aber noch bis vor 50 Jahren waren einige der traditionellen Transportmittel in Betrieb, die man in Volkskundemuseen wie in Ribeira Brava sehen kann. Da sich das steile und unwegsame Madeira kaum für herkömmliche Fahrzeuge wie Kutschen eignete, die Menschen aber trotzdem zu ihren Feldern, auf den Markt oder in ihre *quintas,* die Landhäuser, gelangen mussten, wurden spezielle Transportmittel entwickelt, die nicht auf Rädern, sondern **auf Kufen** liefen.

Das älteste Gefährt war der **Ochsenschlitten,** mit dem Bauern ihre Ernte in den Ort bzw. Saatgut zu den Feldern beförderten. Während Räder auf den holperigen, steinigen Wegen häufig brachen, hatten Kufen den Vorteil der Stabilität und kamen zumindest bergab ohne Zugtier aus. Die ersten „Ochsenschlitten" waren allerdings kaum mehr als eine vom Vieh gezogene Holzplanke, auf der schwere Lasten verzurrt wurden. Erst Mitte des 19. Jahrhunderts entwickelte ein englischer Kaufmann den klassischen *carro de bois* mit Kufen, Federn, einem mehr oder weniger komfortablen Aufsatz und Sitzen, in denen sich nun die Wohlhabenden die Berge hinauf- und hinunterziehen ließen. Noch Mitte des 20. Jahrhunderts waren Ochsenschlitten ein alltäglicher Anblick im Stadtbild von Funchal.

Eine Abwandlung der von Ochsen gezogenen Schlitten sind die *carros de cesto,* **Korbschlitten,** die allerdings nur bergab funktionieren. Sie fahren, ebenfalls seit Mitte des 19. Jahrhunderts, als öffentliches Verkehrsmittel von Monte, wo die Wohlhabenden in kühler Gebirgsluft wohnten, nach Funchal. Eine Art Korb mit eingebauter Sitzbank wurde auf einem Schlitten montiert und von speziell dafür ausgebildeten Männern angeschoben, gelenkt und an flachen Stellen auch gezogen. Die Korbschlitten haben als einziges traditionelles Verkehrsmittel Madeiras den Sprung in die motorisierte Neuzeit mitgemacht, sind heute allerdings nur noch eine Touristenattraktion. Im Gegensatz zu früheren Zeiten, als die Schlittenlenker die schweren Gefährte zu Fuß wieder nach Monte befördern mussten, werden die *carros* heute von Kleinlastern zum Ausgangspunkt zurückgebracht.

Sänfte *(palanquin)* und **Hängematte** *(rede)* stammen noch aus der Vor-Schlitten-Zeit und sind heute nur noch im Museum zu sehen. Die *portadores* (Träger) brauchten nicht nur große Kraft, um Steigungen und Gefälle mit ihren reichen Herrschaften zu bewältigen, sie mussten auch außerordentlich geschickt sein, damit ihre Last auf den schmalen Inselpfaden nicht in den nächsten Abgrund kippte. Die Getragenen müssen sich ihrer Diener sehr sicher gewesen sein, denn ein unzufriedener *portador* hätte viele Gelegenheiten gehabt, sich seiner unliebsamen Herrschaft elegant zu entledigen.

Die industrielle Revolution bescherte der Strecke Funchal – Monte Ende des 19. Jahrhunderts eine **Zahnradbahn,** deren Streckenführung heute unbeachtet verrottet. Das mit Dampfkraft betriebene Gefährt bewältigte die knapp 1000 Meter Höhenunterschied in etwa

20 Minuten. Doch 1919 explodierte ein Wasserkessel, wobei mehrere Menschen zu Tode kamen, was die Attraktivität der Bahn radikal reduzierte. 1939 wurde das nicht mehr lukrative Bähnchen endgültig abgeschaltet.

Die meisten Neuerungen im Verkehrswesen konnten dem Siegeszug des **Autos** nicht standhalten, nur das älteste Transportmittel, die eigenen Beine, ist nach wie vor im Gebrauch. Früher mussten alle Lasten **zu Fuß** befördert werden, angefangen bei Zuckerrohr über Wein bis hin zu Obst und Gemüse. Von den Erntegebieten an der Nordküste zum Hafen in Funchal waren die Träger tagelang unterwegs. Heute machen sich nach der Traubenlese um Santana nur noch aus Folkloregründen einige *barrecheiros* auf den Weg über die Berge, um den frisch gepressten Wein in Ziegenschläuchen zu den Kellereien von Funchal tragen. Hinter der nächsten Kurve werden sie aber von Bussen aufgesammelt und in die Hauptstadt gebracht. Die Bauern dagegen schleppen Geräte, Saatgut und Ernte immer noch auf schmalen, steilen Pfaden zu und von den Terrassenfeldern. Und so ganz verstehen sie nicht, warum immer mehr Touristen freiwillig die Strapaze tagelanger Fußmärsche auf sich nehmen, wenn sie doch ebenso gut mit dem Auto durch die Berge fahren könnten.

Zwischenzeitlich hat der dichte Autoverkehr durch geschützte Natur und auf schmalen, dafür kaum geeigneten Straßen zwei neue Projekte reifen lassen: Ein Investor hat den Bau einer **Seilbahn** von Funchal nach Monte im Jahr 2000 realisiert – obwohl die madeirensischen Behörden angesichts der kühnen Zeitplanung lächelnd abgewunken hatten. An der Seilbahn von Monte zum Botanischen Garten wird gearbeitet.

Absolute Zukunftsmusik ist die Idee eines österreichischen Managers, eine umweltschonende **Magnetschwebebahn** um Madeira herum fahren zu lassen. An den Haltepunkten könnten die Reisenden in Taxen, Mietwagen oder Busse umsteigen. Dem ewigen Stop-and-go auf der Küstenstraße wäre damit ein Ende gesetzt. Doch wer soll so kostenintensive Lösungen finanzieren?

Gesellschaft und Kultur

Anglikani- sche Kirche Die anglikanische Kirche, von den **Briten** nach Madeira exportiert, konnte bei den Portugiesen nie Fuß fassen. Lange wurden nicht-katholische Tote einfach von einem Felsen ins Meer gekippt – bis die Briten gegen diese unchristliche Praxis protestierten und schließlich einen eigenen anglikanischen Friedhof erhielten.

Kunsthandwerk

Zwei kunsthandwerkliche Produkte, die Korbflechterei und die Stickerei, haben Madeira berühmt gemacht. Beide werden erst seit Mitte des 19. Jahrhunderts in großem Stil betrieben, und beide wurden auf Initiative englischer Philanthropen entwickelt. Damals hatte sich die Situation der landlosen Bevölkerung durch den Zusammenbruch des Weinhandels so dramatisch verschlechtert, dass die Besitzenden gezwungen waren, über alternative Einkommensmöglichkeiten für ihre Untergebenen nachzudenken.

Korb- flechterei Zentrum der Korbflechterei ist Camacha. Die zumeist von der Nordküste angelieferten Weidenruten werden in den kleinen häuslichen Betrieben zu allen erdenklichen Flechterzeugnissen verarbeitet. Angefangen haben die Korbflechter mit **Möbeln,** zunächst für die reichen Haushalte, später für die Hotels und schließlich für den Export. Die durchwegs sorgfältig gearbeiteten, schönen Produkte können heute preislich nur noch schwer gegen die Konkurrenz aus den asiatischen Ländern bestehen.

Madeira- Stickerei Der berühmten Madeira-Stickerei ergeht es nicht besser: Chinesische Finger sticheln wesentlich preisgünstiger, und so tun sich die vielen *Casas de Bordado* in und um Funchal schwer, ihre qualitativ hochwertigen, eleganten Produkte an den Kunden zu bringen. Traditionell war Stickerei schon lange vor dem Einsatz von *Elisabeth Phelps* die

Freizeitbeschäftigung madeirensischer Frauen und Mädchen. Die Engländerin war aber die erste, die die bäuerlichen Stiche und Muster verfeinerte und sie dem eleganten Geschmack von Europas Adel und Geldschickeria anpasste. Grobes Leinen wurde durch feinen Batist ersetzt und eine Vielzahl neuer Techniken eingeführt. *Phelps* sorgte auch für den Export nach England, von wo aus Madeira-Stickereien ihren Siegeszug um die Welt antraten.

Noch heute werden Madeira-Stickereien in Heimarbeit hergestellt. Der Auftraggeber, eben je-

Stickerin in der Schule von Machico

ne *Casas do Bordado,* übergeben die zugeschnittenen Stoffe mit genauer Anweisung zu Muster, Stichart und -zahl an eine Agentin. Diese verteilt die Werkstücke in ihrem Heimatort an die Stickerinnen, sammelt die fertigen Arbeiten wieder ein, bringt sie nach Funchal und erhält nach eingehender Prüfung der Qualität das festgesetzte Honorar.

Gobelin-Stickerei
Nicht ganz so alt ist die Gobelin-Stickerei, die sich in Madeira immer größerer Beliebtheit erfreut. Neben den üblichen Motiven wie Blumen und Ornamenten kopieren die Stickerinnen außerordentlich geschickt auch moderne Kunst. So kann man in Madeira beispielsweise *Picassos* Meisterwerke als Gobelins erwerben. Eines ist beiden Arten gemeinsam: Sie sind ein sehr geschmackvolles, aber auch teures Souvenir.

Strick-waren
Dicke, warme **Wollpullover, Mützen und Schals** werden ebenfalls in Heimarbeit gestrickt und meist von fliegenden Händlern an wichtigen Halte- und Aussichtspunkten verkauft. Unter die auf Madeira hergestellte Ware mischen sich aber auch Billigprodukte asiatischer Herkunft. Ein originelles Souvenir ist die spitze, mit Ohrenklappen und manchmal mit einem Bommel versehene traditionelle Mütze der Bauern, die *barrete de lã.*

Musik

Folklore Madeiras
Die traditionelle Folklore Madeiras besteht aus **mehrstimmigen Gesängen,** die meist von **Rundtänzen** begleitet werden. Im Wechsel zwischen Solist und Gruppe erzählen sie vom Alltag auf dem Land, und häufig sind die Einflüsse Nordafrikas in den Melodien unverkennbar. Jede Region hat ihre eigenen „Spezialitäten", die bei den Heiligen- und Folklorefesten aufgeführt werden.

Nachdem viele Lieder, Instrumente und Tänze in Vergessenheit geraten sind, macht man nun

große Anstrengungen, die alte Kunst wiederzube-
leben. Unter dem Gruppennamen „Xarabanda"
sind junge madeirensische Musiker seit 1981
bemüht, ein **Revival der Volksmusik** zu bewerk-
stelligen. Benannt haben sie sich nach *xaramba,* einer traditionellen Musikform, und *banda,* Band.

Der portugiesische Fado
hat sich auch auf Madeira durchgesetzt

Zu ihren traditionellen Instrumenten gehört der *ra-jāo,* eine Gitarre, von der die hawaiianische Uku-lele abstammen soll, die *braguinha,* eine viersaiti-ge Gitarre, die *viola,* eine neunsaitige Geige, und der *brinquinho,* eine Rassel, die mit Glocken oder Kastagnetten den Rhythmus der Musik vorgibt.

Portugiesi-
scher Fado
Wohl jeder assoziiert portugiesische Musik mit der melancholisch-klagenden Melodie des Fado. Dramatik und Weltschmerz werden in Text und Gitarrenbegleitung ausgedrückt. Die Sänger – meist ältere Frauen – zelebrieren die hohe Kunst schwarzgekleidet und mit geschlossenen Augen. Die Ouvertüre ist meist elegisch, der Abschluss temperamentvoll und dramatisch. Im Gegensatz zu Portugal, wo Fado-Darbietungen in den Knei-pen der Großstädte zum Alltag gehören, hat diese Liedform auf Madeira erst durch den Tourismus Einzug gehalten. In Funchal werden Fados gele-gentlich in den Hotels dargeboten. Origineller und ursprünglicher sind sie in den Bars der Zona Vel-ha, vor allem bei Arsenio's, zu hören.

Literatur

Während Madeiras Kunsthandwerk weltweit große Beachtung genießt, ist es um das literari-sche Schaffen ziemlich still. Die Werke von Auto-ren wie **João Cabral do Nascimento** (1897–1978) und **Horacio Bento de Gouveia** (1901–1983) wurden z. B. nie ins Deutsche über-setzt und bleiben dem des Portugiesischen nicht kundigen Leser verschlossen. Einzige Ausnahme ist **Helena Marques,** die 1935 in Portugal geboren wurde, ihre Kindheit und Jugend aber auf Madeira verbrachte und mit „Raquels Töchter" eine faszi-nierende Familienchronik schrieb, die auch in deutscher Sprache vorliegt (Goldmann TB 1999) und die harte Realität des Insellebens offenlegt.

Bildende Kunst

Einen wahren Schatz **flämischer Gemäldekunst** haben die zahlreichen aus Holland zugewanderten Händler Madeira hinterlassen. Berühmte Tafelbilder anonymer flämischer Meister schmückten früher Kirchen und Privatkapellen. Heute sind die meisten dieser wertvollen Bilder im Museu Arte Sacra ausgestellt. Dort sind sie sicherer und geschützter als in den unbewachten Gotteshäusern. Einige Kunstwerke, wie die „Anbetung der heiligen Drei Könige" in der Kapelle Reis Magos bei Calheta, kann man sogar noch vor Ort bewundern.

Unter den bildenden Künstlern haben sich die Brüder *Francisco* (1885-1955) und *Henrique* (1883-1961) *Franco* hervorgetan. Der Bildhauer **Francisco Franco** ist der bekanntere, wenngleich sein von der faschistischen Ideologie *Salazars* geprägter Stil heute etwas befremdlich wirkt. Seine Monumentalstatuen schmücken mehrere Parks und Plätze in Funchal. Die im Franco-Museum in Funchal ausgestellten frühen Werke des Künstlers zeigen ihn dagegen von einer erstaunlich sensiblen Seite. Der Maler **Henrique Franco** schuf vor allem impressionistische Porträts. Sein immer wiederkehrendes Thema sind Frauengestalten mit harten, von der Arbeit gezeichneten Zügen. Ab 1923 machte sich der Expressionismus in seinen Arbeiten bemerkbar, so in dem Bild „La Poule noire", das einen Jungen mit Henne vor schrillgrünem und -blauem Hintergrund zeigt.

Architektur

Die Einflüsse der verschiedenen Nationen, die nach Madeira einwanderten oder hier ihre Geschäfte tätigten, brachten eine Mischkultur hervor, in der das portugiesische Element mit deutlich britischen, aber auch nordafrikanischen und südamerikanischen Strömungen verschmilzt. Das Zu-

sammenspiel maghrebinischer und hispano-portu-
giesischer Kunst ist vor allem in den ältesten Kirchenbauten und in der Ausgestaltung mit *azulejos*
(Kachelbildern) lebendig.

Manuelini-
scher Stil

Beherrschend ist der manuelinische Stil aus den
Anfangsjahren der Besiedlung Madeiras. Herausragendes Merkmal dieser **„portugiesischen Go-**
tik" ist die Verschmelzung europäischer Tradition
mit nordafrikanisch-islamischen Bauelementen. In
Madeira bekommt der manuelinische Stil durch
das dunkle Baumaterial – Basalt und Tuff – eine ei-
genwillige Note.

Die madeirensische Gesellschaft im Bild – Porträtfotograf Vicente Gomes da Silva

Im Jahre 1865 gründete der 1827 geborene Madeirenser *Vicente
Gomes da Silva* Madeiras erstes Fotoatelier in einem kleinen Haus
in der Rua da Carreia in Funchal. Dem passionierten Fotografen
verdankt die Nachwelt eine umfassende Dokumentation der madeirensischen Gesellschaft im ausgehenden 19. Jahrhundert und
vor allem des langsam aufblühenden Tourismus. Die Aufnahmen
der Kaiserin *Sissi* gehören zu seinen berühmtesten Fotografien und
öffneten ihm Tür und Tor bei der vornehmen Gesellschaft Funchals. *Vicente* porträtierte jeden, der einen Namen auf Madeira
hatte. Er fotografierte aber auch einfache Leute wie die Korbschlittenfahrer von Monte, Marktfrauen, Landarbeiter oder Schuster.

Vicentes Atelier wurde in ein Museum umgewandelt, das jahre-
lang geschlossen war, da der Eigentümer des Hauses dringend
nötige Sanierungsmaßnahmen vornehmen musste. Offensichtlich
gab es zwischen Stadtverwaltung und dem Besitzer keine Eini-
gung darüber, was zukünftig mit dem „Museu Vicente" gesche-
hen sollte, und es stand schon zu befürchten, dass die historischen Räume des Fotoateliers nie wieder für die Öffentlichkeit zugänglich gemacht würden. Nun ist das Museum aber stolz der Öffentlichkeit übergeben worden; weitere Aufnahmen von Vicente
sind am Cabo Girão zu sehen.

Von außen zeigen fast alle Bauten des 15. und 16. Jahrhunderts eine große **Strenge und Schlichtheit,** die durch einige wenige Ornamente aufgelockert werden. Die weiße, mit dunklem Basalt abgesetzte Fassade der Kathedrale Sé z. B. wird nur von einer großen, durchbrochenen Rosette und dem Wappen Funchals geschmückt. Ihr Kirchturm ist quadratisch-wuchtig und mit Zinnen bewehrt. Darüber erhebt sich die mit *azulejos* verkleidete Kirchturmspitze. Denkt man sich im Inneren die barocke Ausgestaltung weg, dominiert auch hier eine sehr zurückhaltende Strenge, die nur im verspielten Deckenschmuck aufgehoben wird: Der aus Madeira-Zedern geschnitzte und reich mit Gold- und Elfenbeinintarsien überzogene Baldachin ist ein Paradebeispiel für den von arabischen Künstlern beeinflussten **Mudejar-Stil.**

Entwickelt hat sich diese Kunstrichtung im islamischen Andalusien. Mit den teils zum Christentum konvertierten muslimischen Handwerkern trat sie ihren Siegeszug auf der Iberischen Halbinsel an. So gelangte sie auch nach Madeira. Da islamisches Kunstschaffen durch das Bildverbot stets auf ornamentale Motive festgelegt war, finden sich auch an der Decke der Kathedrale Sé keinerlei Menschen-, Tier- oder Pflanzendarstellungen.

Ein weiteres Merkmal manuelinischer Bauten ist eine fast bizarre **Dekorationslust,** deren Motive vor allem durch die See inspiriert sind: Taue umschlingen die Säulen, Fratzen von Meeresbewohnern, Muscheln und Anker schmücken Tür- und Fensterfassungen. Die schönsten Beispiele manuelinischer Fensterstöcke werden im Garten der Quinta das Cruzes in Funchal gezeigt.

Barock — Die zweite wichtige Bauepoche Madeiras brachte Anfang bis Mitte des 18. Jahrhunderts den gold- und schnörkelverliebten Barock in Kirchen, Klöster und Paläste. In den meisten Fällen wurden nur die Innenräume barock umgewandelt, während die äußere manuelinische Gestalt erhalten blieb. Mög-

Gesellschaft und Kultur

lich wurde die aufwendige Bauweise durch Portugals Einnahmen aus den Kolonien.

Moderne

Moderne Architektur hat in Form von Neubausiedlungen an der Peripherie der Städte und vor allem in Funchals Hotelzone Einzug gehalten. Herausragendes ist nicht dabei. Nur das von **Oscar Niemeyer** konzipierte Casino und das Casino-Park-Hotel sind als Beispiele innovativer Baugestaltung zu erwähnen, wenngleich der monumentale, kalte Betonbaustil heute nicht mehr zeitgemäß erscheint. In den 1970er Jahren wurden die Entwürfe *Niemeyers* indes als genial gefeiert. Der Architekt hatte Brasiliens neue Hauptstadt Brasilia entworfen, bevor er sich in Madeira an das Casino-Projekt machte. Der kreisrunde Bau ist eingefasst von vertikalen Streben, die über das Dach hinausragen und eine „Dornenkrone" darstellen sollen. Das Casino-Park-Hotel gleich nebenan steht auf schmalen, hohen Stelzen und wendet sich halbkreisförmig dem Meer zu. Für den Bau musste die historische Quinta das Angústias abgerissen werden, in der Kaiserin *Sissi* während ihres Madeira-Aufenthaltes logierte.

Post-moderne

Seit Ende des 20. Jh. erlebt die Insel einen wahren **Bauboom,** und das nicht nur in Bezug auf Straßen, Kreisverkehre und Tunnels. Jeder größere Ort wurde mit einer Art **Bürger- und Kulturzentrum** ausgestattet, zu dem meist eine Bibliothek, ein Kino, ein Café und eine Parkgarage gehören. Die kubusartige Architektur dieser Bauten, verkleidet mit viel Glas oder Holzlamellen, wirkt im Herzen der Altstädte zunächst recht deplatziert, hat aber durchaus ihren Charme und Reiz. Als architektonisch vorbildlich gilt der **Museumsbau der Casa das Mudas** über Calheta (s. dort).

Die Santana-Häuschen werden mit Stroh gedeckt

Ländliche Bauweise

Die ländliche Architektur Madeiras kann man nur noch in und um Santana sehen: Die nahezu dreieckigen **casas de colmos** sind spitzgiebelige, winzige Bauernhäuschen, deren Strohdächer an beiden Seiten fast bis zum Boden reichen. Im Erdgeschoss befindet sich der Wohn- und Schlafraum, im Giebel darüber meist die Vorratskammer. Eine kleine Variante dieser Bauform sind die **palheiros,** in denen ein bis zwei Kühe Platz finden. Da alles bebaubare Land für Wein- und Getreidekulturen genutzt wird, verbringen die Rinder ihr Leben im Stall und werden von den Bauern mit frisch geschnittenem Grünfutter versorgt.

Quintas

Im Gegensatz zur schlichten Gebrauchsarchitektur der alten Bauernhäuser steht die prunkvolle Architektur von **Stadtpalästen und Herrenhäusern.** Im 18. Jahrhundert entstanden viele der heute als Unterkunft so beliebten, *quintas* genannten Herrenhäuser. Ursprünglich wurden nur die außerhalb Funchals gelegenen Landvillen, umgeben von parkähnlichen Gärten, als *quintas* bezeichnet. Mit der Zeit bürgerte sich der Begriff aber für alle Häuser der Reichen ein.

Gesellschaft und Kultur

Azulejos –
kleine blaue Steine

Azulejos, so werden die großformatigen, aus bemalten Kacheln zusammengesetzten Wandbilder genannt, denen man in Madeiras Kirchen, *quintas* und an den Fassaden von Markthallen und Geschäften begegnet. Die Vermutung, in dem Begriff stecke das Wort *azul,* blau, ist ebenso umstritten wie die Ableitung vom arabischen *az-zulahi,* Mosaik-Steinchen. Tatsächlich stammt die Technik der Fliesenherstellung aus dem heutigen Irak. Mit dem Siegeszug des Islam durch Nordafrika nach Spanien wurde dieser dekorative und zugleich praktische Wandschmuck auch in Portugal bekannt.

Böden, Wände und Kirchturmspitzen, die mit *azulejos* verkleidet wurden, waren hervorragend gegen die Witterung geschützt. Dies ist sicherlich ein wichtiger Grund für den Fortbestand der *azulejos* bis in die heutige Zeit. Die Techniken und Motive haben sich allerdings grundlegend geändert: Anfangs beherrschten die Fliesenhersteller noch nicht die Fertigkeit, die verschiedenen auf eine Kachel aufgetragenen Farben beim Brennen am Ineinanderfließen zu hindern. Man behalf sich mit Rillen, die die Motive und Farben gegeneinander abgrenzten. So sind die ältesten *azulejos* entweder in einem Farbton gehalten, oder ihre Muster heben sich durch Rillen voneinander ab. Um das 16. Jahrhundert waren derlei technische Probleme gelöst, und die *azulejos* konnten nun mit fantasievollen Mustern geschmückt werden, bei denen pflanzliche Motive eindeutig dominierten. Vorherrschende Farben waren Grün, Gelb und Blau.

Im 17. Jahrhundert traten jene Farbkombinationen ihren Siegeszug an, die heute als „klassisch" empfunden werden: Blau und Weiß, entweder als geometrisches oder florales Element, wie in der Kirche São Pedro, oder als großes Kachelbild, das Szenen der Heiligengeschichte, der Entdeckungsfahrten oder (später) des Alltags auf der Insel abbildet. Deutlich sind darin die Einflüsse der Delfter Porzellanmanufaktur zu erkennen, deren Geschirr in jener Zeit in Mode kam.

Die meisten Kachelbilder dieses Stils, die man heute auf Madeira sieht, stammen allerdings aus der Zeit der Wende des 19. zum 20. Jahrhundert, als die *azulejos* nach einer Zeit des Vergessens ein Revival erlebten. Auch moderne Kachelbilder sind allerorts zu finden, z. B. am Mercado dos Lavradores von Funchal.

Gesellschaft und Kultur

Funchal und Umgebung

Überblick

Funchals Lage an einer weiten Bucht an der Südküste inspirierte Reisende zu allen Zeiten zu immer neuen Lobeshymnen. Bis 1964 der Flughafen
Santa Catarina eröffnet wurde, fand die erste Be-
gegnung mit Madeiras Hauptstadt stets vom Wasser aus statt – eine wahrlich theatralische Perspektive: Die Bucht und die steil ansteigenden Berge
bilden ein mit tiefem Grün ausstaffiertes Amphi-

Funchal, Umgebung

Curral das Freiras

EN107

Rib. de Santa Luzia

Levada da Negra

Estreito de
Câmara de Lobos

EN105

São
Roque

EN103

Ribeira dos Socorridos

Santo
Antonio

Ribeira de São João

Câmara
de Lobos

Quinta
das Cruzes

EN106

São
Martinho

EN229

0   2 km

theater, in dem weiße Häuser wie Bauklötzchen übereinander gestapelt sind. Auf den unteren „Rängen" stehen die Wohnhäuser, Paläste und Kirchen dicht an dicht, während die Bebauung nach oben hin lockerer und übersichtlicher wird und sich schließlich zwischen Eukalyptuswäldern verliert. Die Theaterbühne wären die Kais entlang der Avenida do Mar, der Atlantische Ozean würde die unendliche Kulisse bilden und Fischerboote, Jachten und Kreuzfahrtdampfer tuckernd und tu-

Funchal

tend die Hauptrollen spielen. Das Stück, das seit der Entdeckung Madeiras 1419 täglich in der Bucht von Funchal aufgeführt wird, handelt von der Seefahrt und vom Handel. Die Insel spielt darin die Rolle eines wichtigen Etappenpunkts auf den weltumspannenden Routen der Seeleute.

Madeiras Hauptstadt wäre mit ihren 125.000 Einwohnern ein eher gemächlicher Ort, würden nicht morgens und abends Tausende von Pendlern aus den Vororten Funchals und anderen Städten und Dörfern der Insel die Straßen verstopfen. Stop and Go heißt dann die Devise, und wer so tollkühn ist, von den Hauptverkehrsadern in Nebenstraßen auszuweichen, sieht sich bald in einem unübersichtlichen Gewirr von Einbahnstraßen rettungslos verloren. Funchal ist eine Stadt, die zu Fuß erobert werden will, wobei man etwas Kondition braucht, denn stets geht es steil bergauf und wieder bergab. Deshalb an dieser Stelle ein wichtiger Tipp: Bequeme, rutschfeste Schuhe sind in Funchal – wie auf der ganzen Insel – Voraussetzung für eine problemlose Besichtigung.

Blick auf den Hafen von Funchal

Sehenswertes

Rundgang durch das Stadtzentrum

Hinweis: die eingeklammerten Zahlen beziehen sich auf die Stadtplanlegende Seite 146.

Rund um die Praça do Infante

Beginnen wir den Stadtrundgang an der **Praça do Infante (1),** an der Nahtstelle zwischen dem alten und dem neuen Funchal. Der Kreisverkehr ist einer der wichtigsten Verkehrsknotenpunkte der Stadt: Nach Westen führt von hier die Avenida do Infante durch das Hotelviertel zum Lido, nach Osten durchquert die Avenida Arriaga den Stadtkern, nach Süden gelangt man zum Hafen und den Kais an der Avenida do Mar, und nach Norden erreicht man über die Rua Dr. Brito Câmara die Zubringer zur Autobahn, die auf hohen Stelzen und durch Tunnel die Bucht von Funchal umrundet. Den Mittelpunkt des Platzes bildet ein Springbrunnen, den eine eiserne Armillarsphäre krönt, ein altertümliches astronomisches Gerät zur Darstellung der Haupthimmelskreise im astronomischen Koordinatensystem. Von der Südwestseite der Praça do Infante blickt die Statue des Infanten *Heinrich der Seefahrer* auf dieses für die Schifffahrt so wichtige Instrument, mit dessen Hilfe die Kapitäne einst über die Weltmeere navigierten.

Hinter Heinrichs Standbild liegt leicht erhöht der **Parque de Santa Catarina (2),** eine hübsch gestaltete Anlage mit Schatten spendenden Bäumen, Teichen, Springbrunnen und Kinderspielplatz, in der Funchals Geschäftsleute gerne ihre Mittagspause verdösen. In dem in den 1950er Jahren angelegten Park steht die schlichte, der heiligen *Katharina* geweihte **Kapelle Santa Catarina,** die 1425 im Auftrag der Ehefrau des Inselentdeckers *Zarco* errichtet wurde. Leider kann man das Innere nicht besichtigen.

Nicht weit entfernt erinnert ein Denkmal an **Christoph Kolumbus,** und wer sich für moderne

Funchal

Funchal

Rundgang durchs Zentrum:

- ● 1 Praça do Infante
- ★ 2 Parque de Santa Catarina
- ★ 3 Jardim Municipal
- ★ 4 Câmara de Cómercio
- ★ 5 Madeira Wine Lodge
- ❶ 6 Fremdenverkehrsamt
- ★ 7 Palacio de São Lourenço
- ★ 8 Altes Zollhaus
- Ⓜ 9 Museu Cidade do Açucar
- ⅱ 10 Sé

- ● 11 Praça de Municipio
- Ⓜ 12 Museu Arte Sacra
- Ⓜ 13 Museu Vicente
- ⅱ 14 Kirche São Pedro
- ★ 15 Palacio São Pedro
- Ⓜ 16 Casa Museu Frederico Freitas
- ⅱ 17 Kloster und Kirche Santa Clara
- Ⓜ 18 Quinta das Cruzes
- Ⓐ 19 Fortaleza do Pico
- 🏨 20 Hotel Monte Carlo

Funchal

Sonstiges:
- Ⓑ 27 Busstation
- Ⓜ 28 Madeira Story Centre
- Ⓜ 29 Museu do Vinho
- 🏠 30 Residencial Chafariz
- 🏠 31 Apartamentos Do Castanheiro
- ✉ 32 Post
- Ⓜ 33 Museu Colombo
- 🏠 35 Apartamentos S. Gabriel
- 🏠 36 Residencial Santa Clara
- ★ 37 Quinta Vigia
- ● 38 Casino
- 🏠 39 Albergharia Penha de França
- 🏠 40 Reid's Palace
- ● 41 Lido
- ● 42 Praia Formosa
- ★ 43 Quinta Magnolia
- 🏠 44 Estalagem Monte Verde
- 🏠 45 Choupana Hills
- 🏠 46 Albergaria Dias
- 🏠 47 Residencial da Mariazinha
- 🏠 48 Hotel Porto Santa Maria
- 🏠 49 Hotel Madeira Palacio

Rundgang durch die Zona Velha:
- ● 21 Praça da Autonomia
- ▪ 22 Mercado dos Lavradores
- ⅱ 23 Capela Corpo Santo
- Ⓜ 24 Fortaleza de São Tiago
- Ⓜ 25 Museu do I.B.T.A.M.
- Ⓜ 26 Museum Francisco
  u. Henrique Franco

Porto Santo

Kunst interessiert, kann die Monumentalstatue des Seemanns bewundern, geschaffen von Madeiras bedeutendstem Bildhauer, *Francisco Franco*.

Zurück an der Praça do Infante widmet sich im **Kolumbus-Museum (33)** eine kleine Ausstellung dem großen Amerikafahrer, um dessen Aufenthalt auf Madeira und Porto Santo sich zahllose Legenden ranken. Es befindet sich im Diogos Wine Shop, Ecke Av. Arriaga.

●**Museu Colombo,** geöffnet: Mo–Fr 9.30–13 und 15–19 Uhr, Sa 9.30–13.30 Uhr, Eintritt 1 €.

Am Jardim Municipal

Weiter geht es am futuristischen Glasbau des Marina Shopping Center vorbei die Avenida Arriaga entlang zum **Jardim Municipal (3).** Der kleine Park mit seinen alten, exotischen Bäumen und üppig blühenden Sträuchern wurde an Stelle des Ende des 19. Jahrhunderts abgerissenen Franziskanerklosters angelegt und ist ein beliebter Treffpunkt von Rentnern und Verliebten. Auch die Taxifahrer, die hier in langen Schlangen auf Kunden warten, schätzen den angenehmen, schattigen Standplatz.

Gegenüber fallen die cremefarbenen Fassaden des **Teatro Municipal** und der **Câmara de Cómercio (4)** ins Auge. Klassizismus und Jugendstil sieht man in Funchal sonst eher selten, erst recht nicht in so hervorragend restauriertem Zustand. Das Besondere aber sind die blau-weißen Azulejo-Bilder an der Fassade des ehemaligen Café Ritz, das heute als Autohaus genutzt wird. Sie stammen vom Anfang des 20. Jahrhunderts und stellen Madeirenser bei ihren traditionellen Arbeiten dar: Stickerinnen, Korbflechter, Korbschlittenfahrer etc. Wer hier bereits eine erste Müdigkeit verspürt, kann sich im hübschen Theatercafé mit einem *bica* stärken, einem madeirensischen Espresso.

Madeira Wine Lodge

Die Avenida Arriaga weiter stadteinwärts, passiert man links die **Madeira Wine Lodge (5)** in einem Anbau des ehemaligen Franziskanerklosters. Der

Funchal

Weinkeller gehört der britischen Unternehmerfamilie *Blandy* und kann besichtigt werden. Man sieht traditionelles Winzergerät und verfolgt die verschiedenen Stadien der Herstellung des Madeira-Weins (s. auch Exkurs im Kapitel „Praktische Reisetipps: Essen und Trinken"). Den Rundgang beschließt man in der Probierstube der Wine Lodge, wo es binnen kürzester Zeit recht feuchtfröhlich zugeht. Derart eingestimmt, holen dann die meisten angeheiterten Besucher ihre Portemonnaies heraus, um den teuren Tropfen als Souvenir mit nach Hause zu nehmen.
●Geöffnet: Mo–Fr 9–19, Sa 10–13 Uhr, 2 €.

Palacio de São Lourenço
Neben der Wine Lodge liegt das Büro des **Fremdenverkehrsamtes (6),** wo es gutes Info-Material gibt, z. B. aktuelle Busfahrpläne, Inselkarte und Funchal-Plan, und Adressen, wo man Geld wechseln kann bzw. wo sich Geldautomaten befinden.

Wasserspiele im Jardim Municipal

Auf der gegenüberliegenden Straßenseite sieht man die Nordfassade des **Palacio de São Lourenço (7)**. Lange konnte Funchal ohne Befestigungsanlage auskommen, doch Anfang des 16. Jahrhunderts war die Stadt so wohlhabend geworden, dass sie ins Visier von Freibeutern geriet. 1513 wurde mit dem Bau der Anlage begonnen, 1540 war ein erster Wehrturm errichtet. Gegen die Attacken der französischen Piraten unter *Bertrand de Montluc* half er jedoch wenig. Die Seeräuber überfielen Funchal und plünderten es mehrere Tage lang, bevor sie vor den zu Hilfe eilenden portugiesischen Schiffen flüchteten. Danach wurde São Lourenço zur Festung ausgebaut.

Als Sitz der Regionalregierung ist der Palacio de São Lourenço Besuchern heute nur noch eingeschränkt zugänglich (Besichtigung Mi 10 Uhr, Fr 15 Uhr, Sa 10 und 11 Uhr). Von der Kreuzung Avenida Arriaga und Avenida Zarco, die eine düstermonumentale **Statue des Inselentdeckers Zarco** schmückt, kann man aber an der Ostmauer der Festung entlang in Richtung Meer spazieren und erblickt dann rechts den ältesten Turm mit seinem in dunklen Stein geschlagenen Wappen der Christusritter und den beiden Armillarsphären.

Avenida do Mar

Hier ist Funchals Seepromenade erreicht, die Avenida do Mar. Große und kleine Jachten dümpeln an den Kais, Restaurants und Cafés erwarten fremde und einheimische Gäste. Die Hauptattraktion ist die – leider etwas heruntergekommene – ehemalige **Luxusjacht der Beatles,** die „Vagrant". Sie dient heute als schwimmendes Restaurant. Die Gäste sitzen in kleinen Booten rings um das Mutterschiff und lassen sich die ziemlich touristische, mittelmäßige Küche schmecken.

Vor der „Vagrant" startet der **Madeira Balloon** zur Freude, aber auch zum Ärger vieler Menschen alle 15 Minuten in luftige Höhe. Am Boden festgezurrt, kommt er allerdings nicht weit. Erwachsene zahlen für den kurzen Spaß 15 €, Kinder 10 €.

Wenige Schritte nach Osten steht links das **Alte Zollhaus (8),** die *Alfándega Velha.* Es wurde an Stelle des im späten 15. Jahrhundert erbauten und durch das Erdbeben 1748 annähernd zerstörten ersten Zollhauses errichtet. Läuft man die Rua João Tavira an der Westseite des Gebäudes entlang nach Norden und biegt rechts in die Rua da Alfándega ein, sieht man einen noch erhaltenen Teil des alten Zollhauses, ein manuelinisches Portal mit spitz zulaufendem Torbogen. Auch hier bleiben Besucher ausgesperrt, da die *Alfándega* vom madeirensischen Parlament genutzt wird.

Zucker-museum

Nun ist man mittendrin im Altstadtgassengewirr rund um die Kathedrale von Funchal. Die meisten Geschäfte hier verkaufen madeirensisches Kunsthandwerk und Postkarten. Cafés und Restaurants haben sich auf die zahlungskräftigen Touristen eingestellt. Trotzdem macht es Spaß, durch die für den Verkehr gesperrten Gassen zu bummeln.

Einen Stopp verdient die modern gestaltete und von alten Häuserfassaden gesäumte Praça Cristovão Colombo mit dem **Museu Cidade do Açúcar (9),** dem Zuckermuseum. Die Ausstellung im Untergeschoss zeigt Exponate rund um Zucker, der Madeira in der ersten Phase der Besiedlung reich machte. Dazu gehören Werkzeuge, Sudkessel und Zuckerformen – damals wurde das „weiße Gold" zu Zuckerhüten gegossen. Überdies sind Preziosen ausgestellt, die im Austausch gegen Zucker auf die Insel gebracht wurden, darunter chinesisches Porzellan und flämische Gemälde sowie aus Zuckerkisten geschreinerte Möbel.

Beim Bau des Museums stieß man auf Fundamente eines alten Palastes, der dem Händler *João Esmeraldo* gehört haben soll. Der gebürtige Flame spielte im 15. Jahrhundert eine bedeutende Rolle in der Wirtschaft der Insel, und angeblich war *Kolumbus* mehrmals bei ihm zu Gast.

●**Geöffnet:** Mo–Fr 10–12.30 und 14–18 Uhr, Eintritt 2,25 €.

Funchal

04Oma Foto: sk

Kathedrale Sé Die Rua do Sé führt vom Zuckermuseum nach Westen zur Kathedrale von Funchal, der **Sé (10).** Sie wurde 1514 eingeweiht und ist im strengen Stil der manuelinischen Gotik gehalten. Einziger Schmuck der weißen Mauern ist die in dunklem Stein gemauerte Fassade um das Hauptportal, über dem durch eine Rosette Licht in das Kircheninnere fällt. Die Ecken und der von Rundbogenfenstern durchbrochene Abschluss des Kirchturms sind ebenfalls in diesem Stein gearbeitet. Über den Turmzinnen erhebt sich die schmalere, mit alten Kacheln verkleidete pyramidenförmige Turmspitze. Zu Füßen der Kathedrale sorgen Blumenfrauen in ihren traditionellen, rot, gelb und weiß gehaltenen Kostümen für bunte Farbtupfer. Sie verkaufen Calla und Strelitzien, die sie gleich transportfertig in Kartons verpacken.

Im Inneren des Gotteshauses blitzen vergoldete barocke Altäre und Azulejo-Bilder entlang der Seitenkapellen und im Altarraum im flackernden

Licht unzähliger Kerzen. Gläubige knien andächtig vor der Muttergottes oder einem Heiligen und
beten ihren Rosenkranz. Das blau-goldene **Chorgestühl** glänzt wie neu – dabei gehört das aus
Flandern stammende Gestühl aus dem 16. Jahrhundert zu den ältesten Einrichtungsstücken der
Sé. Die wunderbare **Mudejar-Decke** aus kunstvoll
ineinander verflochtenen Zedernholzteilen, die
ein geometrisches Muster ergeben, stammt aus
dem frühen 16. Jahrhundert. Viel zu sehen ist davon allerdings nicht, denn der Innenraum der Sé
ist stets in ein schummeriges Licht getaucht und
die Decke so hoch, dass sie der Kerzenschein nur
spärlich erleuchtet.

●**Geöffnet:** Mo-Sa 9-11 und 16-17.30 Uhr, So
15-16 Uhr.

Kollegiumskirche Die Fußgängerzone Rua João Tavira führt von der
Sé nach Norden und endet an der **Praça de Municipio (11),** deren Nordseite die mächtige, mit
Heiligenstatuen geschmückte Fassade der **Igreja
do Cólegio** beherrscht. Mitte des 16. Jahrhunderts waren die Jesuiten, die Kirche und Kloster
errichten ließen, gern gesehene Diener Gottes auf
Madeira. Im 18. Jahrhundert aber wurde ihnen
jegliche Tätigkeit in Portugal und auf Madeira verboten, da ihr Einfluss zu groß geworden war. Ihre
Bauten wurden eine Zeit lang vom Militär genutzt
und gehören heute zur Universität von Madeira.
In der Kirche sind einige sehr schöne, barocke
azulejos erhalten.

●**Geöffnet:** tgl. 17-18 Uhr und während der Gottesdienste.

Rathaus Die Nordostseite des Platzes säumt das niedrige,
langgestreckte Gebäude der **Câmara Municipal,**
des Rathauses. Bis Ende des 19. Jahrhunderts war
der 1758 errichtete Palast im Besitz einer der einflussreichsten Familien Funchals, der Grafen von
Carvalhal, denen wir in der Inselhauptstadt immer
wieder begegnen. Heute ist er Sitz der Stadtver-

waltung und beherbergt ferner das Museu da Cidade, das **Stadtmuseum,** das eine Ausstellung über die Entwicklung Funchals zeigt. Die Dokumente und Fotografien sind nur portugiesisch beschriftet und deshalb wohl für die meisten Besucher wenig aufschlussreich. Was aber unbedingt lohnt, ist ein Blick in die Vorhalle mit dem Treppenaufgang, der mit schönen blau-weißen *azulejos* geschmückt ist. Im idyllischen, efeubewachsenen Innenhof techtelt auf einem Brunnen eine steinerne Leda mit Zeus in Schwanengestalt.

● **Museu da Cidade,** geöffnet: Mo–Fr 9–12.30 und 14–17.30 Uhr, 1,75 €.

Museum für sakrale Kunst

Entlang der Südseite der Praça de Municipio erstrecken sich die Gebäude des Bischofspalastes, in denen das Museum für sakrale Kunst, das **Museu Arte Sacra (12),** untergebracht ist. Der Eingang befindet sich in der Rua des Ferreiros. Kirchenkunst vom Feinsten ist zu besichtigen, sakrale Objekte aus den Gotteshäusern Madeiras, vor allem aber aus der Sé.

Wer sich für flämische Malerei interessiert, wird in der zweiten Etage seine Freude haben: Hier

---

Schön, aber tückisch:
Straßenpflaster aus Flusskieseln

Immer wieder kann man die fantasievollen Muster des Straßenpflasters bewundern, mit dem Gehwege und Plätze Funchals geschmückt sind. Fast immer besteht das Pflaster aus kleinen, dunklen und hellen Steinchen, die zu Bögen, Ornamenten und Jahreszahlen zusammengesetzt sind. Auch die Praça de Municipio ist damit ausgelegt. Früher wurden dafür Flusskiesel verwendet, die entlang der *ribeiras* gefunden wurden. Die unregelmäßige Form der Steinchen macht einen sehr organischen, belebten Eindruck, ist aber tückisch, wenn es geregnet hat. Dann verwandeln sich die meist abschüssigen Straßen in glitschige Rutschbahnen, und es gehört einiges Geschick dazu, auf ihnen durch Städte und Dörfer zu balancieren. Auch Autofahrer müssen dann entsprechende Vorsicht walten lassen.

sind wertvolle Werke flämischer Künstler ausgestellt. Die Gemälde fanden aus Madeiras Kirchen, Kapellen und *quintas* ihren Weg in das Museum. Viele Bilder stammen von unbekannter Hand, einige aber von so prominenten Künstlern wie *Roger van der Weyden.*

•**Geöffnet:** Di–Sa 10–12.30 und 14.30–18 Uhr, So 10–13 Uhr, Eintritt 3 €.

Wein-museum Von der Praça de Municipio kommend, entlang der Ribeira de Santa Luzia nach Norden, ist es nicht weit zum städtischen **Weinmuseum (29)** in der Rua 5 de Outubro. Das Museum zeigt, ebenso wie die private Wine Lodge, die verschiedenen Stadien der komplexen Weingärung sowie historische und moderne Utensilien, die dabei verwendet werden. Im Gegensatz zu den privaten Kellereien finden hier keine Weinproben statt.

•**Museu do Vinho,** geöffnet: Mo–Fr 9–18 Uhr, 1,75 €.

Fotografie-Museum Westlich der Praça de Municipio liegt Ecke Rua Bom Jesus und Avenida Zarco, ein paar Schritte in die Rua Bom Jesus hinein, linker Hand mit einem lauschigen Innenhof das Haus, in dem Madeiras berühmter Fotograf *Vicente Gomes da Silva* (s. Exkurs im Kapitel „Gesellschaft und Kultur") sein Atelier hatte. Das **Museu Photographia Vicente (13)** hat seine Pforten 2002 wieder geöffnet und

Funchal

Shopping-Tipp

Zwischen der Praça de Municipio und der Kathedrale Sé liegt ein Shopping-Viertel, das allerdings kaum auf Touristen, sondern eher auf modebewusste Einheimische abgestellt ist. Beim Bummel durch die schmalen Gassen findet man die Läden der meisten internationalen Modedesigner und auch einige portugiesische Boutiquen. Wer preiswerte und topmodische Klamotten sucht, sollte bei **Zara** an der Rua do Ajube vorbeischauen. Die Auswahl ist riesengroß, und es gibt u. a. wirklich schicke Kinderkleidung. Für die Madeirenser ist Zara *der* Geheimtipp schlechthin.

zeigt die Arbeitsräume sowie -Materialien des Fotografen. Man kann in historischen Fotoalben blättern und sich anhand der Aufnahmen von Bauern, Fischern und Marktfrauen ein Bild vom damaligen Leben auf Madeira machen.

Ein schönes Café im Patio lädt zum Verweilen ein.

●**Museu Photographia Vicente,** geöffnet Mo–Fr 14–18 Uhr, Eintritt 2 €.

In der Oberstadt

Die von Antiquitätenläden gesäumte Rua das Pretas führt nun bergauf in die Oberstadt, die höher gelegenen Viertel Funchals oberhalb des Zentrums. An der Kreuzung der Rua das Pretas und der Rua S. Pedro sind gleich mehrere Sehenswürdigkeiten versammelt: Die Ende des 16. Jahrhunderts erbaute **Kirche São Pedro (14)** ist im Inneren vom Boden bis zur Decke mit blau-weißen *azulejos* mit geometrischen Motiven ausgeschmückt. Wenige Schritte über die Kreuzung hinweg liegt der **Palacio São Pedro (15),** auch dies ein Stadthaus des oben erwähnten Grafen *Carvalhal.* Es beherbergt heute das **Museu Municipal,** das über Flora, Fauna und Geologie Madeiras informiert. Besonders sehenswert ist das **Aquarium** im Erdgeschoss. Die Besucher betreten einen völlig abgedunkelten Raum, in dem nur die spärlich erleuchteten Aquarien etwas Licht spenden. So eingestimmt, fühlt man sich in die Tiefen der Meere versetzt und bewundert ihre bizarren Bewohner wie Muränen, Gründler, Drachenköpfe und Hummer.

●**Museu Municipal,** geöffnet: Di–Fr 10–18 Uhr, Sa/So 12–18 Uhr, Eintritt frei.

Museum Frederico das Freitas

Nun geht es die Calçada St. Clara steil bergauf. Auf halbem Wege liegt ein weiteres Museum, die **Casa Museu Frederico das Freitas (16),** ein Muss für alle, die sich mit den Wohntraditionen wohlhabender Familien Madeiras beschäftigen möchten. Der überaus begüterte Mäzen *Frederico* das Freitas vermachte 1978 das Haus und seine Sammlung wertvoller **Antiquitäten und Kachelbilder** der Stadt Funchal. Seit der umfangreichen Renovierung gibt es im Museum eine Ausstellung sehr seltener alter *azulejos,* die man sonst kaum noch zu sehen bekommt.

● **Geöffnet:** Di–Sa 10–12.30, 14–18 Uhr, Eintritt 2 €.

Convento de Santa Clara

Nach einem weiteren und noch steileren Stück stehen links an der Ecke Rua das Cruzes das **Kloster** und die **Kirche Santa Clara (17),** deren kachelgeschmückte Turmspitze die niedrigen Häuser überragt. Die Kirche ist meist vormittags geöffnet. Wer aber auch das wirklich sehenswerte Kloster besichtigen möchte, klingele an der Pforte. Fast immer ist eine Schwester bereit, Besucher durch die Anlage zu führen.

Ende des 15. Jahrhunderts wurde der Konvent im Auftrag der Enkelinnen des Inselentdeckers *Zarco* errichtet. Der Orden der Klarissinnen leitete das Haus bis Ende des 19. Jahrhunderts, als die letzte Nonne verstarb. Seither unterhalten Franziskanerinnen das Anwesen, in dem ein Kindergarten untergebracht ist. Im Gegensatz zu ihren Vorgängerinnen, die sehr wohlhabend waren und außerhalb der Stadt große Ländereien besaßen, müssen die Franziskanerinnen mit recht beschränkten Mitteln zurechtkommen. Für die Führung wird kein Eintritt verlangt, aber eine Spende erwartet, die ruhig großzügig ausfallen sollte.

Trotz mancher Um- und Neubauten sind im Konvent Santa Clara einige Elemente aus der Gründungszeit erhalten, so der idyllische manuelinische Kreuzgang. Wahre Preziosen sind zwei mit schlichten Holztüren verschlossene Kapellen mit alten **azulejos.** Einige der Kachelbilder stammen aus den Anfangszeiten dieser aus dem arabischen Raum importierten Kunst: Die Muster und Farben auf den Kacheln sind durch Rillen voneinander abgesetzt, um das Zusammenlaufen der Farben beim Brennen zu verhindern.

Funchal

In der Klosterkirche haben die Azulejo-Künstler all ihre Fertigkeit und Fantasie ausgelebt: Die im 17. Jahrhundert angebrachten Kacheln an Boden und Wänden sind in Gelb, Grün und Blau gehalten und mit **floralen Motiven** und organischen Formen geschmückt. Obwohl diese Art der Dekoration islamischen Kunsthandwerkern jener Zeit fremd war – man bevorzugte streng geometrische Muster – wirkt die Kirche durch eben diesen Schmuck außerordentlich fremdartig und **orientalisch.**

João Goncalvez Zarco fand in der Kirche Santa Clara seine letzte Ruhestatt unter dem Boden des Altarraums, doch nichts weist auf den berühmten Inselentdecker hin. Ein weiteres Grab, mit manuelinischen Steinmetzarbeiten verschönt, befindet sich im hinteren Teil des Gotteshauses und soll *Zarcos* Schwiegersohn gehören.

●**Geöffnet:** Kloster tgl. 10–12 und 15–17 Uhr, Kirche Mo–Sa 8–11, So 9–12 Uhr, Eintritt 2 €.

Kloster Santa Clara

Quinta das Cruzes

Der nächste Besichtigungspunkt auf der Route ist die **Quinta das Cruzes (18),** ein kurzes Stück weiter bergauf an der Calçada do Pico. Angeblich soll hier oben *Zarcos* Haus gestanden haben. Im 18. Jahrhundert wurde auf dem Gelände eine luxuriöse *quinta* errichtet, die nach einigen Besitzer- und Funktionswechseln Mitte des 20. Jahrhunderts von der Stadt Funchal in ein **Museum** umgewandelt wurde. In den sehr kühl und modern gestalteten Räumen kann man Mobiliar, Porzellan und Geschirr bewundern, wie es reiche madeirensische Haushalte besaßen. Außerdem ist hier ein *palanquin* zu besichtigen, eine **Sänfte** mit schmiedeeisernem Tragegestell, in der sich die Damen und Herren von ihren Dienern bergauf und bergab schleppen ließen.

Wer keine Lust hat, nach dem Besuch des Freitas-Museums noch mehr Einrichtung anzuschauen, sollte aber zumindest dem wunderschönen **Garten** der *quinta* einen Besuch abstatten und den herrlichen Panoramablick über Funchal genießen, in den sich unübersehbar der Kirchturm von Santa Clara drängt. Anscheinend nachlässig angeordnet, aber durchaus mit Gefühl für Wirkung und Perspektive stehen zwischen blühendem Hibiskus und unter mächtigen Bäumen Fragmente manuelinischer Bauwerke, die diese strenge und zugleich detailverliebte Kunstrichtung veranschaulichen. Fensterbögen und Wappentafeln sind von steinernen Ranken und Tauen umschlungen. Anker, Karavellen und Seeungeheuer springen dem Betrachter der grauschwarzen Steinkunstwerke ins Auge. Funchals abgebrochener Schandpfahl *pelourinho* aus dem Jahr 1486 wurde ebenso in die Quinta das Cruzes gerettet wie Weihwasserbecken und Grabplatten. In einer Kapelle am Südwestrand des Gartens ruhen Mitglieder der Genueser Kaufmannsfamilie *Lomellino*, die in Funchal gute Geschäfte tätigte.

●**Geöffnet:** Di–So 10–12.30, 14–17.30 Uhr, Eintritt 2 €.

Funchal

Aussichts-
punkte

Eine weitere schöne Aussicht auf die Bucht von Funchal bietet die **Fortaleza do Pico (19).** Zu der im 17. Jahrhundert errichteten Festung gelangt man bergan über die Rua do Pico und dann links. Das Fort ist Besuchern versperrt, da es vom Militär als Sendestation genutzt wird.

Eine erholsame Alternative verspricht das Terrassencafé des **Hotels Monte Carlo (20)** (gegenüber der Quinta das Cruzes in die schmale Straße nach Nordosten und geradeaus leicht bergauf). Auch hier eröffnet sich ein schöner Blick über die Dächer und Türme Funchals hinunter zum Hafen.

In der Zona Velha

An der
Praça da
Autonomia

Die **Praça da Autonomia (21)** ist Ausgangspunkt für den Besuch des ältesten Teils von Funchal, die Zona Velha. An dem verkehrsumtosten Platz starten so gut wie alle Busse in die Umgebung und zu

Im Garten der Quinta das Cruzes

den anderen Orten Madeiras. Hier beginnt auch die Hauptausfallstraße Rua Brigadeiro Oudinot, die zur Autobahn führt. Die jüngste Errungenschaft Funchals ist wie ein Ufo im östlich angrenzenden Park gelandet: Hier befindet sich die Talstation der Seilbahn hinauf nach Monte. Links und rechts wird der Platz von zwei kanalisierten *ribeiras* begrenzt.

Markt

Den Rundgang durch die Zona Velha sollte man vormittags unternehmen, wenn es auf dem **Mercado dos Lavradores (22)** lebhaft zugeht. Man erreicht den Markt nach wenigen Schritten auf der Rua Brigadeiro Oudinot nach Norden, wo sich an einem Platz die von außen eher scheußliche, moderne Fassade des Hauptgebäudes des Mercado dos Lavradores erhebt. Besonders am Samstag Vormittag ist hier die Hölle los: Indiobands spielen für die Passanten, Ein- und Verkäufer erholen sich im Marktcafé, streundende Hunde versuchen, ein Stück Fisch oder Brot zu ergattern, schwer mit Tüten beladene Landfrauen hasten durch das Gewühl, um den Bus nach Hause zu erwischen.

Durch einen Torbogen geht es in den von Arkaden eingerahmten Innenhof des in den 1950er Jahren erbauten Marktes. Azulejo-Bilder zeigen das Markttreiben und Szenen des bäuerlichen Lebens im beliebten blau-weißen Stil.

Menschen drängen sich zwischen den **Obst- und Gemüseständen,** prüfen Qualität und Preis von Früchten, Salat und Gemüse oder ruhen sich am Brunnen in der Mitte des Marktes aus. Unter den Arkaden residieren **Blumenverkäufer** und **Gewürzhändler,** in der ersten Etage gibt es auch **Feinkostläden** mit köstlich geräuchertem Schinken, Würsten und aromatischem Käse. Über eine Treppe gelangt man vom Innenhof in eine lang gestreckte und mit Kacheln ausgekleidete Halle, aus der salziger Fischgeruch dringt und sich mit Blütenaroma und den feinen Düften exotischer Früchte zu einer wahren olfaktorischen Sympho-

Funchal

nie vereinigt. Auf steinernen Tischen werden hier mächtige Thunfische in handliche Portionen zerlegt und *espadas* (Degenfische) zu schwarz glänzenden Rollen aufgewickelt. Ungerührt von glitschigen Abfällen und Gestank gehen die **Fischverkäufer** mit geradezu chirurgischer Präzision zu Werke. Manch einem Besucher wird bei diesem Anblick richtig übel.

Im Herzen der Altstadt

Die Rua Latino Coelho führt südlich des Marktes nach Osten, von ihr zweigen schmale Gassen nach Süden ins Herz der Zona Velha ab. Das alte Fischerviertel entstand um das 17. Jahrhundert zunächst noch außerhalb der Stadtmauern von Funchal. Die ursprünglich hier errichteten Häuser reicher Händler wurden aufgegeben, da es wegen der ungeschützten Lage zwischen Ribeira de Gomes und Meer häufig zu Überschwemmungen kam. Nach und nach verwandelte sich die Zona Velha in das Armenhaus Funchals. Seit einigen Jahren sorgt die Stadtverwaltung mit Renovierungsarbeiten dafür, dass der einst verrufene Stadtteil zu einer wichtigen Attraktionen umgebaut wird. Nirgendwo sonst in Funchal gibt es so viele **Cafés und Restaurants.** Vor allem in den Abendstunden herrscht ein lebhaftes Kommen und Gehen.

Direkt gegenüber der Seilbahnstation nach Monte lädt das **Madeira Story Centre (28)** an der Rua D. Carlos zu einem Rundgang durch die Inselgeschichte. Die modern gestaltete Ausstellung unterhält mit interaktiven Exponaten, an denen man riechen, tasten, hören und spielen kann. Erläutert wird nicht nur die Geschichte, sondern auch die geologische Struktur, die Fauna und Flora. Zum Museum gehören ein Café und ein Souvenir-Shop.
●Geöffnet: tgl. 9–19.30 Uhr, Eintritt 10 €.

Rund um die Rua Santa Maria   Hauptachse der Zona Velha ist die Rua Santa Maria mit Straßenrestaurants, Kneipen und einigen Souvenirläden. Parallel zu ihr verläuft die Rua D. Carlos, auch sie mit großem Angebot für hungrige Mägen. Sie führt geradewegs auf einen kleinen Platz, an dem die **Capela Corpo Santo (23)** steht, ein weiß getünchtes, zierliches Kirchlein mit niedrigem offenen Glockenturm, das dem Schutzpatron der Fischer und Seefahrer, dem heiligen *Telmo,* geweiht ist. Das gotische Eingangsportal stammt von einem älteren Vorgängerbau aus dem 15. Jahrhundert, die Kapelle selbst wurde im 16. Jahrhundert errichtet und mit Wandbildern des Heiligen ausgeschmückt.

Festung São Tiago   An der Kapelle vorbei und weiter nach Osten erreicht man die **Fortaleza de São Tiago (24),** an der ab Mitte des 16. Jahrhunderts fast hundert Jahre lang gebaut wurde. Ihre Funktion, die Stadt vor Piratenüberfällen zu schützen, erfüllte die Festung meist recht zuverlässig. 1992 wurde sie in ein Museum umgewandelt, das **Museu de Arte Contemporánea,** in dem moderne portugiesische Kunst ausgestellt wird.

Funchal

Am Samstagvormittag geht's auf dem Markt von Funchal hoch her

●**Geöffnet:** Mo–Sa 10–12.30 und 14.30–17.30 Uhr, Eintritt 1,75 €.

Badeanlage Östlich der Festung schließt sich die moderne
Barreirinha Badeanlage **Praia de Barreirinha** an die grau-schwarzen Felsen über dem Meer an. Da fast alle flachen Strände Madeiras mit mindestens faust-großen Kieseln übersät sind und deshalb nicht ge-rade bequeme Badefreuden versprechen, wurden an der Felsküste mehrere Strandbäder errichtet, in denen man in Pools plantschen oder über Leitern und Treppen ins Meer klettern kann. Die Barreirin-ha ist eines der beliebtesten Bäder der Insel und neben dem Lido im Westen Funchals die einzige Stelle in der Stadt, an der man außerhalb der Ho-telanlagen im Meer baden kann.
●**Geöffnet:** 8.30–19 Uhr im Sommer, 9–18 Uhr im Winter, Eintritt 1 €.

Im Altstadtviertel, der Zona Velha

Kirche der Errettung

Über dem Bad erhebt sich eine wichtige Wallfahrtskirche der Insel, die **Igreja do Socorro,** die Kirche der Errettung. Man erbaute sie in barocker Gestalt, nachdem ihre Vorgängerin aus dem 16. Jahrhundert bei einem Erdbeben zerstört worden war. Am 1. Mai pilgern Gläubige in einer feierlichen Prozession zu dem Gotteshaus und gedenken der vielen Toten der Pestepidemien, von denen Funchal immer wieder heimgesucht wurde. Die Gläubigen danken dem heiligen Santiago, der stets und zuverlässig dafür sorgte, dass sich die Krankheit wieder zurückzog.

Kunsthandwerksmuseum

Auf gleichem Weg, durch die Rua D. Carlos oder die Rua St. Maria geht es zurück zur Ribeira Gomes. Man überquert sie auf einer Brücke und folgt dann der Rua Visconde Anadia bergauf zur Kreuzung mit der Rua João de Deus. Kurz vor der Kreuzung steht links das **Museu do I.B.T.A.M. (25),** das Kunsthandwerksmuseum Madeiras. Hier sollte man sich die wunderschönen Stickereien, Gobelins, Leder- und Korbflechtarbeiten ansehen, bevor man sich zum Einkaufsbummel aufmacht. Stücke von solcher Feinheit, wie sie im Museum gezeigt werden, gibt es auch zu kaufen – allerdings zu horrenden Preisen. Im Erdgeschoss des Museums befindet sich das Institut, in dem alle Madeira-Stickereien auf Qualität geprüft und mit einer kleinen Plombe als „Madeira-Handarbeit" gekennzeichnet werden.

●**Geöffnet:** Mo–Fr 10–12.30 und 14.30–17.30 Uhr, Eintritt 2 €.

Franco-Museum

Die Rua João de Deus führt nun links zurück ins Stadtzentrum und zur Praça de Municipio. Wer sich einen Überblick über das Werk der beiden madeirensischen Künstler *Francisco* und *Henrique Franco* verschaffen möchte, kann dies im gleichnamigen **Museum (26)** tun. Gemälde und Skulpturen stellen die verschiedenen Schaffensperioden der Brüder vor.

Funchal

● **Museu Henrique e Francisco Franco,** geöffnet: Di–Sa 10–12.30 und 14–18 Uhr, Eintritt 1,75 €.

Rundgang durch die Hotelzone

Das Hotelviertel westlich der **Praça do Infante (1)** zeugt vor allem von dem nicht endenden Bauboom und den Hoffnungen, die man auf Madeira in den Tourismus setzt. Hier, wo früher in alten *quintas* hinter hohen Mauern und in üppigen Gärten verborgen feiner Lebensstil gepflegt wurde, wachsen heute Betonpaläste und Hochhäuser in den Himmel. Ursache für den zumeist unattraktiven Baustil ist natürlich der Platzmangel – die Hotels sollen ja möglichst nahe am Meer liegen, und der Platz zwischen Felsküste und den die Bucht einrahmenden Bergen ist begrenzt.

Die Festung São Tiago beherbergt heute ein Museum für moderne Kunst

Das Strandbad Barreirinha

Sehenswürdigkeiten gibt es in diesem Teil Funchals nur wenige: An den im ersten Rundgang beschriebenen **Parque Santa Catarina (2)** schließt das Gartengelände der **Quinta Vigia (37)** an, wo heute Madeiras Staatsbesucher untergebracht werden. Dahinter passiert man an der Avenida do Infante zwei futuristische Bauten: Funchals **Casino (38)** und das Pestana Carlton Park Hotel, beide von *Oscar Niemeyer* konzipiert. An der nächsten großen Kreuzung kann man links in die Rua do Dr. Pita einbiegen und der **Quinta Magnolia (43)** einen Besuch abstatten. Hier hatten die Briten ihren Country Club; heute dient der weitläufige Park als Sport- und Freizeitgelände der Madeirenser. (Eintritt für das Schwimmbad ca. 1 €.)

Hotel Reid's Palace

Zurück auf der Avenida do Infante, die nun Avenida Monumental heißt, liegt hundert Meter weiter der Eingang zum **Reid's Palace (40),** Madeiras schönstem und traditionsreichstem Hotel. 1836 wanderte der Schotte *William Reid* nach Madeira aus und verdiente sein erstes Vermögen als Makler von *quintas* für die reichen Kurgäste. Schließlich begann er mit dem Bau von **Madeiras erstem Hotel,** dessen Eröffnung er aber nicht mehr erlebte. Die Reid-Söhne verkauften Reid's Palace 1925, 1937 übernahmen die *Blandys* die Leitung, und seit 1996 gehört es der Orient Express Group, die das in die Jahre gekommene Hotel vorbildlich renovieren ließ.

Funchals Museen im Überblick

● **Museu de Arte Contemporánea,** Museum für zeitgenössische Kunst. In der Festung São Tiago, Mo–Sa 10–12.30 und 14.30–17.30 Uhr.

● **Museu Arte Sacra,** Museum für sakrale Kunst. Rua do Bispo 21, Di–Sa 10–12.30 und 14–18 Uhr, So 10–13 Uhr.

● **Museu da Cidade,** Stadtmuseum Funchal. In der Câmara Municipal (Rathaus), Mo–Fr 9–12 und 15–18 Uhr.

● **Museu Cidade do Açúcar,** Zuckermuseum. Praça Cristovão Colombo, Mo–Fr 10–12.30 und 14–18 Uhr.

● **Museu Colombo,** Kolumbus-Museum. Avenida Arriaga 48, Mo–Fr 9.30–13 u. 15–19, Sa 9.30–13.30 Uhr.

● **Museu Frederico das Freitas,** Privatsammlung von Kunst und wertvollen Antiquitäten. Calçada de Santa Clara 7, Di–Sa 10–12.30 und 14–18 Uhr.

● **Museu Henrique e Francisco Franco,** Werke der madeirensischen Künstler. Rua João de Deus, Di–Sa 10–12.30 und 14–18 Uhr.

● **Museu do I.B.T.A.M.,** Kunsthandwerksmuseum. Rua Visconde do Anadia 44, Mo–Fr 10–12.30 und 14.30–17.30 Uhr.

● **Museu Municipal,** Flora, Fauna und Geologie Madeiras. Rua da Mouraría 31, Di–Fr 10–18 Uhr, Sa/So 12–18 Uhr.

● **Museu Photographia Vicente,** Fotomuseum. Rua da Carreia 43, Mo–Fr 14–18 Uhr.

● **Museu Quinta das Cruzes,** Mobiliar, Geschirr, dekorative Kunst. Calçada do Pico 1, Di–So 10–12.30 und 14–17.30 Uhr.

● **Museu do Vinho,** Weinmuseum. Rua 5 de Outubro, Mo–Fr 9.30–12 und 14–17 Uhr.

● **Madeira Story Centre,** Interaktives Museum zur Geschichte und Natur Madeiras, Rua D. Carlos, tgl. 9–19.30 Uhr

Wer das 1891 eröffnete Schmuckstück von innen besichtigen möchte, kann dies bei der sehr britischen Zeremonie des *five o'clock tea* tun. Zum Tee werden Kuchen, Gebäck und Kanapees gereicht, ein Pianist untermalt das leise Geplauder der Gäste, die gebeten werden, in korrekter Kleidung zu erscheinen. Der Spaß kostet umgerechnet stolze 20 €, ist aber durchaus sättigend und kann ein Abendessen ersetzen.

Stadtbad Lido

Ein gutes Stück weiter in der Kernzone des Hotelviertels zweigt nach links die Rua Gorgulho zum **Lido (41)** ab, Funchals zweitem Stadtbad. Hier herrscht immer dichtes Gedränge. Wie in der Barreirinha führen Leitern hinunter ins Wasser; Cafés und Snackbars sorgen für das leibliche Wohl. Noch weiter stadtauswärts erreicht die Estrada Monumental den Strand **Praia Formosa (42)** mit den Hotels Atlantic Garden, Atlantic Palms und Madeira Palácio. Lido und Praia Formosa verbindet eine hübsche, neu angelegte und bepflanzte Strandpromenade, an der Rollerblader ihre Freude haben.

Praktische Tipps

Ankunft

Flughafen

Der internationale Flughafen (Aeroporto Santa Catarina, Tel. 291-524362) befindet sich bei Santa Cruz an der Ostküste, ca. 10 km von Funchal entfernt. Er wurde in den letzten Jahren im großen Stil ausgebaut. Bushaltestelle und Taxistand befinden sich direkt am Ausgang. Die **Taxifahrt** nach Funchal kostet etwa 19 €. Neben dem direkten **Flughafenbus** bedienen die Linien 20, 53, 78, 113 und 156 die Strecke. Abfahrt ist etwa halbstündlich zwischen 7 und 23 Uhr, der Preis beträgt um 2 €. Die Fahrt dauert ca. eine halbe Stunde. Der **Aerobus** der TAP Air Portugal startet an den Hotels an der Praia Formosa und durchquert Funchal mit Stopps u. a. an der Avenida do Mar. Abfahrten sind ca. alle zwei Stunden, die Fahrt dauert 45 Minuten und kostet 4 €, für TAP-Passagiere ist sie kostenlos. Über die genauen Abfahrtszeiten informiert die Touristeninformation.

Funchal

Info

●**S.R.T.C.,** Av. Arriaga 18, 9000 Funchal, Tel. 291-211900, Fax 232151, Mo–Fr 9–20 Uhr, Sa/So 9–18 Uhr. Informationsmaterial und Verkauf von Karten und Reiseführern. Hier bekommt man gegen Schutzgebühr eine Broschüre mit Busfahrplänen und eine Preisliste für Ausflüge mit dem Taxi. Auch Geldwechsel ist möglich.

Verkehrsmittel

Busnetz

Madeiras Busnetz ist **hervorragend ausgebaut,** allerdings gibt es nur selten Verbindungen zu abgelegenen Orten, und wenn, ist die Fahrt sehr zeitraubend. Die meisten Busse starten an der Av. do Mar. Fahrkarten gibt es z. B. gegenüber dem Palacio de São Lourenço und an der Praça d'Autonomia, die Verkäufer geben Auskunft über den Abfahrtsort. Die Fahrpreise sind niedrig: Fahrten im innerstädtischen Verkehr um 1 €, nach Porto Moniz um 5 €.

Stadtbusse

Den Fahrplan der **innerstädtischen Linien** gibt es ebenfalls im Tourismusbüro oder an den Fahrkartenschaltern an der Av. do Mar beim Elektrizitätsmuseum. Die orangeroten *horários* fahren in dichtem Abstand, ein Ticket innerhalb der Kernzone (Stadtgebiet) kostet 75 Cent. Die Wochenkarte für Touristen (15 €) lohnt sich nur, wenn man Funchal und Umgebung intensiv erkunden möchte, denn die wichtigsten Sehenswürdigkeiten liegen alle in fußläufiger Entfernung ums Zentrum. Allerdings gilt dieses Ticket auch für Ziele in der Umgebung, wie Palheiro Gardens.

In der Badesaison verkehren oben offene **Doppeldecker** zwischen Lido und Barreirinha entlang der Av. do Mar und der Estrada Monumental.

Taxi

Die kanariengelben Taxis sind verpflichtet, innerhalb des Stadtgebiets das Taxameter einzuschalten. Die Fahrten sind relativ billig, allerdings lohnen sie nur für längere Strecken, denn häufig ist man beim permanenten Funchaler Verkehrsstau zu Fuß schneller. Für **Überlandfahrten** kann man Taxen stunden- oder tageweise mieten. Die Preise für die Exkursionen sind festgelegt; das Tourismusbüro hält eine Liste mit den jeweils gültigen Tarifen bereit. Wer außerhalb Funchals zu Abend essen möchte, kann mit dem Fahrer vereinbaren, dass er zu einer bestimmten Zeit wieder abgeholt wird. Dies funktioniert stets zuverlässig und erspart das Warten auf ein herbeitelefoniertes Taxi.

Seilbahn

Vom Caminho das Babosas unweit der Praça da Autonomia startet die funkelnagelneue Seilbahn nach Monte täglich zwischen 10 und 18 Uhr. Die letzte Bergfahrt findet um 17.45 Uhr statt, letzte Abfahrt ins Tal ist 17.30 Uhr. Der

Fahrpreis beträgt 14,50 € hin und zurück, 9,50 € einfach. Über aktuelle Fahrplan- und Preisänderungen informieren die Teléfericos da Madeira unter Tel. 291-780280 und die Website www.madeiracablecar.com. Die Fertigstellung der zweiten Seilbahn von Monte zum Botanischen Garten ist für 2006 geplant. Ebenfalls 2006 soll die ehemalige Zahnradbahn zwischen Monte und Terreoro de Luta ihren Betrieb wieder aufnehmen.

Nützliche Adressen

Bank

Entlang der Av. Arriaga befinden sich mehrere Banken mit Geldwechsel. Fast alle verfügen über **Geldautomaten,** an denen man mit der Karte abheben kann.

Post, Telefon, Internet

● Das **Hauptpostamt** befindet sich in der Av. Zarco, daneben liegt die Hauptniederlassung der **Telecom.**
● Ein **Internet-Café** befindet sich in der Rua João Tavira, Centro Comercial, Lj. 36, Mo–Sa 11–22 Uhr, Gebühr 2 €/ Stunde.

Unterkunft

Luxusklasse

● **Reid's Palace Hotel***** (40),** Estrada Monumental 139, Tel. 291-717171, Fax 717177, kostenlose Reservierung in Deutschland unter 00800/28888882, www.reidspalace. com. Unter den Top-Hotels eine Klasse für sich, und dies nicht nur wegen der vielen Prominenten, die hier logierten. Reid's ist eine Institution mit absolut perfektem Service, erlesener Einrichtung und elegantem Ambiente. Die Gäste, die in den 162 Zimmern und 32 Suiten absteigen, benötigen einen gut gefüllten Geldbeutel und angemessene Kleidung. Dafür werden sie verwöhnt wie Gott in England. Einen „billigen" Nachmittag im Reid's kann man beim *five o'clock tea* genießen. Vorher reservieren!
● **Choupana Hills Resort & Spa***** (45),** Travessa do Largo da Choupana, Tel. 291-206020, Fax 206021, www.choupanahills.com. Über dem Botanischen Garten liegt dieses Wellnesshotel mit seinen in Erdtönen gehaltenen Bungalows in einem üppigen Garten. Architektur und Einrichtung lassen asiatische, südamerikanische und afrikanische Einflüsse erkennen, und tatsächlich hat der Besitzer Antiquitäten und Möbel aus allen ehemals portugiesischen Regionen der Welt zusammengetragen. Unaufdringlich, sehr stilvoll und mit einem herrlichen Wellnesscenter ausgestattet, ist dies wohl das schönste Hotel Madeiras – und besitzt sicherlich ein Restaurant mit der besten Inselküche. Zum Freizeitprogramm gehören geführte Wanderungen und Yoga-Kurse. Zu buchen direkt oder bei Airtours.

Funchal

•**Madeira Palacio***** **(49),** Est. Monumental 265, Tel. 291-702702, Fax 702703, www.hotelmadeirapalacio.com. Das Haus liegt ruhig nahe der Praia Formosa mit herrlichem Blick aufs Meer und einem wunderbaren Garten. Moderner Fitness- und Wellnessbereich, Shuttle-Service in die Stadt, ausgezeichnetes Restaurant und unaufdringlich-elegante Einrichtung – ein Klassiker.

•**Porto Santa Maria**** **(48),** Avenida do Mar 50, Tel. 291-206700, Fax 206720, www.portosantamaria.com. Direkt am Forte São Tiago und an der Zona Velha gelegenes Großhotel für Gruppenreisende mit allem Komfort, eines der wenigen Häuser in Funchal, die nicht unter Verkehrslärm leiden.

Teuer

•**Albergharia Penha de França*** **(39),** Rua Penha de França 2, Tel. 291-204650, Fax 229261, www.hotelquintapenhafranca.com. Ein intimes Haus, dessen Kern eine schöne *quinta* in einem alten, zugewachsenen Garten bildet. Der Neubau liegt etwas unterhalb am Meer (mit Zugang) und besitzt einen Pool. Obwohl mitten im prallen Leben der Hotelzone gelegen, still und intim.

•**Albergaria Dias*** **(46),** Rua Bela de São Tiago, Tel. 291-206680, Fax 206681, www.albergariadias.com. Freundliches Hotel etwas über der Zona Velha, Pool, Restaurant, ruhige Lage.

> **Tipp:** Außerhalb der Hauptsaison lohnt es sich, um den Zimmerpreis zu handeln! Vor allem die vielen Mittelklassehotels und Apartmenthäuser gewähren dann **Preisnachlässe!**

Mittel- klasse

●**Estalagem Monte Verde*** (44),** Azinhaga Casa Branca 8, Tel. 291-774072, Fax 775515. Gute Adresse für Gäste, die gerne persönlich und familiär betreut werden. Die Besitzer haben jede Menge Tipps parat und helfen, wo immer es geht. Gute madeirensische Küche, ruhige Lage am Hang über der Hotelzone mit schönem Panoramablick.

●**Monte Carlo*** (20),** Calçada da Saúde 10, Tel. 291-226131, Fax 226134. Das altehrwürdige Haus in herrlicher Panoramalage liegt nicht weit von der Quinta das Cruzes entfernt. Der steile Weg zum Hotel hält unweigerlich fit, sollte mit Gepäck aber besser nur von konditionsstarken Menschen unternommen werden.

●**Residencial da Mariazinha** (47),** Rua de Santa Maria 155, Tel. 291-220239, Fax 2014251. Nette Pension in der Hauptgasse der Zona Velha, liebevoll restauriert und eingerichtet.

●**Residencial Chafariz*** (30),** Rua do Estanco Velho 3, Tel. 291-232260, Fax 232250. Komfortable und nett eingerichtete Apartments direkt gegenüber der Kathedrale Sé.

●**Apartamentos Do Castanheiro*** (31),** Rua do Castanheiro 27, Tel. 291-227060, Fax 227940. Freundliche Anlage mit hübschem Innenhof in recht ruhiger Lage unweit der Praça Municipio.

●**Apartamentos S. Gabriel** (35),** Rua Pimenta Aguiar 2-A, Tel. 291-742449. In einer schmalen Straße zwischen R. da Carreira und R. das Cruzes in einem alten Wohnhaus mit hübschem Garten, einfach aber zweckmäßig eingerichtet, nette Atmosphäre.

Preiswert

●**Residencial Santa Clara* (36),** Calçada do Pico 16-B, Tel. 291-742194, Fax 743280. In einer Villa schräg gegenüber der Quinta das Cruzes, romantisch und sehr plüschig, einfache Zimmer mit Bad in Haupthaus und Dependance. Preiswerte Zimmer mit Gemeinschaftsdusche. Wunderschöner Garten mit Panoramablick über Funchal. Da häufig ausgebucht ist, sollte man rechtzeitig reservieren!

Funchal

In der Rua Brigadeiro Oudinot

Essen und Trinken

Teuer

●**Xôpana,** im Hotel Choupana Hills. Der Küchenchef verbindet madeirensische Klassiker mit Elementen asiatischer und mediterraner Küche. Das Ergebnis ist nicht nur wunderschön dekoriert, sondern schmeckt auch exzellent. Der Service ist sehr aufmerksam, die Weinkarte hervorragend sortiert, die Desserts ein Traum. Dazu der Blick über die Bucht von Funchal – ein Erlebnis für alle Sinne.

●**Casa Velha,** Rua Imperatriz D. Amélia 69, Tel. 225749. Schöne *quinta* mit ausgezeichneter Küche, neben Madeira-Spezialitäten auch französische Gerichte.

●**O Celeiro,** Rua dos Aranhas 22, Tel. 291-230622. Ein winziges Kellerrestaurant, das unter Funchalesen als beste Adresse für Madeira-Küche gehandelt wird. Schneller und aufmerksamer Service, gut gewürzte Fleisch- und Fischspezialitäten, schummrige Atmosphäre. Unbedingt reservieren!

●**O Gourmet da Quinta,** Sítio de Terreiro da Luta, Monte, Tel. 291-782476. Die ehemalige Station der Zahnradbahn dient heute einer privaten Hotel- und Gastronomieschule als Restaurant; oft Familienfeiern, daher besser telefonisch anmelden. Das Essen ist gediegen-gut, der Blick herrlich.

**Mittel-
klasse**

●**Combatentes,** Rua de S. Francisco 1, Tel. 291-221388. Das Lokal am Parque San Francisco besitzt den Charme einer Studentenmensa, zumindest, wenn es mittags hoch hergeht und die Gäste Stuhl an Stuhl zusammenrücken müssen. Trotzdem! Die deftigen Madeira-Spezialitäten schmecken wie bei Muttern. Häufig findet man auf der Speisekarte auch ungewöhnliche Eintopfgerichte. Viele Einheimische.

●**Carochinha,** R. S. Francisco, Tel. 291-223695. Wer sich nach Essen ohne Knoblauch sehnt, ist in dieser britischen Enklave herzlich willkommen. So Ruhetag.

●**Golden Gate Café,** Av. Arriaga 29, Tel. 291-234383. Mitte des 19. Jh. gegründet und heute frisch, aber nostalgisch renoviert, ist dieses große Café ein Haus mit traditionellem Charme und moderner Speisekarte. Um Plätze auf dem Balkon mit Blick auf die Av. Arriaga zu ergattern, muss man großes Glück haben. Ideal für den Snack zwischendurch oder ein kleines Mittag- oder Abendessen.

●**Restaurante Marisa,** Rua de Santa Maria 162, Tel. 291-226189. Neues und sehr beliebtes Lokal, es empfiehlt sich zu reservieren. Neben den Standards gibt es auch Paella und Crevetten mit Piri-Piri. Di Ruhetag.

●**Portão,** Rua de Portão de São Tiago, Tel. 291-221125. Nettes Lokal hinter der Kapelle mit Tischen im Freien, es gibt die üblichen Spezialitäten und zudem Longdrinks.

●**Restaurante do Fonte,** Fortaleza de São Tiago, Tel. 291-235470. Beliebt für Familienfeiern im historischen Ambiente der Festung; gute Madeira-Küche.

●**Garião Novo,** Rua Santa Maria 131, Tel. 291-229238. Hier wird auf Bestellung für mind. 2 Personen auch Ungewöhnliches wie „Caldeirada da espada" gekocht.

●**Arsenio's,** Rua St. Maria 169, Tel. 291-224007. Der unbestrittene Mittelpunkt der Zona Velha, denn hier gibt es zum Essen *fado* live. Am Ende der Saison wirken die Protagonisten etwas erschöpft, aber sie sind immer wieder für eine Überraschung gut und improvisieren gerne mit einheimischen Gästen. Zudem schmeckt das Essen wirklich toll.

Preiswert

●**Jardim das Flores,** Rua Ivens 8, Tel. 291-235354. Neben Fleisch (auch Huhn) und Fisch gibt es gute Sandwiches und Riesen-Hamburger. Das Angebot nehmen viele Berufstätige aus der Umgebung in Anspruch. So Ruhetag.

●**Arco Velho,** Rua D. Carlos I. 41, Tel. 291-225683. Sympathisches Restaurant mit Terrasse und den üblichen Madeira-Spezialitäten. Wohltuend: die nicht aufdringliche, aber aufmerksame Bedienung.

●**Jardim da Carreira,** Rua da Carreira 118, Tel. 291-222498. Idyllisch der Innenhof mit einer Voliere voller bunter Sittiche. Es gibt preiswerte Menüs um 7 €.

●**O Regional,** Rua D. Carlos I. 54, Tel. 291-232956. Sympathisches, rustikal eingerichtetes Lokal, Espetada um 12 €, Degenfisch um 10 €.

●**Embaixador Madeirense,** Rua dos Barreiros/Ecke Rua Santa Maria, Tel. 291-224655. Uriges Restaurant in der Zona Velha. Gute Madeira-Küche zu vernünftigen Preisen und sehr zuvorkommender Service.

●**Velhinho,** Rua Santa Maria 84, Tel. 291-224899. Winzig und sehr sympathisch, ein uriges Kellerlokal mit guter und preiswerter Küche.

●**Mona Pizza,** Rua das Pretas 45, Tel. 291-220372. Gute Pizza, schneller Service, etwas hektische Atmosphäre.

●**Loja do Chà,** Rua do Sabão 33, Tel. 291-972811. Dieses sympathische Teehaus verkauft Tee und schenkt ihn auch aus. Dazu gibt es Snacks, Toast oder Kuchen, und das Ganze auf dem hübschen Platz vor dem Zuckermuseum.

●**Cidade Velha,** Rua Santa Maria 63, Tel. 291-221007. *Fruteria e bar* heißt der Laden: Vorne gibt's Obst, hinten die köstlichsten, frisch gepressten Säfte, außerdem Kuchen und Kleinigkeiten für den schnellen Hunger.

Nachtleben

Livemusik

●**Dó fá Sol,** Galeras S. Lourenço, Avenida do Mar/Rua das Fontes, Tel. 291-246414. Tagsüber ein Restaurant-Café mit Snacks, Toasts und schnellen Gerichten; abends angesagte Bar, in der häufig lokale Bands auftreten.

●**Marcelino,** Travessa da Torres 22, Tel. 291-220216, geöffnet ab 22.30 Uhr. Sobald das Restaurant Arsenio's

Funchal

seine Gäste verköstigt hat, zieht die Crew um die Ecke in die familieneigene Bar: Mutter, Tochter und Sohn wetteifern um die melancholischsten *fados,* und manchmal gesellen sich Freunde dazu.

Casino

●**Casino da Madeira,** Av. do Infante, Tel. 291-231121, Fax 235894. Wer die Naturschönheiten und die Pflanzenpracht über hat, kann sich zwischen blinkenden und scheppernden Automaten erholen. Es gibt alles, was des Spielers Herz begehrt, auch Roulett-Tische. Wer sein Geld lieber in Essen und Show investiert, wird beim abendlichen Diner mit Las-Vegas-Einlagen bestens und erfreulich niveauvoll unterhalten.

Disco

●**As Vespas,** Av. Francisco Sá Carneiro, Tel. 291-234800. Techno und Hip Hop ab 23 Uhr. Funchals Jeunesse Dorée zieht dazu eine große Show ab.

Sport und Aktivitäten

Baden

Man badet entweder am hoteleigenen „Strand" (sprich: Meereszugang über Leitern oder Treppen), im Pool oder in einer der drei Badeanlagen Barreirinha, Lido und Praia Formosa (Kiesstrand).

Fahrrad-fahren

Das sympathische Team von Joyride betreibt eine Vermietung von Mountainbikes. Wer will, kann organisierte Touren mitmachen. Doch Vorsicht, die Steigungen überfordern durchschnittlich fitte Menschen! Auch Vespas und Motorräder werden vermietet.
●**Joyride,** Centro Comercial Olimpo, Av. do Infante, unweit des Hotels Casino Park, Tel. 291-234906.

Golf

Ein wunderschönes Green ist der 18-Loch-Platz Palheiro-Golf bei den Palheiro Gardens unter alten Bäumen und stets mit herrlichen Panoramen vor der Nase.
●**Palheiro-Golf,** Sítio do Balancal, São Gonçalo, 9050 Funchal, Tel. 291-792116, Fax 792456.

Angeln

Wer sich in bester Hemingway-Tradition auf einen Kampf Mann gegen Fisch (Schwertfisch, Merlin) einlassen möchte, wende sich an Captain Peter Bristow, der mit seiner „Katharine B" regelmäßig aufs Meer hinausfährt. Die Fische werden gewogen und vermessen und danach wieder ausgesetzt. Kontakt auch über das Hotel Reid's Palace.
●**Captain Peter Bristow,** Quinta das Malvas, Rua da Levada da Santa Luzia 124, Tel. 291-220334, www.madeiraweb.com/sportfishing.

Segeln

In Câmara de Lobos wurde die Karavelle „Santa Maria" nach dem Vorbild des **Kolumbus-Schiffes** erbaut. Nach einem Ausflug zur EXPO nach Lissabon pflügt sie nun durch madeirensische Gewässer. Besonders schön sind die Törns zum Sonnenuntergang.
● **Santa Maria,** Marina, Tel./Fax 291-220327.

Wandern

Die **Amigos da Natureza da Madeira,** die „Naturfreunde Madeiras", bieten sehr schöne und preiswerte Wandertouren an.
● **Amigos da Natureza da Madeira,** Tel. 291-220703, www.naturfreunde-reisen-madeira.com.

Shopping

Spezial-geschäfte

● **Fabrica Sto. Antonio,** Travessa do Forno 27, Tel. 291-220255. Honig, Honigkuchen und Kekse werden hier seit 1893 hergestellt und verkauft. Der Laden duftet nach allen nur vorstellbaren süßen Genüssen. Unbedingt eine der 14 verschiedenen Honigsorten probieren!
● **O Bordão,** Rua da Carreira 173, Tel. 291-281265. Die Wanderspezialisten haben Kleidung, Schuhe und Ausrüstung für Wanderer im Angebot. Außerdem organisierte Trekkingtouren.
● **Nova Lojinha dos Cafés,** Rua Dr. F. Ornelas 82, Tel. 291-221209. Auch hier duftet es – nach frisch gemahlenem Kaffee, nach Gewürzen und nach *bacalhau* (Stockfisch). Wer gerne würzt, findet in dem Laden gegenüber vom Markt reiche Auswahl.
● **Viola,** Larguinho da Feira 3, Tel. 291-221977. Die besten und feinsten Madeira-Stickereien gibt's gleich neben dem Mercado dos Lavradores.
● **Madeira Gobelins,** Rua da Carreira 194, Tel. 291-222073. Wer Gobelins mag, wird hier ein wahres Paradies vorfinden.
● **Boa Vista Orchids,** Quinta da Boa Vista, Rua Lombo da Boa Vista, Tel. 291-220468. In der Quinta wird ein ganzes Orchideenmeer liebevoll gehegt und zu deutlich günstigeren Preisen als in anderen Gärten verkauft.
● **Licoraria Madeirense,** Rua dos Ferreiros 15, Tel. 291-224431. Köstlicher hausgemachter Wein, Likör, Schnaps.
● **D'Oliveiras,** Rua dos Ferreiros 107, Tel. 291-220784. Uriger Weinkeller mit Führung und Verkostung.
● **San Francisco Wine-Lodge,** Av. Arriaga 28, Tel. 291-742121. Nach der Führung durch die Kellerei geht es zum Verkosten, und manch einer verlässt die Räume gefährlich schwankend. Wer nichts kaufen möchte, wird die Ausführungen über den Produktionsprozess und die Geschichte des Madeira-Weins trotzdem interessant finden.

Funchal

**Super-
markt**

• Das **Einkaufszentrum „Madeira Shopping"** mit hervorragend sortiertem Supermarkt befindet sich am Caminho de São Martinho. Parkplätze und Tiefgarage vorhanden.

Feste und Festivals

Weihnachten und Silvester

Zu Beginn der **Adventszeit** wird Funchal mit Tausenden von Glühbirnchen dekoriert, und zwei Wochen vor dem Fest glitzern und leuchten sie in der Innenstadt um die Wette. Die Stickerinnen stellen ihre Motive um, so dass es Deckchen, Bettwäsche und alles andere mit Weihnachtsmotiven geschmückt zu kaufen gibt. Richtig hoch her geht es schließlich in der **Silvesternacht.** Funchal liefert zur Kulisse der leuchtenden Stadt ein grandioses Feuerwerk, das vom Tuten der Kreuzfahrtschiffe begleitet wird, die zu diesem speziellen Anlass den Hafen anlaufen. Dieser Termin ist absolute Hochsaison, und es ist nicht einfach (und schon gar nicht preiswert), eine Unterkunft zu finden.

Blumenfest

Ende April sind die Weihnachtslämpchen abmontiert und durch einen wahren Blütenrausch ersetzt worden. Funchal versinkt unter duftenden Blütenblättern. Und weil das noch nicht reicht, verkleiden sich die Funchalesinnen mit Blumenkostümen, in denen sie in einer fröhlichen **Prozession** durch die Straßen ziehen.

**Bach-
Festival**

Im **Juni** bietet die **Musikveranstaltungsreihe** des Bach-Festivals eine gute Gelegenheit, das ehrwürdige Theater bei einem Konzert von innen zu erleben oder in der Sé klassischer Musik zu lauschen.

**Madeira-
wein-Rallye**

Am **ersten August-Wochenende** sollte man keinesfalls Ausflüge planen – dann gehören die Straßen einer laut röhrenden Blechprozession getunter Autos, die über die Insel brettern, als wollten sie das Schicksal herausfordern. Die Rallye gilt als eine der härtesten Europas! Nur wenige Strecken werden für den Verkehr gesperrt – die meiste Zeit rasen die Fahrer auf den normal befahrenen Straßen dahin, was zu bösen Überraschungen führen kann.

Ausflüge von Funchal

Pico dos Barcelos

Mit dem Auto sind es knapp zehn Minuten Fahrt vom Stadtzentrum zum **Aussichtspunkt** im Westen der Bucht von Funchal. Man folgt der Rua do Dr. Pita nach Nordwesten in Richtung São Martinho und biegt am Kreisverkehr zu Füßen der Kirche nach rechts ab zum Pico dos Barcelos.

Die Kirche **São Martinho** ist zwar jüngeren Datums – Ende des 19. Jahrhunderts wurde der Grundstein gelegt –, lohnt wegen der modernen Azulejo-Bilder im Inneren aber durchaus einen Zwischenstopp. Mit ihrem hohen Glockenturm bildet sie im Westen der Hauptstadt außerdem eine sehr markante Landmarke, an der man sich gut orientieren kann.

Über Serpentinen geht es bis auf 355 Meter Höhe, wo eine Ansammlung von Souvenirständen unübersehbar auf den *miradouro,* den Aussichtspunkt Pico dos Barcelos, hinweist. Der Blick von hier oben reicht über die Hotelzone, den Innenstadtbereich und die Kais bis hinüber zu den Ilhas Desertas. In den späten Nachmittagsstunden ist das Licht am schönsten, allerdings liegen die Hänge über Funchal dann meist unter weißen Wattewolken verborgen.

Fußweg Zu Fuß kann man ebenfalls zum Pico dos Barcelos hinaufwandern. Wer die lauten, viel befahrenen Ausfallstraßen vermeiden möchte, wende sich gegenüber der Quinta Magnolia nach links in den Caminho da Casa Branca und dann rechts in den Caminho de Nazare, der den Caminho de S. Martinho kreuzt und dann als Caminho do Dr. Barreto weiter geradeaus bergauf führt. Unter der Schnellstraße hindurch erreicht man den Caminho do Pilar, geht hier links und an der Straße Estrada Commandante Camacho de Freitas wieder rechts zum Pico des Barcelos. Von der Quinta Magnolia aus benötigt man zu Fuß etwa 30 Minuten.

Bus ●Zum Aussichtspunkt fahren zahlreiche Busse, darunter die der Linien 4, 9, 12 und 13.

Botanischer Garten

Der Botanische Garten liegt an der Ostseite der Bucht von Funchal in ca. 300 Metern Höhe. Ursprünglich gehörte das Gelände der Familie *Reid,* deren *quinta* heute das kleine, etwas verstaubte, aber sehr liebevoll zusammengestellte Naturkundliche Museum beherbergt. Der Name **Quinta de Bom Successo,** Landhaus des guten Erfolgs, war Programm für alle geschäftlichen Unternehmungen, in die die *Reids* investierten.

Natur-kunde-museum Im Naturkundlichen Museum kann man sich über einheimische und importierte Pflanzen, über die **Fauna der Insel** und deren geologische Geschichte informieren. Eine tragische Geschichte erzählt man von der ausgestopften **Mönchsrobbe,** die in einem Raum ausgestellt ist: Das Tier sei versehent-

Botanischer Garten

Miradouro ★

Orchideen ★
Ⓜ Museu de Historia Natural

Strelitzien ★

Eingang

Landwirtschaftliche
Nützpflanzen ★

★ Sukkulenten

Palmen ★

★ Baumfarne

Papageienpark ★

← Jardim Orchidea

Funchal

Funchal, Umgebung

lich in den Garten eines Madeirensers gelangt und habe eine Zeit lang in dessen Pool gelebt. Als es anfing zu kränkeln, ließ man es nach Funchal bringen, doch es starb während des Transports. Als letztes Exemplar der vom Aussterben bedrohten Spezies, das lebend auf Madeira „gefangen" wurde, ziert es heute das Museum.

●**Geöffnet:** tgl. 9–18 Uhr, Eintritt 3 €.

Im Garten Blumenliebhaber werden nicht lange in der Ausstellung verweilen, hält die Natur draußen doch tausendfache Wunder bereit: Strelitzienfelder und **Gewächshäuser** voller Orchideen, ein von trockenresistenten Pflanzen aus aller Welt bevölkerter **Sukkulentengarten** und die mit Guaven, Zuckerrohr, Bananen und köstlich duftenden Kräutern bepflanzten Beete des Nutzgartens wollen erforscht werden. Fast unscheinbar wirken die bei-

Abstecher zum Jardim Orchídea

Wer Orchideen liebt, sollte den kleinen Umweg über den privaten Orchideengarten südlich des Botanischen Gartens nicht scheuen. Hinweisschilder führen ein Stück den Hang hinunter, dann nach rechts zu dem Anwesen, in dem ein österreichischer Orchideenzüchter sein kleines Blütenreich eingerichtet hat. Besucher können durch die Gewächshäuser schlendern und Hunderte von verschiedenen Arten bewundern. An der Kasse werden ausgewachsene Orchideen in Töpfen, aber auch Setzlinge verkauft, die man zu Hause mit viel Geduld heranziehen kann.
● **Geöffnet:** tgl. 9.30–18 Uhr, Tel. 291-238444, Fax 233769, www.madeiraorchid.com, Eintritt 4,90 €.

den Abteilungen der Madeira-Flora gegenüber der strahlend blühenden Konkurrenz der später importierten Exoten. Die vier hauptsächlich auf Madeira vorkommenden **Lorbeerarten** und der bizarr geformte **Drachenbaum,** der das trockene Klima Porto Santos liebt, sind vertreten, aber auch kleinere, endemische Blüher wie der Madeira-Storchschnabel.

049ma Foto: sk

Zum **Papageienpark** hin begrenzen filigrane Palmfarne ein Wasserbecken, dann steigt man etwas bergab und findet sich zwischen Vogelkäfigen wieder. Alle nur erdenklichen Papageienarten werden hier gezüchtet und gehalten.

●**Geöffnet:** tgl. 9–18 Uhr, Eintritt 3 €.

Aussichtspunkt

Am westlichen Rand des Botanischen Gartens kann man in einem kleinen Café Erfrischungen kaufen und den Blick über die Anlage genießen. Einige Schritte weiter gibt es einen Aussichtspunkt über Funchal. Was aber noch beeindruckender ist: Tief unterhalb vom Betrachter zieht das Asphaltband der Autobahn zwischen zwei Tunnelabschnitten dahin – man kann sich gut vorstellen, welcher Aufwand es war, diese Strecke zu bauen, die im Stadtbereich Funchals immer wieder in Tunneln die Höhenrücken durchquert. Auch der Botanische Garten ist auf diese Weise unterhöhlt.

Anfahrt

Der schnellste Weg mit dem Auto hinauf führt über die Rua de Manuel Pestana Junior und dann nach rechts in Richtung Boa Nova (Estrada Visconde Cacongo bzw. Rua Boa Nova). An der Kreuzung mit dem Caminho do Meio weist ein Schild nach links und steil bergauf zum Jardim Botânico und Jardim dos Loiros. Parken kann man entweder am unteren Eingang, der zugleich zum Papageienpark führt, oder an der Bushaltestelle gegenüber dem Haupttor zum Botanischen Garten.

Bus

●Zum Jardim Botânico fahren die **City Busse** der Linien 29, 30 und 31.

Essen und Trinken

●**O Espadarte,** Estrada da Boa Nova, 5, Tel. 291-228065. Das rustikale Restaurant an der Abzweigung von der Rua da Boa Nova zum Jardim Botânico serviert hervorragenden Fisch, Hühnchenspieße und *espada* (Schwertfisch) mit Bananen.

Funchal, Umgebung

Blütengemälde im Botanischen Garten

Monte

Monte ist Funchals **Villenvorort,** nordöstlich der Stadt gelegen. In kühlen 550 Metern Höhe lebten früher vor allem die reichen Kaufleute, denen es im „Stadtkessel" von Funchal zu heiß war. Noch heute kann man in Monte hochherrschaftliche Villen bewundern, umgeben von Blumengärten und gesichert durch schmiedeeiserne Gitter.

Früher gelangten Besucher mit der Zahnradbahn nach Monte; nun kann man mit der neuen Seilbahn hinauffahren. Ansonsten bleiben zwei Alternativen – mit dem Auto über Rua de Janeiro, Rua do Til und Estrada dos Marmeleiros oder mit öffentlichen Verkehrsmitteln bzw. dem Taxi.

Am Largo da Fonte
Endpunkt ist der hübsche Platz Largo da Fonte in 550 Meter Höhe, auf dem **Souvenirhändler** ihr Standardsortiment wie Wollpullover, Madeira-Stickerei und die lustigen Schellen verkaufen, die in der traditionellen Volksmusik eine wichtige Rolle spielen. Ganz hinten steht an einer Felswand eine **Kapelle** über einer als heilkräftig angesehenen Quelle. Sie ist wie die meisten Quellenheiligtümer Madeiras der Gottesmutter geweiht, und fast immer sieht man hier Gläubige, die Kerzen anzünden und von dem Wasser trinken.

Wallfahrtskirche
Den Largo da Fonte begrenzt eine mit Hortensien und Agapanthus bepflanzte Schlucht. Man überquert sie auf einer Brücke und steigt dann bergauf zur Wallfahrtskirche **Nossa Senhora do Monte,** deren von zwei Türmen flankierte Fassade von fast allen Stellen in Funchal aus zu erkennen ist. Die traditionellen Farben – strahlend weiße Mauern und in dunklem Stein abgesetzte Gesimse, Fenster- und Torumrandungen – prägen das Gotteshaus. Einige blau-weiße *azulejos* neben dem Kirchenportal erzählen die Legende von dem Schäfermädchen, dem hier mehrmals die Madonna erschienen sein soll.

Im **Inneren** ist die Kirche eher schlicht. Nur ein durch Gitter gesichertes Grab ist links in einer Seitenkapelle zu erkennen. In einem Sarkophag ruht dort der letzte Kaiser Österreichs, *Karl I.,* der nach dem Ersten Weltkrieg abdanken musste und 1921 in der Quinta Gordon in Monte Zuflucht fand. Kurz danach verstarb der lungenkranke Kaiser und wurde in Nossa Senhora beigesetzt. Verständlich, dass die Kirche häufig von österreichischen Monarchisten besucht wird, verständlich aber auch, dass man die letzte Ruhestätte des Kaisers durch Gitter vor allzu großer Zuwendung – und vor Vandalismus – schützen musste.

Für die Madeirenser hat Nossa Senhora do Monte aber weniger mit den Habsburgern als mit allerlei **Wunderheilungen** zu tun, die durch Fürbitten an die heilige Jungfrau Maria, die Schutzpatronin Madeiras, bewirkt wurden. Ihre Statue wird in einem silbernen Schrein in der Kirche aufbewahrt. Am Marienfeiertag, dem **15. August,** pilgern Heerscharen von Menschen zur Wallfahrtskirche, manche bewegen sich auf Knien die große Freitreppe hinauf. Viele tragen dabei aus Plastik, Holz oder Metall nachgebildete Gliedmaßen mit sich, zur Veranschaulichung ihrer durch Marias Gnade geheilten Gebrechen. Wie es sich für Heiligenfeste auf Madeira gehört, endet das Ganze mit einer fröhlichen lauten Feier, bei der kräftig allerlei Gaumenfreuden zugesprochen wird.

Korbschlittenfahrten

Wer die Freitreppe der Kirche hinuntergeht, landet an der Abfahrtsstation der Korbschlitten *(carros de cesto),* wo die in weiße Tracht und Strohhüte gekleideten Herren auf Passagiere warten. Die Korbschlittenfahrt ist eine lustige Art, den **Rückweg nach Funchal** (Fahrtziel ist der Stadtteil Livramento) anzutreten, und macht besonders Kindern Spaß. Bevor man sich aber in die Hände der *carreteros* begibt, sollte man noch einen der schönsten Gärten Funchals, den Monte Palace Tropical Garden, besuchen. Der Eingang zu dieser von einem

Funchal, Umgebung

Privatmann gestifteten Anlage liegt ein kleines Stück die Straße bergab auf der linken Seite.

Monte Palace Tropical Garden

Das Monte Palace war das führende **Hotel** im Villenvorort Monte, in dem jeder reiche Madeirenser, der etwas auf sich hielt, eine Villa oder *quinta* besaß. Das Hotel schloss um 1930 seine Pforten und wurde in den 1980er Jahren von *José Bernardo* gekauft. Dieser hatte in Südafrika sein Geld gemacht und betätigte sich nach seiner Rückkehr nach Madeira als Mäzen. Eines seiner Geschenke an die Heimatinsel ist der üppige Park des Monte Palace.

Das ehemalige Hotel ließ *Bernardo* in ein Museum mit wechselnden Ausstellungen umbauen, den alten **Park mit thematischen Gärten** und Pavillons aufwerten. So gibt es einen asiatischen Bereich, den Oriental Garden, mit Pagoden, Teichen, japanischen Brücken und Pflanzen aus dem Fer-

nen Osten. Ein Spazierweg führt an alten manuelinischen Wappensteinen und Fenstereinfassungen
entlang, ein anderer an schönen alten *azulejo*-Bil-
dern, ein dritter zu einer im Auftrag *Bernardos* erstellten modernen *azulejo*-Wandtafel, die sich den
„Abenteuern der Portugiesen in Japan" widmet.
An jeder Wegbiegung gibt es Neues zu entdecken. Teiche voller Koi-Karpfen und plätschernde
Springbrunnen lockern den Park auf.

Kritiker werfen *Bernardo* vor, ohne Geschmack
einfach nur Geld verpulvert zu haben. Darüber
mag sich jeder sein eigenes Urteil bilden.

●**Geöffnet:** Mo–Sa 9–18 Uhr, Eintritt 7,50 €.

Unterkunft   **Quinta do Monte******, Caminho do Monte 192, Tel. 291-
780100, Fax 780110, www.quintadomonte.com. Luxus in
einer historischen Quinta, umgeben von einem fast tro-
pisch anmutenden Garten und mit Hallen-Pool.

Terreiro
da Luta   Die 300 Meter **Aufstieg von Monte** nach Terreiro
da Luta, der ehemaligen Endstation der Zahnrad-
bahn, lohnen wegen der schönen Aussicht auf
Funchal. Ende 2006 kann man den Höhenunterschied auch wieder in der **Nostalgiebahn** bewältigen. Die **Säule Nossa Senhora da Paz** erinnert an
das Ende des Ersten Weltkriegs und ist der Jungfrau Maria geweiht. 1917 wurde Funchal von
Deutschen bombardiert, und die Menschen pil-
gerten nach Monte, um die Madonna um Frieden
zu bitten. Als der Krieg zu Ende war, erfüllten sie
ihr Gelübde, der Gottesmutter ein Monument zu
errichten. Die fünfeinhalb Meter hohe Mariensäu-
le wurde mit einer Kette aus Flusssteinen umwi-
ckelt: die eisernen Kettenglieder trugen ursprünglich den Anker eines französischen Kriegsschiffes,
das in der Bucht von Funchal versenkt worden
war. Über 300 Männer benötigte man angeblich,
diesen riesigen „Rosenkranz" aus Kriegsschrott in
die luftige Höhe über Funchal zu befördern.

Bus   ●Linie 20 und 21 fahren zum Platz Largo da Fonte.

Funchal, Umgebung

Wanderung 1:
Von Monte nach Camacha –
durch die Vorgärten Funchals

(von Lydia Gallo Gau)

- **Ausgangspunkt/Endpunkt:** Monte – Camacha
- **Schwierigkeitsgrad:** leicht, Variante schwer
- **Gehzeit:** 4–5 Stunden
- **Wegebeschaffenheit:** großteils breite, oft gepflasterte Wege, nur stellenweise etwas schmal; nur wenige und kürzere steile Auf- und Abstiege, nur die Variante ist schmal und ausgesetzt.
- **Ausrüstung:** Wanderausrüstung

Die Wanderung beginnt in Monte hoch über Funchal und führt entlang der Levada dos Tornos nach Camacha – eine herrliche Wanderung meist unter schattigen Bäumen.

Ausgangspunkt ist der **Hauptplatz in Monte** beim „Café do Parque". Von hier folgt man dem ausgeschilderten Caminho das Babosas Richtung Süden, passiert die Korbschlittenfahrer, die auf Gäste warten, und kommt nach 10 Minuten zur Bergstation der Seilbahn etwas unterhalb des Largo das Babosas. Ein Schild mit der Aufschrift „Levada dos Tornos" am oberen Ende des Rondells weist die Richtung an der Seilbahnstation vorbei auf gepflastertem Pfad hinab ins Tal.

Nach 15 Minuten erreicht man einen Abzweig. Ein Schild nach links zeigt die **Levada dos Tornos** an. Diese Variante verläuft auf einem schmalen Betonsims entlang der Levada bis zum Ort **Romeiros.** Nur geübten und schwindelfreien Wanderern ist dieser Weg empfohlen, da auf dem ausgesetzten Pfad Absturzgefahr besteht. Wir gehen weiter bergab ins Tal hinunter und queren unten eine Brücke. Nun geht es wieder auf breitem Pfad zügig bergan und nach 45 Minuten sind wir in Romeiros angekommen. Zwischen den Häusern hindurchgehend erreicht man kurz vor Ende des Ortes linkerhand eine Treppe, die man hinaufsteigt.

Funchal, Umgebung

Oben angekommen biegt man nach wenigen Metern rechts ab und trifft schließlich zwischen zwei Häusern auf die Levada dos Tornos, die die ersten 15 Meter noch mit Platten abgedeckt ist.

Nun wandern wir angenehm und ohne Steigung auf gutem und meist bequem breitem Pfad am Wasserlauf der Levada entlang. Bäume spenden Schatten, man passiert die luxuriösen Bungalows

Wasser nährt die tropische Pflanzenfülle

des 5-Sterne-Hotels „Choupana Hills", quert 5 Minuten später eine Straße und sucht sich auf der anderen Straßenseite den Mauerdurchbruch, durch den hindurch es weiter geht. Auf dem folgenden Teilstück kommen wir an zwei Teehäusern, dem „Hortensia Tea House" und dem „Jasmin Tea House" vorbei, die zur Rast laden. An einigen Häusern (etwa knappe drei Stunden hinter Monte) verschwindet die Levada dos Tornos unter dem Asphalt der Hauptstraße, die hoch nach Poiso führt. Hier nehmen wir auf der anderen Seite den alten Pflasterweg auf und gelangen nun wieder entlang der Levada nach 15 Minuten an einen sehr engen und niedrigen Tunnel, in dem die Levada verschwindet. Wir betreten nicht den Tunnel, sondern gehen auf schmalem Pfad hügelan, kommen an eine Straße, gehen bergauf, nach 100 m rechts und nach 50 m hinter einem Haus nach links und gelangen so zur anderen Seite des Tunnels, wo wir den Levadaweg wieder aufnehmen können.

Etwa eine halbe Stunde hinter dem Tunnel gelangen wir wieder in ein Dorf und steigen dort, wo die Levada mit Platten abgedeckt ist, die Treppe hinauf. Wir folgen nun der Straße, bis wir am Schild „Vereda da Nogueira" wieder auf Treppen hinunter zur Levada gelangen. Nach etwa 10 Minuten geht es an einem Drahtzaun hinauf zur Straße und auf dieser weiter bergan. Durch die Neubaugebiete von Camacha gelangen wir uns nördlich haltend auf Asphaltstraßen in 15 Minuten und etwa 4 bis 5 Stunden hinter Monte zum Ortszentrum von Camacha. Hier sind Bushaltestellen bzw. Taxis für die Weiterfahrt zu finden. Und der große Korbflechterladen „Relogio" verdient allemal einen Besuch.

Palheiro Gardens (Blandy's Garden)

Etwas untertrieben wird das Anwesen westlich Funchals **Quinta do Palheiro Ferreiro** genannt, denn das „Landhaus des Schmieds" hat so gar nichts mit einer schlichten Hütte gemein. Vielmehr liegt hier oben in 600 Metern Höhe eine wunderschöne Villa in einem mit heimischen und exotischen Pflanzen begrüntem Park, der heute der Familie *Blandy* gehört. Die *quinta* selbst ist noch bewohnt, und deshalb kann Blandy's Garden nur vormittags besichtigt werden. Am Nachmittag möchte der wirtschaftlich wie politisch einflussreiche *Blandy*-Clan seine Ruhe vor neugierigen Blicken haben.

Funchal, Umgebung

Wanderung 1

Geschichte Im Auftrag des Grafen *Carvalhal* wurde 1790 die *Casa Velha* („Altes Haus") am südöstlichen Ende der Anlage erbaut, die der Graf von einem Landschaftsgärtner in einen **kunstvollen Park** verwandeln ließ. Teile wurden im Stil englischer Landschaftsgärten gestaltet, andere wiederum nach dem Vorbild französischer Barockgärten angelegt. Ende des 19. Jahrhunderts übernahmen die *Blandys* die *quinta*. Sie setzten ihr neues Herrenhaus in die Mitte des Parks und ließen weitere Bäume und Blumenbeete pflanzen. Die *Casa Velha* verfiel, bis die *Blandys* sie 1998, reichlich mit EU-Fördergeldern ausgestattet, in ein Traumhotel mit entsprechend gesalzenen Preisen umwandelten.

Die Kapelle des Conde de Carvalhal in Blandy's Garden

Im Park

Blandy's Garden ist ein Park, in dem man vor allem die geschickt angelegten Perspektiven bewundern kann. Immer wieder eröffnen sich herrliche, natürlich wirkende Ausblicke: über den Garten auf das Meer, vom Herrenhaus hinüber zu einer vom Grafen *Carvalhal* errichteten Kapelle, vom Spazierweg aus über das Urwalddickicht des „Inferno"-Tals und, und, und. Natürlich ist auch der Pflanzenbestand großartig. Uralte mächtige **Araukarien, Madeira-Mahagoni** und eine Vielzahl anderer Bäume beschatten die Spazierwege, auf den Rasenflächen blühen riesige Protea-Büsche, Strelitzien und zierliche Rosen. **Thematische Gärten** wie der „Versunkene Garten" und der im Barockstil konzipierte „Garten der Dame" bilden kunstvolle Kontraste zur gepflegten Natürlichkeit des Parks.

Das **Herrenhaus** mit seiner weißen Fassade und den dunklen Steineinfassungen an Fenstern und Türen ist von einer schützenden, duftenden Hecke umgeben. Ein schmiedeeisernes Tor erlaubt einen Blick durch das Grün auf das großbürgerliche Anwesen. Folgt man dem Wasserkanal, der

Palheiro Gardens

Levada, nach Süden, erreicht man eine kleine Pforte, die hinüber zum Hotel Casa Velha führt, Gartenbesuchern aber versperrt ist.

●**Geöffnet:** Mo–Fr 9–16 Uhr, Eintritt 8 €.

Anfahrt

Von Funchal aus fährt man zunächst auf die Autobahn via Flughafen Santa Catarina und biegt dann auf die EN 162 in Richtung Palheiro-Golf bzw. Camacha ab. Es gibt **zwei Zugangsmöglichkeiten** zum Park: die eine befindet sich nordwestlich der Anlage, die andere nordöstlich, wo der Taxistandplatz ist.

Wegen der schönen Perspektiven empfiehlt sich der westliche Eingang. Er führt direkt zu einer Allee von Kamelien, durch die man bergab auf das Herrenhaus der *Blandys* zuschreiten und sich die wechselvolle Geschichte des Parks in Erinnerung rufen kann.

Bus

●Busse der Linien 36 und 37 fahren in ca. 20 Min. zum Blandy's Garden.

Unterkunft

●**Casa Velha do Palheiro*****, Palheiro Golf, São Gonçalo, 9050 Funchal, Tel. 291-794901, Fax 794925, www.casavelha.com. Ein Schmuckstück alter *quinta*-Architektur, zudem mit den Palheiro Gardens und dem Golfplatz vor der Tür. Absolute Ruhe ist hier garantiert.

Curral das Freiras

Der Abstecher in die **Gebirgswelt Madeiras** nach Curral das Freiras beginnt bei São Martinho, wo es an der Autobahnauffahrt vorbei über die EN 107 in Richtung Eira do Serrado geht. Kaum sind die Vororte Funchals passiert, schlängelt sich die Straße durch **Eukalyptuswald** steil bergauf. Im Frühjahr und Sommer säumen die blauen und weißen Blüten von Agapanthus und Hortensien den Weg, kühle Waldluft dringt durch das Autofenster. Nach etwa fünf Kilometern passiert man rechter Hand

> **Tipp:** Fotografen finden die besten Lichtverhältnisse um die Mittagszeit, denn nur dann erreichen die Strahlen der Sonne den Talkessel. Allerdings ist es um diese Zeit häufig bereits bewölkt.

ein uriges Espetada-Lokal, die Parada dos Eukaliptos, in dem noch getreu nach traditionellem Rezept gekocht wird. Wenige Meter weiter liegt links das moderne Ausflugsrestaurant Estrela mit ebenfalls guter Küche. Danach werden die Serpentinen so eng, dass man die Aufmerksamkeit ungeteilt auf die Straße richten sollte.

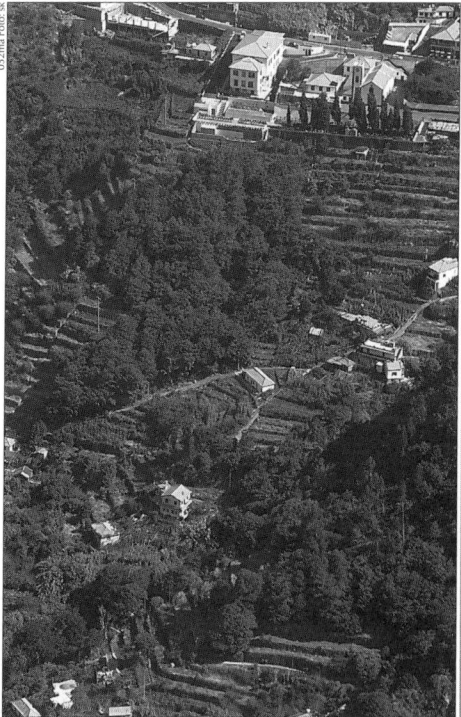

Eira do Serrado

Nach rund 10 km Fahrt gibt es die Möglichkeit, das Gekurve bergauf und bergab durch einen Tunnel abzukürzen. Der 2,4 km lange Durchstich endet 1 km vor Curral das Freiras im Tal. Wer weiterfährt, erreicht nach insgesamt zwölf Kilometern den Abzweig zum **Aussichtspunkt** Eira do Serrado in knapp 1000 Metern Höhe. Vom Parkplatz mit seinen Souvenirständen folgt man etwa fünf Minuten einem bequemen Wanderweg ein Stückchen bergauf, umrundet die Kuppe des **Pico do Serrado** und steht schließlich hoch über dem eigenartigen Talkessel von Curral das Freiras, den links der Pico Grande (1657 m), rechts der Pico da Geada (1400 m) und geradeaus im Norden der Pico das Torrinhas (1509 m) begrenzen.

Entstehungsgeschichte

Lange Zeit hielt man den tief zwischen den steilen Bergen liegenden **Talkessel,** in dem die roten Dächer von Curral das Freiras aufleuchten, für den Überrest eines Vulkankraters. Heute gilt als sicher, dass nicht das unterirdische Feuer des Magmas, sondern die überirdische **Erosionskraft des Wassers** die Geländeform schuf: Durch das Tal fließt die Ribeira dos Socorridos bergab, um bei Câmara dos Lobos ins Meer zu münden. In Jahrmillionen befreite der Fluss den harten Basaltkern der umliegenden Berge von ihrer weichen Tuffschicht und grub somit den Kessel, auch Gran Curral genannt, in die Landschaft.

Fußweg nach Curral das Freiras

Ein steiler und nur schwindelfreien Menschen zu empfehlender Weg verläuft vom Parkplatz an der Eira do Serrado hinunter ins Nonnental. Stufen führen vom Parkplatz ein paar Schritte hinunter auf den Wanderweg, der zunächst durch Kastanienwald, dann durch Buschwerk und schließlich erneut im Schatten von Kastanien bergab leitet. Die mächtigen Bäume wurden in Curral das Freiras nicht zufällig gepflanzt, sondern erfüllen zweierlei Zweck. Sie liefern köstliche Früchte, aus denen Likör, Sirup und Kuchen hergestellt werden, und sie dienen den für den Export so wichtigen Weinreben als Halt. Ein Erlass verpflichtete die Madeirenser, wo immer möglich, Kastanien und Wein gemeinsam anzupflanzen.

Den Wegverlauf und das Ziel im Tal stets deutlich vor Augen, erreicht man nach einer Stunde schließlich das Dorf Curral das Freiras.

Im Dorf

Zurück auf der EN 107 geht es durch einen sehr schmalen Tunnel und danach steil bergab in den Ort **Curral das Freiras.** Der „Nonnenstall", wie die wörtliche Übersetzung lautet, war seit dem 17. Jahrhundert im Besitz der Klarissinnen des Klosters Santa Clara in Funchal. Hierher flohen die Nonnen, wenn die Inselhauptstadt von Piraten geplündert wurde. Ihre mit Wein und Kastanien bepflanzten Ländereien in dem abgeschiedenen Tal brachten so viel Geld ein, dass der Konvent bald zu den wohlhabendsten der Insel zählte.

Heute ist Curral das Freiras ein kleiner, beschaulicher Ort mit vielen älteren Häusern und einem Hauptplatz, auf dem mehrere Restaurants, darunter das berühmte „Nun's Valley", Erzeugnisse aus Kastanien und andere Naturprodukte verkaufen. Etwas unterhalb steht die Kirche **Nossa Senhora de Livramento,** deren Fest am letzten Sonntag im August begangen wird. Im Inneren birgt die Kirche eindrucksvolles Barockschnitzwerk und Wandverkleidungen mit blau-weißen *azulejos.*

Bus

●Busse der Linie 81 fahren nach Curral das Freiras; wer an der Eira do Serrado aussteigen möchte, sollte den Busfahrer rechtzeitig darauf hinweisen.

Essen und Trinken

●**Nun's Valley,** Curral das Freiras, Tel. 291-712177. Das familiär geführte Restaurant am Hauptplatz ist für seine Maronenspezialitäten berühmt. Neben Maronenkuchen und -likör werden auch Köstlichkeiten aus Bananen, Kokosnuss und Madeirawein gebacken.

Funchal, Umgebung

Der Südwesten

Überblick: die Südküste zwischen Funchal und Calheta

Madeiras Südküste zwischen Funchal und Calheta ist geprägt von steil aus dem Meer emporstrebenden Bergen und zumeist schmalen, tiefen Buchten. Diese bildeten sich überall dort, wo die von den Bergen und der Hochebene Paúl da Serra herabfließenden *ribeiras* ins Meer münden und durch ihre Erosionsarbeit Täler ins Gebirge fraßen.

Bereits die ersten Siedler gründeten Orte entlang der Südküste und nutzten die Berghänge landwirtschaftlich, und noch heute ist dieser Teil Madeiras nach Funchal die **am dichtesten besiedelte Region** der Insel.

Die am Meer liegenden Orte Ribeira Brava,
Ponta do Sol, Madalena do Mar und Calheta verbindet eine gut ausgebaute Straße, die die Bergbarrieren zwischen den Tälern teils durch Tunnel
passiert und sie teils in Serpentinen überwindet,
die bis auf 400 Meter Höhe hinaufklettern. So
geht es auf der EN 229 wie auf einer Achterbahn
in engen Kehren **steil bergauf und bergab.** Für einige Strecken zwischen den Siedlungen, die stellenweise nur wenige Kilometer Luftlinie voneinander entfernt sind, benötigt man ein Vielfaches an
Fahrzeit.

Bananen und Wein bilden das landwirtschaftliche Standbein der Region, doch bezeugen die an
der Strecke liegenden Zuckerfabriken – heute fast
alle Ruinen – dass die Südküste traditionell ein be-

deutendes Zuckeranbaugebiet war. Der Fischfang spielt vor allem in Câmara de Lobos eine bedeutende Rolle.

Klimatisch ähnelt die Südwestküste der Bucht von Funchal: Das Wetter ist beständiger als im Norden, doch ziehen häufig ab Mittag Wolkenbänke von den Bergen die Hänge hinab.

Touristisch ist die Südküste als Ausflugsziel für **Tagestouren von Funchal** aus erschlossen. Dementsprechend gibt es viele Restaurants und Cafés, doch nur wenige Unterkunftsmöglichkeiten. Eine Ausnahme bilden Ribeira Brava und Prazeres. Letzteres eignet sich hervorragend als Ausgangspunkt für Wanderungen im Westteil der Insel.

Wer baden möchte, findet in fast jedem Ort einen kleinen **Kieselstrand,** die Steine sind allerdings ziemlich groß und erschweren den Weg ins Wasser. Bei unruhiger See ist es gefährlich, sich den gegeneinander schlagenden und reibenden Wackersteinen auszusetzen. Dann badet man besser in den inzwischen überall ausgebauten Meeresschwimmbädern.

Câmara de Lobos

Der 15.000-Seelen-Ort 15 Kilometer westlich von Funchal gilt als **das Fischerdorf Madeiras** und gehört zum Standardprogramm aller Ausflugstouren von der Inselhauptstadt aus.

Man erreicht Câmara de Lobos von Funchal aus auf der Autobahn innerhalb weniger Minuten. Von der Autobahnausfahrt geht es bergab zur Hauptkreuzung oberhalb des grob in drei Stadtviertel unterteilten Ortes: In westlicher Richtung dehnt sich das eigentliche Stadtzentrum um den runden Largo da Republica aus, geradeaus führt die Straße in das Fischerviertel Ilhéu, das auf einem Felsensporn über dem Hafen liegt, östlich schließt sich ein modernerer Stadtteil mit Geschäften und

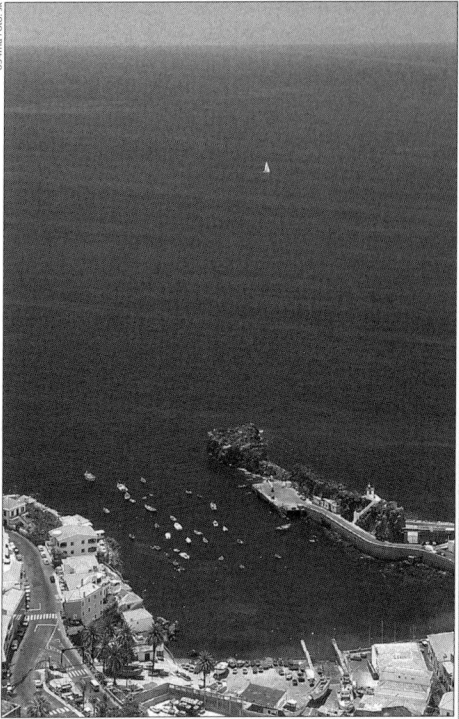

Cafés an. Parkmöglichkeiten gibt es auf dem öffentlichen, von Mauern umschlossenen Parkplatz am Rand des Fischerviertels an der Rua da Cacarreira.

Câmara de Lobos ist eine der **ältesten Siedlungen Madeiras.** Hier trafen *Zarcos* Leute auf Mönchsrobben *(lobos),* die es zur Zeit der Entdeckung Madeiras noch zahlreich gab und denen der Ort seinen Namen verdankt. Nachdem die

Die Hafenbucht von Câmara de Lobos

Wälder um Funchal gerodet waren, zogen die Inselentdecker weiter nach Osten in die größere Bucht von Funchal. Relikt der ersten Ansiedlung ist eine von *Zarco* gegründete Kapelle unweit des Hafens.

Berühmt wurde Câmara de Lobos durch einen Prominenten: Der englische Premierminister *Winston Churchill* kam im Winter 1950 hierher, um den **idyllischen Hafen** zu malen, und wurde dabei von dem Fotografen *Perestrello* abgelichtet. Die Aufnahme zeigt *Churchill* unter einem Sonnenschirm in einen warmen Mantel gehüllt vor seiner Staffelei, mit der charakteristischen Zigarre im Mund. Das Bild gehört zu den berühmtesten historischen Fotografien des Museu Vicentes in Funchal und ist heute am Cabo Girão ausgestellt (s. dort).

Câmara de Lobos profitierte touristisch von diesem prominenten Besuch – jeder möchte die berühmte Malerperspektive mit eigenen Augen begutachten. Wirtschaftlich aber hat es dem Ort wenig gebracht. Er gilt als **Armenhaus Madeiras,** denn der Fischfang, traditionell die wichtigste Erwerbsquelle der Menschen hier, bringt immer schlechtere Erträge. In keinem anderen Ort Madeiras tritt das sonst eher unsichtbare **Elend der unteren Bevölkerungsschichten** so deutlich zu Tage wie in Câmara de Lobos: Hier haben die Familien überdurchschnittlich viele Kinder, die Analphabetenrate ist höher, ebenso die Zahl der Arbeitslosen. Auch mit **Drogen- und Kinderhandel** bringt man den auf den ersten Blick so malerischen Fischerort in Verbindung. In einer Meldung der Süddeutschen Zeitung wurde 1999 über Kontakte berichtet, die Kinderporno-Ringe aus Belgien und Deutschland mit Madeira unterhielten. Wenn die Information stimmt, ist Madeira einer der bedeutendsten „Lieferanten" von Kindern für die europäische Pornoindustrie. Câmara de Lobos, so sagt man, sei jener Ort, aus dem die meisten Opfer stammen.

Hart und wenig ergiebig – Fischerei in Madeiras Gewässern

Anfang des 21. Jahrhunderts verzeichnete die madeirensische Statistik ein jährliches Gesamtvolumen von knapp 14.000 Tonnen gefangener Fische. 553 Boote wurden aufgelistet, davon nur 165 mit Motorkraft. 1407 Fischer waren offiziell registriert, das sind nur knapp 0,6 Prozent der etwa 250.000 Madeirenser – eine erstaunliche Tatsache für eine Insel.

Betrachtet man die Entwicklung der letzten 20 Jahre, ist die Zahl der Fischer stetig gesunken; 1976 waren es immerhin noch knapp zweitausend. Hinter den trockenen Zahlen verbergen sich extrem harte Arbeitsbedingungen und finanzielle Not, nur die wenigsten Fischer können sich eine moderne, effektive Ausrüstung leisten. Dies soll sich nun durch einen von der EU bezuschussten Ausbau der madeirensischen Fangflotte ändern.

Ein Grundproblem des Fischfangs liegt in der Oberflächengestalt Madeiras. So steil und schroff die Insel mit über 1800 Metern über den Meeresspiegel herausragt, so tief setzt sich ihr unterseeischer Teil bis in 4000 Meter Meerestiefe fort. Folglich gibt es kaum flache Küstengewässer, in denen sich die üblichen Fischschwärme wie Sardinen aufhalten. Zudem ist das Meer sehr nährstoffarm, so dass große Schwärme hier keine Nahrung finden. Deshalb und wegen der schroffgezackten Felsenküste in Inselnähe können Madeiras Fischer kaum mit Netzen arbeiten. Sie fangen den Fisch mit Angelleinen – und gemessen an dieser doch sehr uneffektiven Methode erscheinen die Mengen, die aus dem Meer geholt werden, immens.

Der *espada,* der **schwarze Degenfisch,** wird mit mehrere hundert Meter langen Leinen, an denen bis zu 150 Angelhaken befestigt sind, aus seinem tiefen Lebensraum gelockt. Jährlich werden 3500 Tonnen dieses Fisches an Land gezogen.

Den Hauptanteil bildet **Thunfisch** *(atum)* mit knapp 9000 Tonnen, auch er wird mit Angeln aus dem Wasser geholt. Dazu werden die Schwärme durch ins Wasser geworfene Köderfische angelockt und so lange gereizt, bis sie hysterisch nach allem schnappen, was sich bewegt. Nun werfen die Fischer die Angeln aus und ziehen Fisch für Fisch ins Boot.

Der Südwesten

Sehenswertes

Rund um den Fischerhafen

Erstes und malerischstes Ziel in Câmara de Lobos ist sicherlich der Fischerhafen, den im Osten die Felszunge mit dem Viertel Ilhéu begrenzt. Durch schmale Gassen geht es von der Rua Nunez Pereira, der Haupteinfallstraße, am Dorfbrunnen vorbei bergab in einem Bogen nach links. Schon nach wenigen Schritten steht linker Hand die Kapelle **Nossa Senhora de Conceiçao,** deren Bau 1420 angeblich von *Zarco* in Auftrag gegeben wurde. So nah am Meer war das Kirchlein mehrmals dem zerstörerischen Werk der Naturgewalten ausgeliefert und wurde deshalb immer wieder renoviert.

Im Inneren ist es heute barock gestaltet, der Glockenturm stammt dagegen noch aus der Gründungszeit. Die Wandmalereien zeigen das Leben und Wirken des Schutzpatrons der Fischer, des heiligen *Telmo*.

Traditioneller Bootsbau

Nun biegt man um die Ecke und steht an der **Hafenmole** der schmalen, tief eingeschnittenen Bucht von Câmara de Lobos. Wie bunte Farbkleckse liegen die blau und rot gestrichenen Holzboote der Fischer kieloben auf dem dunklen Kiesstrand. Fast immer sitzen hier einige Seeleute herum, um beim Domino- oder Kartenspiel den Tag zu vertrödeln, denn gefischt wird nachts. Von den Felswänden beiderseits der Bucht hallt das Hämmern der Werftarbeiter wider: In Câmara de Lobos werden nach traditionellem Vorbild die **Boote noch aus Holz gebaut.** Urtümlichen Gerippen gleich liegen die unverschalten Konstruktionen zwischen den hier wachsenden schlanken Palmen, während die Schiffsbauer auf ihnen herumklettern, sägen, hämmern und feilen. Das Know-How der Werftarbeiter von Câmara de Lobos ist weit über Madeira hinaus berühmt. Hier wurde ein originalgetreuer Nachbau des Kolumbus-Schiffes Santa Maria gebaut, eine der schönsten Attraktionen der Expo 1998 in Lissabon. Heute versieht die Santa Maria ihren Dienst als Ausflugsschiff entlang der Südküste Madeiras.

Vom Balkon der netten Bar „Amar'a Bõa" direkt am Hafen kann man den Bootsbauern bei der Arbeit zusehen.

Der Südwesten

Schiffbauer bei der Arbeit

Aussichts-punkt

Eine Treppe führt von der Hafenbucht hinauf zu jener berühmten Stelle, an der *Winston Churchill* malte. Eine Gedenktafel erinnert an den Politiker. Mehrere Restaurants und Cafés, alle mit „Churchill" im Namen, verwöhnen ihre Gäste an diesem historischen Platz mit hübschem **Hafenpanorama** und köstlichem frischen Fisch.

Am Largo de Republica

Der früher so lebhafte Largo de Republica war 2005 eine einzige Baustelle, Restaurants und Cafés waren geschlossen. Auch hier soll wie in vielen anderen Orten Madeiras ein modernes Kulturzentrum entstehen.

Eine Treppe führt hinunter an den öffentlichen Kiesstrand Praia do Vigário an der Mündung einer schmalen *ribeira*. An einer Seite wird der Platz von der großen **Pfarrkirche São Sebastião** begrenzt, die auf Anordnung *Heinrichs des Seefahrers* 1426 erbaut, etwa hundert Jahre später aber abgerissen und wieder neu errichtet wurde. Im Inneren beherrscht – wie fast überall in Madeira – der Barockstil den Chor und die Seitenkapellen; einige schöne, ebenfalls barocke *azulejos* sind in den Seitenschiffen zu sehen. Von außen wirkt die Kirche schmucklos und schlicht.

Ein Stück die Straße bergan sieht man den futuristischen **Weinkeller von Henriques & Henriques,** einem der größten Produzenten und Exporteure von Madeira-Wein. Die Kellerei kann nach Voranmeldung von Gruppen besichtigt werden (s. u.).

Praktische Tipps

Info

●**Touristinformation,** Casa de Cultura, Rua São João de Deus 40, Tel. 291-911480.

Bus

●Das **öffentliche Busnetz** zeichnet sich durch schnelle und häufige Verbindungen aus. Von Funchal fahren die Linien 1, 4, 6 und 7 nach Câmara de Lobos.

Taxi

●Largo do 28 Maio, Tel. 291-942407.

Bank

●**Banif,** Largo do 28 Maio, Tel. 291-910400.

Unterkunft

●**Hotel Orca Praia*****, Estrada Monumental 335, zwischen Funchal und Câmara de Lobos, Tel. 291-707070, Fax 763311, www.orcapraia.com. Das Mittelklassehotel klebt regelrecht am steilen Küstenfels und ist vom Straßenniveau hinunter ans Meer gebaut – daher von allen Zimmern beste Fernsicht. Dazu eine nette Poolanlage und ein Kiesstrand.

Der Südwesten

Dicht drängen sich die Häuser von Câmara an der Felsküste

Essen und Trinken

●**Churchill's Restaurante,** R. João Gonçalves 39, Tel. 291-941451. Mit Aussichtsterrasse auf das berühmte „Churchill-Panorama" und großer Auswahl an Fischgerichten wie *calamares, espada* und anderem stets fangfrischem Fisch.

●**Toca do Lobo,** Rua da Alegria 4, Edifício milenium, Tel. 291-911453. Schicke Snack-Bar und beliebter Jugendtreff. Es gibt Snacks mit Meeresfrüchten und Fisch.

●**Lobos Mar,** Rua São João de Deus 6, Tel. 291-942379. Einfaches, nettes Restaurant im Zentrum, Spezialität ist Fischeintopf.

●**Churrascaria O Lagar,** Estrada João Zarco 486, Tel. 291-941865. Genug vom Fisch? Hier gibt es hervorragende *espetadas* (Rindfleischspieße) in einem riesigen Gastraum, der sich an den Wochenenden bis auf den letzten Platz füllt.

Shopping

●**Henriques & Henriques,** Sítio de Belem, Tel. 291-941551. Der moderne Weinkeller wirkt sicherlich nicht so charmant wie die alten Gewölbe der Wine Lodge in Funchal, der Wein kann sich aber durchaus mit dem der Konkurrenz messen! Besichtigung nach Voranmeldung für Gruppen, danach Verkostung der Weine.

Nachtleben

●**Spatyum Music Bar,** am alten Bootshafen. Livemusik, Kulturveranstaltungen, dazu Longdrinks und Snacks.

Estreito da Câmara de Lobos

Die Schwesternsiedlung Estreito da Câmara de Lobos liegt nördlich der Autobahn in 400 Metern Höhe am Hang über dem Ort inmitten von Bananen- und Weinpflanzungen. Man erreicht ihn von Câmara de Lobos den Hinweisschildern zur Autobahn folgend, dann weiter auf der EN 229 bergauf bis zur Abzweigung in Richtung Estreito (ca. 5 km).

Auch Estreito besitzt ein postmodernes **Centro Civico,** das in Panoramalage mit seiner kühlen Architektur der Kirche gegenüber Konkurrenz macht. Im Civic Garden Café kann man Kaffee trinken und die Aussicht genießen.

Markt Berühmt ist die Siedlung für ihren quirligen **Sonntagsmarkt,** der vormittags in den Markthallen und beiderseits der bergan führenden Hauptstraße abgehalten wird. Bauern bringen ihre Ernte mit kleinen Lastautos nach Estreito, und Fischer bieten ihren frischen Tagesfang feil. Zu den Käufern gesellen sich mindestens ebenso viele Müßiggänger, die das Angebot bestaunen, Freunde treffen oder die Gelegenheit nutzen, der Sonntagsmesse in der alten, mit manuelinischen Steinmetzarbeiten dekorierten Kirche beizuwohnen.

Weinfest Im madeirensischen Zyklus der Heiligen- und Erntedankfeste hat sich das Weinfest von Estreito einen besonderen Namen gemacht. Es wird Ende September mit Weinproben und allerlei Gegrilltem gefeiert. Besucher können beim Traubenstampfen mitmachen, Folkloretänze bewundern und die **köstlichen Tropfen** goutieren, die an jeder Straßenecke ausgeschenkt werden. Vor allem die *espetada,* ein über Holzkohle gegrillter Rindfleischspieß, soll in Estreito besonders gut schmecken. Mehrere Restaurants führen ihn das ganze Jahr über auf der Speisekarte.

Der Südwesten

Pico da Torre

Den **Aussichtsberg** mit einem herrlichen Panorama über Câmara de Lobos und das Cabo Girão erreicht man auf dem Weg in Richtung Estreito über eine ausgeschilderte Abzweigung.

Bus

● Zahlreiche Busse nach Westen halten in Estreito: Linien 4, 6, 80, 107, 139, 142 und 148.

Unterkunft

● **Quinta do Estreito******, Rua José Joaquim da Costa, Estreito de Câmara de Lobos, Tel. 291-910530, Fax 910549, www.charminghotelsmadeira.com. Kern der Anlage ist ein altes Herrenhaus, ergänzt durch den modernen Gästetrakt. Herrlicher Panoramablick über die Küste, schöner Garten, Pool.

Essen und Trinken

● **As Vides,** Rua Achada 17, Tel. 291-945322. Angeblich Madeiras ältestes Espetada-Restaurant. Die Spieße mit Knoblauchbrot schmecken hier äußerst delikat.
● **Santo António,** Qt. St. Antão, unterhalb der Kirche, Tel. 291-910360. Viele Funchalesen behaupten, hier würden die besten *espetadas* der ganzen Südküste zubereitet. Übrigens gibt es hier auch hervorragenden *bacalhau* (Stockfisch).
● **Ginja,** Rua do Achada 13, Tel. 291-946008. Beliebt für den Mittagstisch und seine preiswerten Menüs.

Cabo Girão

Am Cabo Girão („Wendekap") ragt **Europas höchste Klippe** knapp 600 Meter fast senkrecht aus dem Meer. Man erreicht sie über die EN 229 oder die Autobahn in Richtung Ribeira Brava. Im Ort Quinta Grande zweigt eine ausgeschilderte Stichstraße bergauf durch Eukalyptuswald zum Cabo Girão ab. Leider macht Madeiras Bauboom auch vor diesem hübschen Fleckchen nicht Halt. Gleich neben dem Aussichtspunkt entsteht eine Apartmentanlage unter englischer Regie für wohlhabende Pensionäre.

Terrassenfelder am Kap

Die runde Aussichtsplattform mit Geländer ist fast immer von Besuchern belagert, die einen Blick in die **Schwindel erregende Tiefe** tun wollen. Was

> **Tipp:** Die beste „Fotozeit" am Cabo Girão ist der späte Nachmittag, wenn die schräg stehende Sonne silbrige Bahnen auf das Wasser zaubert.

neben der imposanten Höhe der Klippe wohl jeden überrascht, ist die Tatsache, dass beiderseits des Kaps winzige terrassierte Felder bis an den Meeressaum reichen. Ob die Bauern ihre Felder per Boot oder angeseilt von der Spitze der Klippe aus erreichen – darüber kann man beim Blick in die tiefblaue See spekulieren. Und so absurd diese winzige Anbaufläche auch erscheinen mag, belegt sie doch deutlich, wie wertvoll noch das kleinste Stückchen urbares Land auf Madeira ist, auch wenn der Aufwand, es zu bearbeiten, in unseren Augen in keinem Verhältnis zum Ertrag stehen kann.

Fotoausstellung   In einem kleinen **Besucherpavillon mit Café** kann man Getränke kaufen und eine repräsentative Ausstellung von historischen Fotografien besichtigen. Neben Fotos von prominenten Inselgästen sieht man auch Aufnahmen von der Ankunft eines Passagierdampfers der Union Castle Company in den 1930er Jahren und des Wasserflugzeugs „Hampshire" in den 1950er Jahren. Bis zur Eröffnung des Flughafens auf Porto Santo erfolgte mittels dieses Wasserflugzeugs der Linienverkehr zwischen Madeira, Portugal und England.

●**Geöffnet:** je nach Besucheraufkommen.

Kirche Santa Fátima   Etwa 500 Meter weiter die Straße bergauf steht die moderne Kirche Santa Fátima, ein nicht gerade ansprechender Betonbau mit offenem Glockenturm aus dem Jahr 1931. Im Inneren des schlichten, mit dunklem Marmor verkleideten Kirchenschiffs befindet sich die Statue der Muttergottes von Fátima, die in Madeira ebenso wie in Portugal hoch verehrt wird. Ihr Festtag ist der 13. Mai, an dem sie mit andächtigen Prozessionen gefeiert wird.

Der Südwesten

Fajã dos Padres

Folgt man weiter der mäandernden Küstenstraße, erreicht man kurz vor der Autobahn die Abzweigung zur Fajã dos Padres, einem **Kiesstrand mit Restaurant** und einigen restaurierten Fischerhäuschen am Fuß einer 250 m hohen Felsklippe. Ein Aufzug führt in 4 Minuten steil hinunter ans Meer (Mi–Mo 11–18 Uhr, 7,50 €, Jan./Febr. geschlossen). Das Restaurant serviert frische Fischgerichte, in den Häuschen kann man sich einmieten und Robinson spielen.

●**Restaurant Fajã dos Padres,** Quinta Grande, tgl. 12–17 Uhr, Tel. 291-944538, www.fajadospadres.com.

Bus

●Linie 154 fährt von Funchal über Câmara de Lobos zum Cabo Girão.

Ribeira Brava

Der 6000-Seelen-Ort am „Wilden Fluss", wie die Übersetzung von *ribeira brava* lautet, liegt 15 Kilometer westlich von Funchal und ist auf der Autobahn in wenigen Minuten zu erreichen. Hübscher, aber wesentlich zeitraubender ist die Fahrt entlang der Nationalstraße EN 229, die sich über Hügel und durch Dörfer schlängelt und die Strecke in 30 Kilometern bewältigt. Es gibt auch zahlreiche Busverbindungen zwischen Funchal und Ribeira Brava.

Gebührenpflichtige Parkplätze findet man an der Uferpromenade und in der Parkgarage.

Die Pfarrkirche São Bento in Ribeira Brava

Sehenswertes

Der Ort liegt am Taleinschnitt der gleichnamigen *ribeira*, die von mehreren aus dem Gebirge abfließenden Wasserläufen gespeist wird. Gegründet wurde Ribeira Brava angeblich von *Zarcos* Getreuen; schon bald entwickelte es sich zum wohlhabenden Mittelpunkt einer intensiv landwirtschaftlich genutzten Region. Der Reichtum zog Piraten an, denen die Menschen im 17. Jahrhundert mit dem Bau eines wirklich putzigen Festungsturms begegneten: der **Fortaleza São Bento.** Sie beherbergt heute das örtliche Tourismusbüro. Über eine schmale Treppe kann man zur Aussichtsplattform hinaufsteigen und gewinnt von oben einen guten Überblick über den Ort.

Der Südwesten

Zu Füßen erstreckt sich die breite, hübsch gestaltete **Uferpromenade** mit Straßencafés und der kleinen Markthalle. Eine Betonmauer begrenzt den mit Riesenkieseln übersäten Strand, der links und rechts durch hohe dunkle Felswände eingerahmt ist. Durch die östliche Felsenbarriere führt ein kleiner Tunnel, dahinter liegt der geschützte **Fischerhafen.** Die Mitte des Strandes nimmt ein Strandbad mit Meeresschwimmbecken, Liegen und kleinem Café ein. Nach Norden ragt die mit blau-weißen Kacheln verkleidete Spitze der Pfarrkirche über den niedrigen Wohnhäusern des Ortes empor. Tiefgrüne, zumeist mit Bananen bepflanzte Hänge begrenzen das Panorama.

Entlang der Rua do Visconde In der mit modernen *azulejos* dekorierten **Markthalle** geht es besonders in den Vormittagsstunden sehr lebhaft zu. Neben Gemüse, Obst, Fisch und Fleisch gibt es hier Souvenirs wie Korbwaren und Madeira-Wein zu kaufen.

Die Hauptstraße Rua do Visconde führt von der Uferpromenade schnurgerade nach Norden, und schon nach wenigen Schritten hat man die links liegende **Pfarrkirche São Bento** erreicht. Im Jahr 1440 wurde ihr Grundstein gelegt, später wurde sie mehrmals gründlich umgebaut. Noch heute erstrahlt sie im schönen madeirensischen Stil mit weißen Wänden und dunklen Steinmetzeinfassungen an Türen, Fenstern und Ecken. Im Inneren wird ein im 16. Jahrhundert von König *Manuel I.* der Gemeinde geschenkter, mit Weinranken geschmückter Taufstein aufbewahrt. Barocke *azulejos* zieren die Seitenwände, ältere Kacheln verkleiden den Altarraum bis zur Decke. Zu den wertvollsten Schätzen gehört die von einem flämischen Künstler im 16. Jahrhundert geschaffene **Statue der Virgem do Rosário** und ein flämisches Gemälde über dem linken Seitenaltar, auf dem die Anbetung des Christuskindes dargestellt ist.

Ein geometrisches Muster aus dunklen und hellen Flusskieseln schmückt den großzügigen Kirchenvorplatz. Gegenüber auf dem Spielplatz turnen und schaukeln Kinder unter dem wachsamen Blick ihrer Mütter.

Rathaus und Park

Zurück auf der Rua do Visconde öffnet sich wenige Schritte weiter nach Norden rechter Hand ein kleiner, üppig mit Bäumen und Büschen bepflanzter Garten. Er gehört zur **Câmara Municipal** (Rathaus), das in einem rosa gestrichenen Herrenhaus aus dem 18. Jahrhundert untergebracht ist. Sogar einen winzigen Ententeich haben die Stadtväter in ihrem Park angelegt; die hier wachsenden exotischen Pflanzen sind sorgfältig ausgezeichnet. Man kann sich im Schatten ausruhen, bevor es durch die von kleinen Läden und Restaurants gesäumte Straße weiter an den nördlichen Ortsrand zum Ethnographischen Museum geht.

Ethnographisches Museum

Das **Museu Étnográfico da Madeira** befindet sich an der Rua de São Francisco. Ursprünglich beherbergte das Gebäude eine Zuckermühle, nach Jahrzehnten des Verfalls wurde 1997 eines der sehenswertesten Museen Madeiras darin eingerichtet. Es widmet sich nicht der hohen Kunst, sondern der **Alltagskultur der Menschen.** Arbeitsgerät, Kleidung und Brauchtum sind sorgfältig dokumentiert, und in den museumseigenen Werkstätten wird madeirensisches Kunsthandwerk hergestellt und verkauft.

●**Geöffnet:** Di–So 10–12.30 und 14–18 Uhr, Tel. 291-952598. Eintritt 2 €.

Moderner Stadtteil

An der Peripherie Ribeira Bravas, aber auch beiderseits der Uferpromenade, sind die Folgen des Tourismusbooms unübersehbar: **Moderne Hotelbauten und Einkaufszentren** verschandeln das sonst so einheitliche Ortsbild. Da die Stadt auch ein wichtiger Verkehrsknotenpunkt ist – von hier führt der schnellste Weg an die Nordküste –, erfreut sie sich als Zwischenstopp immer größerer Beliebtheit.

Der Südwesten

Praktische Tipps

Info

●**Touristeninformation,** im Fort an der Uferpromenade, Tel. 291-951675.

Bus

●Busse der Linien 4, 6, 7, 107, 139 fahren von Funchal aus entlang der Küste nach Ribeira Brava.

Taxi

●Standplatz an der Uferpromenade, Tel. 291-952349.

Bank

●**Espirito Santo,** an der Kirche, Tel. 291-953220.
●**Banif,** Av. Gago (neben dem Hotel Brava Mar), Tel. 291-952498.

Unterkunft

●**Hotel do Campo****,** Sítio do Pico Banda d'Alem, Tel. 291-950270, Fax 950279, www.hoteldocampo.com. Modernes Haus über Ribeira Brava mit Panoramablick, Pool, Fitnessraum und Sauna.
●**Brava Mar***,** Vila, Tel. 291-952220, Fax 951122. Das moderne Haus an der Promenade verschönert nicht unbedingt das Stadtbild. Innen ist es aber mit gutem Komfort ausgestattet und besitzt eine hübsche Dachterrasse mit kleinem Pool.
●**Vale-Mar***,** Sítio do Muro, Tel. 291-952563, Fax 951166. Apartment-Hotel, ebenfalls modern, innen sehr geschmackvoll eingerichtet, Pool auf dem Dach. Am Ortsausgang in Richtung Autobahn gegenüber dem Sportplatz gelegen.
●**Residencial Cancio's Center*,** Rua S. Bento 37, Tel. 291-951867. 24 Apartments, klein und dunkel, aber preiswert.

Essen und Trinken

●**Ponte Vermelha,** Ponte Vermelha, Tel. 291-952450. Madeira-Spezialitäten und internationale Küche an der Brücke über die Ribeira Brava.
●**O'Patio,** Rua S. Bento, Tel. 291-952296. Das Lokal mit urigen Holzbänken und schattigem Innenhof ist berühmt für den *bacalhau* vom Grill und seinen Besitzer, einen Ex-Rallye-Fahrer.
●**Mehrere Snackbars** entlang der Uferpromenade bieten kleine Gerichte und köstliche Sandwiches an.

Lugar de Baixo

Der kleine Ort am Meer besitzt eine ökologische Rarität auf Madeira, eine kleine, schilfbewachsene und durch Felsen vom Meer getrennte **Süsswasserlagune,** in der seltene Vögel wie Moschusenten, Blesshühner, Felsentauben und Steinwälzer beheimatet sind. Die Lagune steht unter Naturschutz, und das eigens errichtete *Centro de Observacão de Natureza* informiert angemeldete Gruppen über seine Arbeit (ist aber fast immer geschlossen). Nach einem Spaziergang um die Lagune können Besucher entweder im modernen Strandbad ins Wasser hüpfen oder in dem hoch gelobten Restaurant *Santo Antonio* Spezialitäten wie Schweinsöhrchen verkosten.

Essen und Trinken

●**Santo Antonio,** Lugar de Baixo, Tel. 291-972868. Eine der Gourmet-Adressen der Insel, mit entsprechend hohen Preisen.
●**Mare Alta,** Lugar de Baixo, Tel. 291-974660. Mittelpreisige und gute Hausmannskost; es gibt sogar den Stockfisch *bacalhau* (10 €).

Ponta do Sol

Von Ribeira Brava zum nächsten Küstenort Ponta do Sol verläuft die EN 101 knapp sechs Kilometer an der Küste entlang durch **mehrere Tunnel,** die mit ihren herabrieselnden Wasserkaskaden und dem dichten Farn- und Efeubewuchs wie märchenhafte Höhlenschlünde wirken. Dazwischen klettern tiefgrüne Bananenpflanzungen die Hänge hinauf. Auf halbem Weg nach Ponta de Sol sieht man im Weiler **Tábua** die Ruine einer Zuckerfabrik, ein Relikt des früheren Zuckeranbaus hier an der Südküste.

Das 5000 Einwohner zählende Ponta do Sol selbst ist eingerahmt von den großen, schmalen Blättern der Bananen und ihren weinroten Fruchtständen. An der schmalen Mündungsbucht der

Der Südwesten

gleichnamigen *ribeira* gelegen, zieht sich das Städtchen von dem mit Wellenbrechern und Betonmauer befestigten Kieselstrand die Berge bis auf 400 Meter Höhe zu den Ortsteilen Lombada und Lombo de São João hinauf.

An der Uferpromenade

Die breite Uferpromenade auf einer Plattform über dem Strand ziert ein hübscher **Jugendstilkiosk,** an dem man Kaffee oder Softdrinks bestellen und den Sonnenanbetern am Strand zusehen kann. Die wenigsten trauen sich richtig ins Meer, denn auch hier sorgen Wackersteine und starke Strömungen für schwierige Badebedingungen.

Trotzdem wird auch in Ponta do Sol am Aufbau des Tourismus gearbeitet. Eine auf einem Felsen über dem Ufer gelegene alte *quinta* wurde mit EU-Mitteln zu einem komfortablen Design-Hotel umgebaut und soll nun zahlungskräftige Übernachtungsgäste in den Ort locken; zudem wurde die gesamte die Promenade säumende Häuserzeile in ein Luxushotel verwandelt. Ganz Ponta do Sol, so scheint es auf den ersten Blick, ist ein einziger riesiger Ferienclub.

Nossa Senhora de la Luz

Hinter dieser Hotelfront erhebt sich die Kirche Nossa Senhora de la Luz, deren pyramidenförmige Spitze eine Armillarsphäre schmückt. Im Inneren des im 15. Jahrhundert errichteten Gotteshauses kann man ein mit eigenwilligem Noppenmuster versehenes grünes Taufbecken bewundern, das König *Manuel I.* der Gemeinde schenkte. Die Mudejar-Decke wurde in späteren Jahrhunderten leider mit Mariendarstellungen übermalt. Flämische Tafelbilder und die Grabkapelle des Kirchen-

Südwesten

São Vicente · ★ **Boca da Encumeada**

EN108

EN110

EN209

Paúl da Serra

Levadinha da Serra

Serra de Água

Levada de Lombo de Moiro

Rabaçal ●

EN211

Levada do Paúl

Levada da Serra do Forte do Juncal

Ribeira Brava

EN209

Tabua

EN104

Levada Nova

Carreira

Loreto

Ribeira Brava

...alheta

Madalena do Mar

Canhas

EN222

EN101

Arco da Calheta

Lugar de Baixo

Funchal

Ponta do Sol

Der Südwesten

gründers *Rodrigues Eanes* sind Überreste der ursprünglichen Kirche, die im 18. Jahrhundert gründlich renoviert und dabei barockisiert wurde.

Dos-Passos-Haus

Neben der Kirche gibt es in Ponta do Sol noch eine weitere historische Sehenswürdigkeit: das **Wohnhaus der Familie Dos Passos.** Die Familie, die im 19. Jahrhundert aus Madeira auswanderte, brachte mit *John dos Passos* (1896–1970) einen der berühmtesten amerikanischen Schriftsteller hervor. Sein erfolgreichster Roman wurde „Manhattan Transfer".

Das Haus in der Rua Principe Don Luís, nicht weit von der Kirche entfernt, ist nicht ganz leicht zu finden, vor allem, weil man in Ponta do Sol dem Namen *Dos Passos* offensichtlich keine große Aufmerksamkeit entgegenbringt. *John dos Passos* kam 1960 zu einem Kurzbesuch nach Madeira und nach Ponta do Sol. Sein Eindruck von der In-

Die Uferpromenade von Ponta do Sol vor der Sanierung

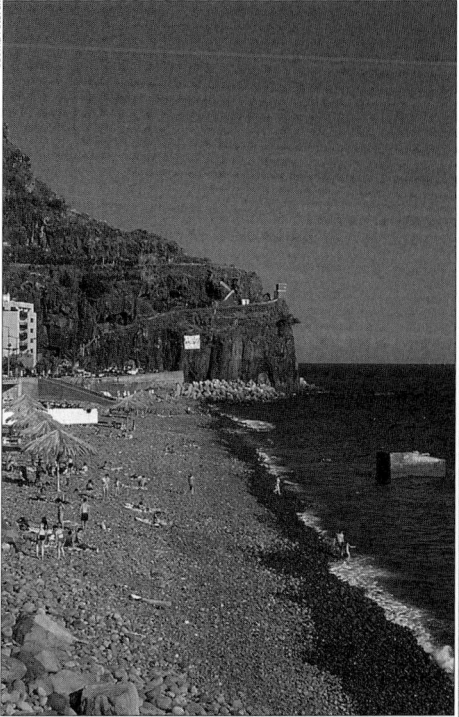

sel war eher ernüchternd, und er empfand weniger die Schönheit als das beengende Gefühl, auf
Madeira in einer „Zwangsjacke" gefangen zu sein,
wie er es acht Jahre später beschrieb.

Lombada   Von der Uferpromenade kann man am westlichen
Hang entlang der Ribeira da Ponta in Richtung
Funchal und dann in den Ortsteil Lombada hinauf-
fahren, wo man schon von weitem die rosa gestri-

Selten sieht man den Atlantik so
friedlich wie hier am Strand von Ponta do Sol

Der Südwesten

chene Fassade eines großen Herrenhauses über den Feldern erkennt. Hier lag eine der größten Zuckerrohrplantagen Madeiras, deren Besitzer *João Esmeraldo* mit *Kolumbus* bekannt gewesen sein soll. Die **Quinta der Esmeraldos** wird heute als Schule genutzt und kann leider nicht besichtigt werden.

Ihr gegenüber erhebt sich die im 18. Jahrhundert erbaute **Capela do Espiritu Santo,** die Heilig-Geist-Kapelle mit der Familiengruft der Großgrundbesitzer. Wie die *quinta* ist auch die Kapelle Besuchern (fast immer) versperrt, aber man kann sich mit dem schönen Blick über die Bucht von Ponta do Sol und ihrem grünen Bananen-Meer trösten.

Bus

● Busse der Linie 4 fahren ab Funchal entlang der Küste über Ponta do Sol nach Madalena do Mar.

Unterkunft

● **Estalagem/Quinta da Rohinha*******, Tel. 291-970200, Fax 970209, www.pontadosol.com. Retro vom Feinsten beherrscht Einrichtung und Ambiente, hoch auf einem Felsen über Ponta do Sol. Das Haus ist Mitglied der „Design Hotels".

● **Enotel Baia do Sol*******, Rua Dr. J. A. Teixeira, Tel. 291-970140, Fax 970149, www.enotel.com. Das Hotel residiert in den einstmals maroden Häusern an der Uferpromenade und erfreut durch zurückhaltende Eleganz, einen Indoor-Pool, eine Sonnenterrasse und die Tatsache, dass der Kiesstrand gleich auf der anderen Straßenseite liegt.

● **Quinta do Alto de S. João*******, Tel. 291-974188, Fax 974187, www.qasj.cjb.net. Klassische, komfortable Quinta mit wunderschöner Terrasse und altem Garten; herrlicher Panoramablick.

Essen und Trinken

● **Sol Poente,** Cais, Tel. 291-973579. Auf einem Plateau über dem Kiesstrand mit herrlichem Blick. Spezialitäten sind *espadas, bacalhau, gambas* und *lapas.* Dazu gibt es köstliches *milho frito* (Maispolenta).

Madalena do Mar

Sechs Kilometer am Meer entlang und mehrere Tunnel weiter erreicht man das Dorf Madalena do Mar, das vom Strand aus die Hänge „emporgewachsen" ist. So exponiert, wie sich Madalena an einer geradezu großen, weiten Bucht zum Meer hin öffnet – die Betonmauer stammt erst aus jüngerer Zeit – ist es kein Wunder, dass es immer wieder von Flutkatastrophen heimgesucht wurde. Wohlweislich haben die ersten Siedler ihre **Pfarrkirche Santa Maria Madalena do Mar** etwas weiter oben auf einer mit Palmen bestandenen Platt-

Rätsel um ein geheimnisvolles Paar

Um Madalena do Mar rankt sich eine rätselhafte Geschichte, in der ein polnischer König die Hauptrolle spielt. *König Wladislaw III.,* der in der Schlacht von Warna 1444 gegen die Türken den Tod fand – so will es jedenfalls die offizielle Geschichtsschreibung –, sei gar nicht gestorben, sondern nach dieser für das christliche Europa so katastrophalen Niederlage gegen die Osmanen zusammen mit seiner Gattin auf Schleichwegen nach Madeira ins Exil gegangen. Hier habe er von *João Gonçalvez Zarco* Ländereien um Madalena do Mar zugesprochen bekommen. Unter dem Namen *Henrique Alemano* („Heinrich der Deutsche") habe der König inkognito auf der Insel gelebt und sei später bei einem Bootsunfall unterhalb des Cabo Girão getötet worden.

Als sichtbaren Beweis für diese Legende zieht der Volksmund ein Gemälde heran, das zu den wertvollsten Exponaten des Museu Arte Sacra in Funchal gehört. Das Ende des 15. Jahrhunderts von einem flämischen Meister gemalte „Treffen des heiligen Joachim mit der heiligen Anna" wurde in der Kirche von Madalena do Mar entdeckt. Der König und seine Gattin standen angeblich für die beiden Heiligen Modell. Die Grabstätte des geheimnisvollen Paares befindet sich den Legenden nach in der Pfarrkirche von Madalena do Mar.

Der Südwesten

form errichtet. 1471 wurde ihr Grundstein gelegt, im Inneren wurde sie nachträglich barockisiert und mit besonders schönen *azulejo*-Bildern geschmückt, die Szenen der biblischen Geschichte erzählen.

Bus

●Busse der Linie 4 fahren ab Funchal entlang der Küste nach Madalena do Mar.

Essen und Trinken

●**Restaurante Madalena Mar,** Sítio da Vargem, Tel. 291-972081. Sympathisches Restaurant mit den üblichen madeirensischen Spezialitäten; Espetada um 14 €.
●**A Poita,** Sítio dos Lombos, Tel. 291-972871. Bei João Poita stehen Fischspezialitäten und *lapas* auf der Speisekarte.

Calheta Beach

Auf direktem Weg die Küste entlang sind es knapp fünf Kilometer von Madalena do Mar bis Calheta. Auf etwa halbem Weg passiert man die Hotelanlage der Galo Resorts mit kleinem **Yachthafen und Strandzugang.** Das Hotel Calheta Beach ist die einzige Anlage Madeiras mit einem eigenen Sandstrand. Der Sand für den schmalen, 1 km langen Streifen wird von Porto Santo herbeigeschafft. Geschützt von Wellenbrechern, kann man in der so geschaffenen Lagune schwimmen, Kajak fahren und auf den Beachvolley-Plätzen toben. Auf der gegenüber liegenden Straßenseite gibt es in einem Supermarkt alles zu kaufen, was das Herz begehrt. Vom Yachthafen starten die Fischertouren des Unternehmens *Lobosonda*.

Unterkunft/ Essen und Trinken

●**Calheta Beach****,** Vila de Calheta, Tel. 291-820300, Fax 823230, www.galoresort.com. Das moderne, hoch komfortable Hotel am Sandstrand besitzt zusätzlich Pools, Fitnessbereich und ein sehr gutes Restaurant. Im Sommer umfangreiches Sport- und Animationsprogramm.
●**Restaurante Rocha Mar,** Sítio da Vila Calheta, Tel. 291-823600. Das Restaurant wirkt sehr hübsch und einladend, verlangt aber gesalzene Preise bei schwankender Qualität.

Energiegewinnung auf Madeira

60 Prozent der auf Madeira benötigten Energie liefern **Wasserkraftwerke,** 38 Prozent werden aus **Erdöl** gewonnen, und zwei Prozent entfallen auf **Windenergie,** die die Windräder auf der Paúl da Serra und an der Ponta de São Lourenço liefern.

Arco del Calheta / Loreto

Die EN 222 führt von Madalena do Mar kurvenreich durch Felder und Bananenplantagen in den schon zur Gemeinde Calheta gehörenden Ort **Arco de Calheta** und weiter nach Loreto, wo man einen der eigenwilligsten Kirchenbauten Madeiras bewundern kann: Die **Capela de Nossa Senhora do Loreto** besteht aus einer im 16. Jahrhundert errichteten Kirche, deren manuelinisches Südportal und die Mudejar-Decke noch gut erhalten sind. Letztere wurde allerdings blau-weiß übermalt. Der offene Vorbau wurde später hinzugefügt, wahrscheinlich weil die wundertätige Gottesmutter von Loreto so viele Pilger anzog, dass das Kirchlein nicht ausreichend Platz bot. Am 7. und 8. September ist die Kapelle das Ziel einer großen Wallfahrt, bei der Madeirenser aus allen Teilen der Insel die Jungfrau um ihre Fürbitte anflehen.

Calheta

Das 6000 Einwohner zählende Calheta ist der Hauptort eines aus mehreren Gemeinden bestehenden Konglomerats, zu dem unter anderem Arco de Calheta, Loreto und Estreito de Calheta gehören. Calheta selbst liegt am Ausgang eines Tals, das die Ribeira de S. Bartolomeu, einer der größten Flüsse der Insel, geschaffen hat. Als altes Zuckerrohranbaugebiet ist es in historischen Chroniken verzeichnet und auch als Lehen, das der Inselentdecker *Zarco* seinen Kindern übertrug.

Der Südwesten

Nach dem Niedergang des Zuckerhandels ging man zum Weinanbau über. In den niedrigeren Lagen wurden Bananen gepflanzt, die noch heute die grüne Kulisse um das weiße Städtchen bilden.

In Calheta findet man eine **hübsche Uferpromenade,** einen mit Kieseln gespickten Strand und an dessen Nordwestseite eines der vier **Wasserkraftwerke** der Insel. Von einem Auffangbecken oberhalb des Ortes wird das Wasser der Ribeira do S. Bartolomeu auf dessen Turbinen geleitet.

Schnapsbrennerei

Nördlich und etwas bergauf trifft man auf Madeiras einzige noch heute produzierende Zuckerschnapsfabrik, die **Fábrica de Aguardente.** Wie lange das traditionsreiche Unternehmen noch arbeiten wird, steht allerdings in den Sternen, denn der Aguardente, früher das Getränk der Armen, würde durch die bald fällige EU-Besteuerung von Alkoholika so teuer werden, dass er gegen Importprodukte keine Chance mehr hätte.

Die Fabrik kann besichtigt werden, was besonders in den Frühjahrsmonaten interessant ist, wenn die Produktion auf Hochtouren läuft. In ei-

nem kleinen Laden kann man Zuckerschnaps und Honig kaufen.
●**Geöffnet:** an den Werktagen, Tel. 291-822118.

Heilig-Geist-Kirche

Die Hauptstraße weiter bergan liegt die aus dem 15. Jahrhundert stammende Heilig-Geist-Kirche, die in den nachfolgenden Jahrhunderten zahlreiche bauliche Veränderungen erfuhr, 1999 aber originalgetreu restauriert wurde. Im Inneren kann man eine sehr schöne **Holzdecke im Mudejar-Stil** mit wertvollen Einlegearbeiten aus Holz bewundern, die den Vergleich mit Funchals Kathedrale nicht zu scheuen braucht. Der wuchtige, niedrige Kirchturm ist mit einer Armillarsphäre und dem Kreuz des Christusordens geschmückt.

Kunstmuseum

Oberhalb von Calheta zeigt das supermodern gestylte **Centro das Artes Casa das Mudas** zeitgenössische Kunst. Freunde futuristischer Architektur werden den Bau sicherlich einzigartig finden; allerdings gibt es auch viele Stimmen, die sich über den Klotz auf dem Berg ärgern.
●Geöffnet: Di–So 10–19 Uhr, Eintritt 7 €.

Bus

●Busse der Linie 107 fahren von Funchal aus an der Küste entlang nach Calheta.

Taxi

●**Fonte Til,** Tel. 291-822423.

Bank

●**Banif,** an der EN 101 in Estreito de Calheta, Tel. 291-820100.

Essen und Trinken

●**Onda Azul,** Cais, Tel. 291-823230. Strandrestaurant mit schöner Aussicht und großem Fischangebot.
●**Costa Verde,** Achada S. Antão, Tel. 291-823422. Hier beherrschen Grillgerichte, darunter natürlich *espetada,* die Speisekarte.

Der Südwesten

Hier wurde einst Zuckerrohrschnaps gebrannt

Estreito de Calheta

Die Hauptstraße von Calheta führt bergauf in die Nachbarsiedlung Estreito de Calheta, einen von vielen modernen Einfamilienhäusern geprägten Ort in 400 Metern Höhe. Auf den Feldern sieht man den Übergang von Bananen- zu Weinkulturen, die zwischen 350 und 700 Metern Höhe die Hänge mit ihren parallel gezogenen Reihen beherrschen.

Dreikönigs-kapelle

Estreitos große Attraktion ist die **Capela dos Reis Magos,** eine aus dem 16. Jahrhundert stammende Kapelle, die allerdings nicht ganz leicht zu finden ist. Von der Hauptstraße (EN 101) von Calheta in Richtung Prazeres biegt man in Estreito de Calheta vor der Filiale der Banif (Bank) nach links in eine schmale Straße ab, die bergab führt und immer schmaler wird. Linker Hand sieht man nach etwa 50 Metern den mauerumschlossenen Vorplatz der Kapelle. Geht man die Gasse vor der Kapelle nach links, kommt man zu einem an die Kirche angrenzenden Wohnhaus, in dem man den Schlüssel holen kann – wenn jemand zu Hause ist, was leider selten der Fall ist.

Wozu die Mühe? Nun, die 1529 von dem Zuckerbaron *Francisco Homem de Gouveia* erbaute Kapelle ist eines der wenigen Gotteshäuser Madeiras, in denen **manuelinische Architektur** noch unverfälscht erhalten ist. Am Deckengewölbe prunkt eine **Mudejar-Decke,** die zwar nicht so zierlich und fein gearbeitet ist wie das Vorbild in der Sé, aber durchaus eindrucksvoll diese von muslimischen Handwerkern inspirierte Kunst veranschaulicht. Den Altar schmückt eines jener flämischen Gemälde, mit deren Erwerb Madeiras Gutsherren und Aristokraten ihren durch Zucker erworbenen Reichtum zur Schau stellten. Hier ist es das kostbare dreiteilige Altarbild eines anonymen Künstlers: „Die Anbetung der Heiligen Drei Könige".

Bus

●Busse der Linie 107 fahren von Funchal aus an der Küste entlang nach Estreito de Calheta.

Unterkunft

●**Quinta das Vinhas******, Tel. 291-820040, Fax 822187, www.madeira-travel.com. Inmitten von Weingärten mit Blick hinunter auf das Meer liegt dieses wunderschön restaurierte Herrenhaus aus dem 17. Jahrhundert.

●**Atrio******, Lombo des Moinhos Acima, Tel. 291-820400, Fax 820419, www.atrio-madeira.com. Dieses wunderschöne, individuelle und sehr aufmerksam geführte Hotel ist ein idealer Standort für Gäste, die die Ruhe genießen oder wandern möchten. Die Eigentümer helfen gerne mit Tipps und Empfehlungen weiter und vermitteln Ausflüge oder sportliche Abenteuer. Jedes Zimmer hat sein besonderes Flair, die Bibliothek mit offenem Kamin ist urgemütlich, und das Restaurant kocht madeirensisch-international mit Schwerpunkt auf leichter Küche. Kurzum – eine Insel auf der Insel.

Essen und Trinken

●**Snack-Bar/Restaurante As Fontes,** Tel. 291-822270. Grillspezialitäten, kleine Snacks und einige freundliche, einfache Gästezimmer.

Überblick: die Küste zwischen Calheta und Porto Moniz

Madeiras Westen zwischen Calheta an der Südküste und Porto Moniz an der Nordküste gehört zu den Regionen der Insel, die bislang wenig besucht werden. Die Landschaft ist hier nicht ganz so spektakulär, ja an der Westspitze bei Ponta do Pargo sogar ziemlich flach; die Dörfer liegen auf einem Plateau, das zum Meer hin etwa 300 Meter recht steil abfällt. Die wenigen Orte – Jardim do Mar, Prazeres und Paúl do Mar – haben keine großartigen manuelinischen Kunstwerke zu bieten und wurden touristisch bislang kaum „ausgerüstet". Vielleicht wirken sie deshalb umso liebenswerter und authentischer. Allerdings stehen auch hier Veränderungen an: Prazeres soll einen Golfplatz bekommen.

Der Westen der Insel bietet **gute Wandermöglichkeiten.** Die Besitzer des Hotel- und Apart-

Der Südwesten

mentkomplexes Jardim Atlântico bei Prazeres haben sich mit großem Engagement an die Ausarbeitung von Wanderwegen in der Region gemacht. Einige dieser Wege werden im Folgenden vorgestellt.

Jardim do Mar

Von der Küstenstraße EN 101 zweigt in Estreito de Calheta die Stichstraße zum kleinen Ort Jardim do Mar ab, der nach zweieinhalb Kilometern erreicht ist. Abgelegen und nur schwer zugänglich, war Jardim do Mar einer jener Orte Madeiras, aus dem es die Menschen nach Übersee zog, nach Südafrika, Südamerika und in die USA. Verlassen und nahezu aufgegeben, erlebte Jardim do Mar aber schließlich eine – wenn auch späte – Blüte: Finanziert durch Geldüberweisungen der Exilanten konnten die daheimgebliebenen armen Verwandten ihre Häuser sanieren und eine neue, stolze Kirche erbauen.

Die **Nossa Senhora do Rosário** sei, so liest man oft, eine Kopie von Notre Dame in Paris. Die Ähnlichkeit bezieht sich wohl auf die durch dunkle Bögen dreigegliederte Fassade, die verglichen mit anderen madeirensischen Kirchen sehr eigenwillig wirkt. Eingesegnet wurde das Gotteshaus im Jahr 1907. Im Inneren sind in einem Seitenschiff noch Relikte der ursprünglichen Kapelle von 1736 zu sehen.

Vom Kirchenplatz führen schmale Gassen an alten **Fischerhäusern** entlang bergab in Richtung Meer; Frauen hocken vor mit Geranien geschmückten Hauseingängen beim Plausch oder beugen sich über eine Handarbeit, Kinder spielen mit streunenden Katzen. Eine ruhige Stimmung liegt über Jardim do Mar, und man kann unbehelligt durch die Straßen streifen oder zum Restaurant Tar Mar hinunterlaufen, das die besten Fischgerichte hier im Südwesten serviert.

Seit einigen Jahren gilt die Küste hier als bester **Surf-Spot** Madeiras; es werden internationale Wettbewerbe abgehalten, und selbst bei schlechtem Wetter sind die Wellen-Enthusiasten auf ihren Brettern unterwegs. Anfänger sollten hier aber gut aufpassen und nur bei ruhigem Meer ins Wasser gehen.

Bus

●Busse der Linie 107 von Funchal nach Ponta do Pargo.

Essen und Trinken

●**Tar Mar,** Sítio da Piedade, Tel. 291-823207. Vom Hauptplatz nach links durch die Altstadt. Im Südwesten ist es das beste Fischlokal weit und breit.

Prazeres

Die im Folgenden beschriebene Route folgt der alten Straße über Prazeres nach Paúl do Mar. Von Jardim do Mar kann man mittlerweile aber auch wesentlich bequemer, dafür aber nicht so aussichtsreich, durch ein Tunnel nach Paúl do Mar gelangen.

Von Jardim do Mar geht es zunächst zurück nach Estreito de Calheta (5,5 km) und dann auf der EN 101 weitere zwei Kilometer bis zum Ortszentrum von Prazeres. Dort erhebt sich die Ende des 19. Jahrhunderts errichtete **Kirche Nossa Senhora da Neves.** Das Gotteshaus sah lange Zeit aus, als wären die Bauarbeiten urplötzlich abgebrochen worden: Ein Turm trug die typische pyramidenförmige Spitze, während der zweite wie ein flach abgeschnittener Klotz erschien. Erst in den 1990er Jahren wurde die zweite Spitze ergänzt.

Am 15. August, wenn das große **Fest der Jungfrau Maria** gefeiert wird, versinken Kirche und Ort in einem Meer von Blüten und Baumgrün – dann stört auch die eigenartige Architektur der Pfarrkirche nicht mehr.

Um die Kirche herum, vor allem aber bergab in Richtung Küste, sind in Prazeres viele traditionelle

Der Südwesten

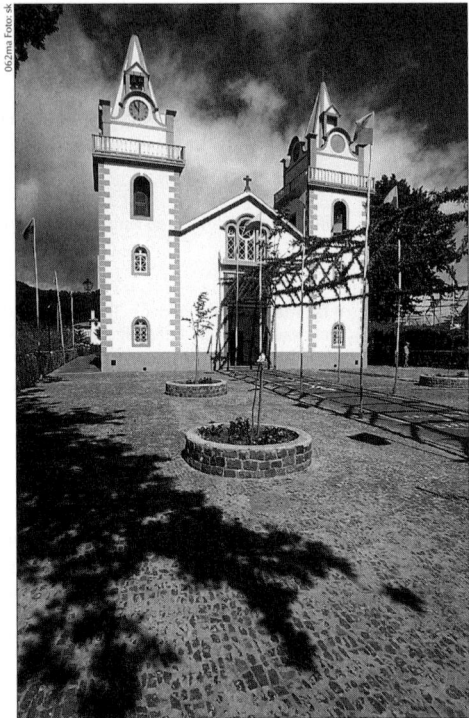

Elemente der bäuerlichen Kultur Madeiras zu ent-
decken: flache, geduckte Häuschen, öffentliche
Backöfen und Brunnen, kleine Schreine für einen
Heiligen und winzige, von Mauern umschlossene
Felder. Dieser idyllische ländliche Eindruck endet

Einige Girlanden an der Kirche von Prazeres
zeugen noch vom Fest

abrupt am sehr fremdartig wirkenden Hotelkomplex des Jardim Atlântico, der sich hoch über einem Steilhang erhebt. **Ferienhäuschen und Apartments** ziehen sich ein Stückweit den Felsen hinunter, alle mit fantastischem Blick über das Meer. Noch 2006 soll hier oben ein Golfplatz angelegt werden.

Bus

● Busse der Linien 107 und 142 von Funchal nach Ponta do Pargo.

Unterkunft

● **Jardim Atlântico******, Lombo da Rocha, Tel. 291-822200, Fax 822522, www.jardimatlantico.com. Apartments und Zimmer hoch über dem Meer – man sollte sich vom kühlen, modernen Äußeren nicht abschrecken lassen. Dieses Hotel gehört zu den angenehmen Häusern Madeiras und ist die ideale Adresse sowohl für Aktivurlauber als auch für Erholungsbedürftige. Das Hotel bietet neben geführten Wanderungen und Ausflügen Massagen, Kosmetikbehandlungen und Aromatherapie an. Das Restaurant serviert schmackhafte Küche und spezielle vegetarische Gerichte. Viele deutsche Gäste finden sich im Jardim Atlântico ein, im hauseigenen Supermarkt gibt es Lebensmittel auch deutscher Herkunft.
● **Estalagem Casa de Chá*****, Sítio da Igreja, Tel. 291-823072. Modernes, gepflegtes Haus, zahlreiche deutsche Pauschalgäste. Das Restaurant ist empfehlenswert.
● **Privatzimmer,** José Pestana, an der Hauptstraße, Tel. 291-822205. Einfach und freundlich.

Essen und Trinken

● **O Tosco,** Sítio da Estacada, Prazeres, Tel. 291-822726. Das unscheinbare, einfache Lokal überzeugt mit einer überraschend gut sortierten Weinkarte und exzellenter *Espetada*.
● **Chico,** Igreja, Prazeres, Tel. 291-822836. Traditionelle madeirensische Küche von sehr guter Qualität.

Der Südwesten

Wanderung 2:
Von Prazeres entlang der
Levada Grande nach Raposeira

- ●**Ausgangspunkt/Endpunkt:** Prazeres –
Aussichtspunkt bei Raposeira
- ●**Schwierigkeitsgrad:** leicht
- ●**Gehzeit:** 1½ Stunden
- ●**Höhenunterschied:** keiner
- ●**Wegbeschaffenheit:** leichter Wanderweg, teils auf
Teerstraße
- ●**Ausrüstung:** rutschfeste Schuhe, evtl. Regenschutz

Bei dieser Wanderung handelt es sich um nichts Spektakuläres, sondern um einen hübschen, kurzweiligen Spaziergang, den man bei Müdigkeit oder plötzlichem Wetterumschwung jederzeit abbrechen kann, denn die Strecke folgt weitgehend dem Verlauf der Hauptstraße von Prazeres nach Ponta do Pargo, allerdings immer abseits durch Wiesen und Wälder.

Ausgangspunkt ist die EN 210 von Prazeres auf die Paúl da Serra, wo man nach etwa 150 Metern die **Levada Grande** kreuzt. Hier folgt man dem Levada-Weg nach links in westliche Richtung in einen Wald und überquert etwas weiter die **Ribeira do Paúl.** Bei hohem Wasserstand muss man es etwas weiter bachaufwärts versuchen. Nach etwa 20 Minuten Wanderzeit stößt der Weg auf die Hauptstraße, verlässt sie mit der Levada aber wenige Schritte später bereits wieder. Nach 40 Minuten Gesamtwanderzeit trifft man auf das hübsche Dörfchen **Maloeira.**

Die Levada Grande schwingt vom Dorf weg nach Norden und führt anschließend wieder nach Süden zur Hauptstraße zurück (weitere 20 Minuten). Nun überquert man die Asphaltstraße und wandert entlang der Levada auf das Dorf **Raposeira** zu. Etwas unterhalb der Dorfkirche befinden sich zwei gelbe Markierungen an einer Kreuzung: Man läuft den Kamm abwärts und erreicht nach einer knappen halben Stunde einen 609 Meter hoch gelegenen **Aussichtspunkt.** Von ihm aus meint man über die Felder hinaus ins Nichts zu schauen, denn dahinter beginnt der Steilabfall, an dessen Fuß das Fischerdorf **Paúl do Mar** liegt.

Auf gleichem Weg geht es zurück zur EN 101, wo man versuchen kann, nach Prazeres zu trampen oder ein Taxi zu erwischen.

Wanderung 3:
Von Prazeres nach Paúl do Mar

- **Ausgangspunkt/Endpunkt:** Hotel Jardim Atlântico, Prazeres – Paúl do Mar
- **Schwierigkeitsgrad:** Mittelschwer. Die Wanderung erfordert Trittsicherheit und Schwindelfreiheit, in umgekehrter Richtung auch gute Kondition.
- **Gehzeit:** 1 Stunde
- **Höhenunterchied:** ca. 450 m
- **Wegbeschafenheit:** steil steiniger Weg, teils über Stufen, gelegentlich ungesichert, zum Meer hin ausgesetzt
- **Ausrüstung:** rutschfeste Schuhe, evtl. Regenschutz

In einem nach Norden gewandten Bogen verlässt der Wanderweg die Apartmentanlage des Jardim Atlântico und senkt sich zunächst sanft hinunter zu einem Kiefernwäldchen auf einem Felskamm. Von hier sieht man bereits, wie steil es nun in ein schmales Tal abwärts geht. Eine Abzweigung nach rechts zu einem Tunnel wird ignoriert, man folgt dem Hauptweg, der in engen Serpentinen und über häufig sehr rutschige Treppen in eine Schlucht mit interessanten Gesteinsformationen hinunterführt, in der kleine Wasserfälle plätschern.

Fast am Talgrund angekommen, wird dieser auf einer Steinbrücke überquert. Unterhalb sind alte Waschplätze zu erkennen, an denen die Frauen früher Wäsche im klaren Wasser der **Levada do Paúl** wuschen. Einige Schritte weiter ist über den Köpfen das Rauschen eines Wasserfalls zu hören.

Der Südwesten

Der Weg führt nun nach rechts um eine Kurve, verlässt das Tal und wendet sich dem Fischerort **Paúl do Mar** zu: Steil geht es über den mit Flusskieseln gepflasterten Weg hoch über dem Kai von Paúl do Mar entlang, teils durch Mauern gesichert, teils aber auch zur See hin offen. Schließlich führt eine Treppe hinunter zum Kai, wo man nach dieser die Knie belastenden Wanderung eine Ruhepause einlegen kann. Für den Rückweg nach Prazeres empfiehlt es sich, ein Taxi vorzubestellen.

Wanderungen 2 und 3

Raposeira do Lugarinho

Paúl da Serra, Porto Moniz

800

700

Maloeira

Wanderung 2

EN210

600

700

Lombo da Velha

Levada

Seca

600

Lombo da Rocha

Estacada

600

EN101

Carreira

Prazeres

Calheta

Der Südwesten

Paúl do Mar

Von Prazeres verläuft die EN 101 über Raposeira do Lugarinho auf etwa gleichbleibender Höhe. Dann zweigt die EN 223 in Richtung Meer nach **Fajã da Ovelha** und Paúl do Mar ab, letzteres ist nach insgesamt zwölf Kilometern und entnervender Kurverei erreicht. Wer unterwegs Lust verspürt, eine Kirche zu besichtigen, sollte vor Erreichen von Fajã da Ovelha nach der **Capela de São**

Lourenço fragen. Das verwitterte Kirchlein aus dem 16. Jahrhundert mit einem offenen Glockenturm liegt malerisch zwischen Feldern.

Mit einer hohen Betonmauer, die als Schutz vor dem anbrandenden Meer fungiert, begrüßt der **Fischerort** Paúl do Mar seine Besucher. Die Häuser sind ärmlich, und die verschlafene Stimmung hebt sich nur, wenn die Fischer am Vormittag ihren Fang entladen. Mit einfachsten Mitteln wird hier Jagd auf den Thunfisch gemacht, der wie fast überall auf Madeira mit Angelleinen geködert wird.

Seit der Straßentunnel zwischen Paúl und Jardim do Mar den Ort an die „Außenwelt" angeschlossen hat, verändert sich das Ortsbild rapide. Moderne Hotels entstehen auch hier am ehemaligen „Ende der Welt".

Unterkunft
●**Aparthotel Paul do Mar***, Ribeira das Galinhas, Calheta, Tel. 291-870050, Fax 870059. Apartmenthotel am Strand, Pool, breites Sportangebot.
●**Quinta de São Lourenço** ***, Tanque do Lombo, Sítio de São Lourenço, 9370-313 Fajã da Ovelha, www.madeira

Am Ende der Welt: Paúl do Mar, ganz im Westen der Insel

rural.com. Hoch über Ponta do Sol gelegenes Landhaus mit freundlichen Zimmern, Apartments und einem Pool.

Bus

●Busse der Linie 107 von Funchal nach Ponta do Pargo.

Essen und Trinken

●**Churrascaria O Precipio,** Fajã da Ovelha, Tel. 291-872425. Das einfache Restaurant liegt auf halbem Weg zwischen der EN 101 und Paúl do Mar. Große Auswahl an Omeletts, frischem Fisch und Meeresfrüchten, dazu der Blick aufs Meer.
●**Lago Mar,** Paúl do Mar, Tel. 291-872394. Einfaches Fischrestaurant, in dem unprätentiös und gut gekocht wird.

Ponta do Pargo

Zurück auf der EN 101 sind es achteinhalb Kilometer durch Wälder, Weiden und Felder bis zum Dorf Ponta do Pargo. Von hier führt eine Straße auf weiteren drei Kilometern zum **Leuchtturm** an der westlichsten Spitze Madeiras. Rot-weiß gestreift erhebt sich der *farol* über der etwa 200 Meter hohen Klippe. Auf den Wiesen weiden gelegentlich Kühe, und mehr als das tiefe Grün des Grases und das ebenso tiefe Blau von Himmel und Atlantik ist nicht zu sehen. Zu Fuß geht man entlang der Straße eine gute halbe Stunde.

Auf der EN 101 sind es 21 serpentinenreiche Kilometer bis nach **Porto Moniz** an der Nordküste.

Der Südwesten

Bus

●Busse der Linien 107 und 142 nach Funchal; Busse der Linie 80 nach Porto Moniz, der Linie 150 nach Porto Moniz und São Vicente.

Unterkunft

●**Residencial O Farol***,** Salão de Baixo, Ponta do Pargo, Tel. 291-880010, Fax 880019, www.residencialofarol.com. Freundliches Hotel in Leuchtturmnähe mit Restaurant.

Essen und Trinken

●**Solar do Pêro,** Salão de Cima, Tel. 291-882170. An der Hauptstraße gegenüber dem Dorfplatz werden neben Sandwiches und Omeletts auch *espada* (Schwertfisch) mit Banane und verschiedene Grillgerichte vom Schwein serviert.
●**Casa de Chá O Fío,** Tel. 291-882525. Ein hübsches Teehaus und Restaurant unweit des Leuchtturms, mit vielen Kleinigkeiten wie Chicken Wings, *bacalhau* oder Toast.

Das Wandergebiet im westlichen Inselinneren

Dort, wo vorläufig noch die Autobahn, die von Funchal entlang der Westküste verläuft, endet, beginnt die Hauptstraße EN 104. Sie führt durch das

Inselinnere an die Nordküste und nach São Vicente und ist dank des neuen Tunnels der schnellste, zugleich aber auch ein reizvoller Weg gen Norden. An ihrem höchsten Punkt, der Boca da Encumeada, zweigt die häufig befahrene Straße EN 110 nach Porto Moniz an der Nordwestspitze Madeiras ab. Sie führt über die Hochebene Paúl da Serra.

Der Südwesten

Serra de Água

Hinter Ribeira Brava geht es durch das schmale Tal der **Ribeira da Serra de Água,** in dem man nach fünf Kilometern den gleichnamigen Weiler Serra de Água erreicht. Von hohen Gipfeln umschlossen, scheint der Ort kaum jemals von der Sonne beschienen zu werden. Oleanderbüsche und Eukalyptus säumen das Flüsschen. Im Osten sind zwei hohe Berge auszumachen, der **Pico da Pocinha** und der **Pico Topeiro,** während im Westen der **Pico Queimado** Schatten wirft und hinter dem Ort der **Pico das Furnas** das Tal abschließt.

Boca da Encumeada

Auf 600 Metern Höhe geht es hinter Serra de Água entweder rechts zum Tunnel oder links auf einer viereinhalb Kilometer langen Serpentinenstrecke weiter. Man passiert die Berghütte Pousada dos Vinháticos und erreicht schließlich den **Encumeada-Pass** auf 1007 Metern Höhe. Ein Aussichtspunkt erlaubt einen fantastischen Blick auf die vor dem Betrachter liegende Nordküste. Wer Lust auf ein Picknick hat, sollte ein kurzes Stück weiter gen Norden fahren und im **Chão dos Louros** Halt machen. Die Picknicktische und Grillplätze in einem Lorbeerwald sind ein beliebter Ausflugsort madeirensischer Familien.

Bus

●Busse der Linien 6 und 139 fahren von Funchal über die Boca da Encumeada an die Nordküste.

Unterkunft

●**Pousada dos Vinháticos****, Serra de Água, Tel. 291-952344, Fax 952540, www.dorisol.com. Eine rustikale Bleibe für passionierte Wanderer mit hübschen Zimmern und einem Ausflugsrestaurant. Wer übernachten möchte, sollte reservieren. An warmen Tagen hat man von der Café-Terrasse einen herrlichen Blick in die Bergwelt Madeiras.
●**Residencial Encumeada*****, Feiteiras, Serra d'Água, Tel. 291-951282, Fax 951281, www.residencialencumeada. com. Mittelklassehotel in Panoramalage über dem Tal der Ribeira Brava; guter Ausgangspunkt für Wanderungen.

Hochebene Paúl da Serra

Am Encumeada-Pass zweigt die EN 110 nach Westen ab, kurvt durch eine herrliche Gebirgslandschaft und passiert drei in den Felsen geschlagene Tunnel. Ein letzter Blick nach Osten auf die Bergriesen Madeiras, dann findet man sich plötzlich in einer relativ flachen Gegend wieder. Beim Forsthaus **Bica da Cana,** dessen Dach aus dem Talgrund heraufleuchtet, ist nach acht Kilometern die Hochebene Paúl da Serra erreicht.

Die Paúl („Moor") ist ein hundert Quadratkilometer großes, fast ebenes Gelände. Mit einer durchschnittlichen Höhe von 1300 bis 1400 Metern liegt sie schon über der Baumgrenze und ist von **dichten Farnwiesen** bewachsen, die sich im Sommer gelbbraun färben. Auch hier gibt es einige „Gipfel", die aber nur um ein- bis zweihundert Meter die Hochebene überragen.

In den Sommermonaten weiden Schafe und Kühe auf der Paúl. Meist läuft das Vieh frei und ohne Einzäunung über die Wiesen, weshalb man beim Autofahren aufpassen sollte. Umsichtiges Fahren ist auch wegen der **häufigen Wetterumschwünge** nötig. Urplötzlich kann Nebel aufziehen und den eben noch klaren Himmel verdunkeln. Dann wirkt die Hochebene wie ein geheimnisvolles Zauberreich, und die Rotoren der Windräder, die hier oben zwei Prozent von Madeiras Energiebedarf produzieren, winken wie riesige Krakenarme aus der weißen Suppe.

Die Paúl da Serra spielt eine besondere Rolle im Wasserhaushalt Madeiras: Die hier sehr häufigen Niederschläge sammeln sich in Kuhlen zu kleinen Teichen oder versickern im Boden. An den Rändern der Hochebene, wo Felsschichten das weitere Absinken des Wassers verhindern, kommt es in

Der Südwesten

Vorhergehende Seite: Nur wenige Gebiete der Insel sind flach genug für die Landwirtschaft

Form von **Quellen** wieder hervor. Besonders viele Bäche sprudeln am Nordrand der Paúl, so dass die ohnehin vom Regen begünstigte Nordküste in den Genuss von noch mehr Wasser kommt. Bereits früh haben Bewässerungsingenieure versucht, die Gaben der Hochebene mittels Levadas dorthin umzuleiten, wo sie dringender gebraucht werden, nämlich in den Süden.

Ausgangs-punkte der Wande-rungen

Mitten auf dem Campo Grande, dem großen Feld, das auf topographischen Karten aussieht wie ein dicker Tintenklecks, zweigt die EN 209 nach Süden ab. Drei Kilometer hinter der Abzweigung findet sich bei der **Statue Cristo Rei** der Ausgangspunkt zu einer faszinierenden Wanderung (Wanderung 5). Weiter auf der EN 209 erreicht man nach kurvenreicher Fahrt durch Eukalyptuswälder zwischen Canhas und Arco da Calheta die südliche Küstenstraße.

Auf der EN 110 Richtung Westen fahrend, ist die Paúl da Serra knapp zehn Kilometer hinter dem

Forsthaus Bica de Cana überquert. Ein **Parkplatz** an einem *miradouro* (Aussichtspunkt), an der **Abzweigung nach Rabaçal,** bietet sich als Zwischenstopp an. Dieser Parkplatz ist der Ausgangspunkt der Wanderungen 4 und 6. Bei Souvenirhändlern kann man hier dicke Wollpullover und Mützen erwerben, und natürlich gibt es auch eine große Auswahl an Madeira-Stickerei sowie T-Shirts mit Madeiramotiven.

Etwa 18 Kilometer sind es von dieser Abzweigung bis zur Nordküste bei Porto Moniz. Zwei Stichstraßen führen von der EN 110 hinunter an die Südküste: auf der Höhe von Rabaçal in Richtung Calheta und einige Kilometer weiter westlich nach Prazeres.

Bus

Es gibt **keine öffentlichen Verkehrsverbindungen** über die Paúl da Serra. Wer trampen möchte, steige an der Boca da Encumeada aus. Da viele Touristen über die Paúl unterwegs sind, findet man fast immer eine Mitfahrgelegenheit.

Unterkunft

●**Pico da Urze*****, Paúl da Serra, Tel. 291-820150, Fax 820159, www.picodaurze.com. Die *pousada* (Berghütte) befindet sich auf der Hochebene zwischen der Kreuzung zu Cristo Rei und dem Parkplatz oberhalb von Rabaçal. Etwas deplatziert wirkt das mit Plastikpalmen und -lianen dekorierte „Dschungel-Café", in dem man, begleitet von Löwengebrüll, Toasts und Sandwiches verzehren kann.

Der Südwesten

Wanderung 4:
Zur Statue Cristo Rei

●**Ausgangspunkt/Endpunkt:** Parkplatz an der Abzweigung nach Rabaçal – Statue Cristo Rei
●**Schwierigkeitsgrad:** leichte Wanderung, stets am Hang entlang auf nahezu gleichbleibender Höhe
●**Gehzeit:** ca. 1¼ Stunden in eine Richtung
●**Wegbeschaffenheit:** angenehmer Levada-Weg
●**Ausrüstung:** Wanderschuhe, Proviant und Wasser, Regen- und Windschutz

---

Ausgangspunkt der Wanderung ist der **Parkplatz** an der EN 110 bei der Abzweigung nach Rabaçal.

Geht man von hier ein Stück die Hauptstraße EN 110 entlang in Richtung Encumeada-Pass, gelangt man zu einer **kleinen Kapelle** neben den Wasserbassins der Levada do Paúl. Hier schwenkt man auf den entlang der Levada führenden Weg gegen die Fließrichtung ein. Im weiteren Verlauf folgt man dem schmalen Kanal, der mehrmals von Bächen gequert wird, den Südhang entlang nach Osten. Wenn das Wetter klar ist, liegt die Südküste dem Wanderer zu Füßen.

Damit kein Schwindel oder Unsicherheiten aufkommen können, ist diese **durch einen Zaun begrenzt.** Unterwegs begegnet man manchmal frei laufenden Ziegen; gelegentlich sieht man aus Steinen errichtete Unterstände der Hirten, in denen bei rauer Witterung auch das Vieh Schutz sucht. Die Landschaft ist beherrscht von Krautbewuchs und Farn, hier und da sieht man verkrüppelte Baumheide-Stämme. Nach einer Dreiviertelstunde kommt der Zielpunkt schon in den Blick: die **monumentale Statue Cristo Rei.** Durch einen Talgrund, dessen Feuchtigkeitshaushalt auch empfindlichere Pflanzen wie Ginster und Madeira-Heidelbeeren nährt, gelangt man eine halbe Stunde später ans Ziel. Von hier geht man auf gleichem Weg zurück oder läuft die Straße nach Norden bergan, bis sie in die EN 110 mündet. Da auf der Paúl meist reger Touristenverkehr herrscht, stehen die Chancen nicht schlecht, von einem Auto zum Parkplatz mitgenommen zu werden.

Der Südwesten

Wanderung 5:
Von Cristo Rei zum Cascalho –
Abenteuer hoch über der Südküste

(Lydia Gallo Gau)

●**Ausgangspunkt/Endpunkt:** Statue Cristo Rei
●**Schwierigkeitsgrad:** Schwer. Trittsicherheit und Schwindelfreiheit sind unbedingt erforderlich, nur bei schönem Wetter empfehlenswert.
●**Gehzeit:** 3½ bis 4 Stunden
●**Wegbeschaffenheit:** Zuerst angenehmer Levada-Weg, zum Schluss wandert man auf der sehr schmalen und ausgesetzten Levada-Mauer. Im Bereich des Tunnels besteht Steinschlaggefahr. Die Drahtsicherungen können beschädigt sein.
●**Ausrüstung:** Bergausrüstung, Proviant, Trinkwasser, Taschenlampe

Die Wanderung zum Cascalho ist sicher eine der aufregendsten, die die Insel zu bieten hat. Der tiefgrüne **Talkessel** mit seinen zahlreichen **Wasserfällen** ist ein besonderes Erlebnis für alle Naturfreunde. Schwindelfrei sollte man allerdings sein, wenn man sich auf den schmalen und ausgesetzten Levada-Mauern wohl fühlen will.

Unsere Tour beginnt etwas unterhalb der auffälligen weißen **Statue Cristo Rei.** Sie steht an der Verbindungsstraße 209 zwischen der Hochebene Paúl da Serra und Arco da Calheta. Die Wanderung startet bei einer gut sichtbaren Levada, ein grün-weißes Schild macht zusätzlich auf den Ausgangspunkt aufmerksam.

Man folgt dem Wasser gegen die Fließrichtung nach Osten. Auf dem Wiesenpfad überquert man einen Bachüberlauf, bei einer Levada-Kreuzung folgt man dem Hauptweg geradeaus. Man kreuzt etwas später eine alte Pflasterstraße, für wenige Schritte steigt die Levada nun steil an. Wenn der Steig wieder eben wird, genießt man nach einer knappen halben Stunde den ersten schönen **Aus-**

Der Südwesten

blick auf den Talkessel des Cascalho und sieht den Wanderweg, der sich an den Hängen entlang schlängelt.

Die Wanderung führt nun durch steileres Gelände. Man erreicht einen grobsteinigen Weg, dem man nach rechts bergab folgt. Hier verlässt man die Levada Bica da Cana. Nach einem etwa 20-minütigen Abstieg kommt man an einem kleinen aufgelassenen Haus vorbei. Man steigt auf dem Weg weiter bergab und gelangt an einen **Tunnel.** Eine Taschenlampe ist dringend zu empfehlen, das Tunnelende ist nämlich nicht zu sehen, und man muss im Dunkeln einen Wasserlauf durchqueren.

Wieder im Tageslicht, kommt man an einem kleinen Bassin vorbei. Ab hier beginnt der **schwierige Teil der Wanderung.** Trittsicherheit und Schwindelfreiheit sind Voraussetzung, um weitergehen zu können. Der Weg führt auf der schmalen Levada-Mauer an den Hängen entlang. An besonders ausgesetzten Stellen ist er zwar mit einem Drahtzaun gesichert, teilweise kann diese Absicherung aber in einem schlechten Zustand und nicht gerade Vertrauen erweckend sein.

Nun erreicht man den ersten großen Talkessel; von oben stürzen zahlreiche Wasserfälle über die dichtbewachsenen Felswände herunter. Nach anderthalb Stunden Wanderzeit folgt man auf der betonierten Levada-Mauer den fast senkrechten Hängen entlang zu einem Kamm. Hier erfordert das Gehen Konzentration, man sollte es aber trotzdem nicht versäumen, auf diesem abenteuerlichen Weg immer wieder stehenzubleiben, um die **herrliche Aussicht** zu genießen. Die Landschaft Madeiras zeigt sich hier von ihrer besonders wilden und ursprünglichen Seite.

Man biegt nun in eine weitere Schlucht hinein und quert einige Geröllrinnen, die über die Levada führen. Diese Stellen sind nicht ungefährlich und erfordern abermals Trittsicherheit. Nach eindreiviertel Stunden kommt man an einem großen

Bachbett an. Die Wanderung endet bei den betonierten Levada-Anlagen am Eingang eines engen Tunnels; der Wasserlauf führt weiter in Richtung Encumeada-Pass. Diese Wanderung aber führt zurück zum Ausgangspunkt.

Für den **Rückweg** muss man wegen der Gegenanstiege mehr Zeit einrechnen, als man für den Hinweg gebraucht hat.

Wanderung 6:
Ribeira Grande –
im Tal des großen Flusses

(Lydia Gallo Gau)

- **Ausgangspunkt/Endpunkt:** Parkplatz an der Abzweigung nach Rabaçal
- **Schwierigkeitsgrad:** Leicht bis mittel; an einigen Stellen sind eine gewisse Trittsicherheit und Schwindelfreiheit notwendig.
- **Gehzeit:** 2 Stunden
- **Wegbeschaffenheit:** Großteils angenehmer Levada-Weg, kurze Stellen ungesichert über ausgesetzte Betonmauer
- **Ausrüstung:** Wanderausrüstung, Proviant, Wasser

Diese Wanderung eignet sich hervorragend für Neuankömmlinge auf Medeira oder für einen Zwischenstopp bei einer Inselrundfahrt. Sie ist wegen ihrer fast ebenen Strecke wenig anstrengend. Außerdem bietet die Tour beinahe das gesamte Spektrum einer typischen Levada-Wanderung. Man geht auf angenehmen Wiesenpfaden genauso wie auf einer etwas ausgesetzteren Betonmauer und folgt stets dem Wasserlauf bis zu seinem Ursprung, einem Zubringer des längsten Flusses Madeiras, der Ribeira Grande.

Ausgangspunkt ist auch hier der **Parkplatz** an der Abzweigung der Straße auf der Hochebene Paúl da Serra nach Rabaçal. Vom Parkplatz folgt man zu Fuß ein kurzes Stück der Hauptstraße in Richtung Osten (Encumeada-Pass). An einem Wasserbassin und einer **kleinen Kapelle,** die rechts

Der Südwesten

unterhalb der Straße liegen, geht man vorbei. Hier beginnt die Wanderung entlang der Levada do Paúl (Wanderung 4), die in einerviertel Stunden zur Statue Cristo Rei führt.

Dieser Weg führt den Wanderer aber noch einige Schritte weiter entlang der linken Straßenseite, bis die Levada direkt vor ihm zu sehen ist. Über einen schmalen Steig gelangt man zum Wasserlauf hinunter. Man befindet sich hier oberhalb der kleinen Asphaltstraße nach Rabaçal und folgt nun immer dem breiten Wasserlauf. Man wandert in das kleine **Seitental Ribeira do Alecrim** und sieht auf der anderen Talseite den Wanderweg an den

Wanderungen 6, 7 und 8

Hängen unterhalb der Hochebene entlang führen. Nach etwa einer viertel Stunde erreicht man eine Levada-Anlage. Im klaren Wasser huschen einige kleine Forellen blitzschnell weg. Kurz darauf überquert man das Bachbett der Ribeira do Alecrim und wandert nun talauswärts. Immer wieder begegnet man Ziegen, die in dieser Gegend frei herumlaufen dürfen und behände sogar über den breiten Wasserlauf springen.

Am Ende des kleinen Seitentals blickt man zu unserem Ausgangspunkt zurück. Hier erstreckt sich das **Tal der Ribeira da Janela.** Für ein kurzes Stück wurde die Levada direkt durch einen Felsen

Der Südwesten

getrieben. Gleich darauf kommt man zum schwierigsten Stück unserer Wanderung, das eine gewisse Trittsicherheit und Schwindelfreiheit erfordert. Für wenige Schritte führt der Weg nämlich auf einer Betonmauer ungesichert über eine Felswand.

Nach einer knappen halben Stunde erreicht man eine Steintreppe, die durch Baumheidegebüsch zum schönsten Teil der Wanderung führt. Jetzt geht man oberhalb des Risco-Wasserfalls, den man hier aber leider nicht sehen kann. Man wandert über den moosweichen Weg durch hohe **Baumheide und Heidelbeerbüsche.** Der Heidelbeerbusch hat seinen Ursprung in Madeira. Er blüht im Juni/Juli und trägt seine saftigen Früchte im Spätsommer.

Ab und zu gibt das dichte Gebüsch einen Ausblick auf den Talkessel um Rabaçal frei. Schließlich sieht man auf der anderen Talseite den Rand der Hochebene mit ihrem Meer aus Farnkraut. Man kommt nun dem Bach immer näher, der dieses Tal einst bildete und sieht bereits die tiefgrünen Gumpen (Wasserbassins), die sich zwischen großen Steinen aufgestaut haben. Nachdem man mehrere kleine Wasserläufe überquert hat, erreicht man schließlich das Ende der Wanderung: Nach etwa einer Stunde kommt man am fast trockenen **Bachbett der Ribeira Grande** an.

Hier enden die Levada und der Weg. Auf den glatten Felsen lässt es sich wunderbar rasten. Nur wenige Schritte flussabwärts ist eine große tiefgrüne Gumpe zu sehen, eingerahmt von Baumheide, in der recht stattliche Forellen nach Insekten schnappen. Zurück geht es auf derselben Strecke wieder zum Ausgangspunkt.

Rabaçal und sein Lorbeerwald

Vorsichtig und langsam sollte man in das Sträßchen einschwenken, das von der EN 110 hinunter in den Talkessel von Rabaçal führt. **Dichte Vegetation** behindert die Sicht, die Feuchtigkeit im Tal treibt die schönsten Blüten. Enge Kurven lassen keinen Platz zum Ausweichen, und da sogar Touristenbusse den Weg hinunter wagen, muss man damit rechnen, ein längeres Stück bis zu einer Ausweichmöglichkeit zurücksetzen zu müssen.

Nach zwei Kilometern ist ein **Forsthaus** erreicht. Hier besteht die Möglichkeit, ein Zelt aufzustellen (beim Forstbeamten nachfragen); allerdings gibt es keinen Proviant zu kaufen, weshalb man die nötige Verpflegung mitbringen sollte. Zwei Wanderungen, die auch bei Madeirensern beliebt sind, beginnen am Forsthaus, beide sind recht leicht zu bewältigen (Wanderungen 7 und 8). Sie führen durch üppige Vegetation, in der Lorbeerbäume, Baumheide, Madeira-Heidelbeeren und Baumbart eine verwunschene Atmosphäre zaubern.

Wanderung 7:
Vom Forsthaus von Rabaçal zum Risco-Wasserfall

- **Ausgangspunkt/Endpunkt:** Parkplatz Rabaçal – Risco-Wasserfall
- **Schwierigkeitsgrad:** leicht
- **Gehzeit:** 45 Minuten + ca. 1 Std. Abstieg (Alternative: Shuttle-Bus)
- **Wegbeschaffenheit:** teils Stufenweg, teils bequemer breiter Wanderweg entlang der Levada do Risco
- **Ausrüstung:** Wanderschuhe

Seit die Straße vom Parkplatz zum Forsthaus gesperrt ist, sind Wanderer gezwungen, den etwa 30-minütigen Abstieg (und entsprechend längeren Aufstieg) bis zum Ausgangspunkt der Wanderung zu Fuß zu bewältigen oder den Dienst eines Shuttle-Busses in Anspruch zu nehmen, der täglich zwischen 10 und 17 Uhr halbstündlich zwischen Parkplatz und Forsthaus verkehrt. Fahrpreis einfach 2 €, Hin- und Rückfahrt 3 €. Am Forsthaus biegt man in einen von Holzgeländern begrenzten Treppenweg ein, der über zahllose Stufen talwärts führt (Hinweisschild „Risco, 25 Fontes"). Unter mit Baumbart bewachsenen Bäumen wandert man den breiten Weg an der **Levada do Risco** entlang, bis man nach ca. fünf Minuten den Abzweig zu den 25 Quellen erreicht. Diesen ignoriert man und läuft weiter geradeaus, passiert einen sehr schönen Aussichtspunkt, wo einem die **Levada das 25 Fontes** zu Füßen liegt, und biegt nach einer guten Viertelstunde nach rechts in einen schmalen Levada-Pfad ab, der zum **Risco-Wasserfall** führt. Nach gut 20 Minuten steht man auf der Aussichtsplattform gegenüber dem Wasserfall.

Wanderung 8:
Vom Forsthaus von Rabaçal zu den 25 Quellen

●**Ausgangspunkt/Endpunkt:** Parkplatz Rabaçal – 25 Fontes
●**Schwierigkeitsgrad:** Leicht bis mittelschwer, auf einigen Passagen ist Schwindelfreiheit erforderlich.
●**Gehzeit:** 2 Stunden + ca. 1 Std. Auf- und Abstieg
●**Wegbeschaffenheit:** teils sehr schmaler Levada-Weg
●**Ausrüstung:** Wanderschuhe, evtl. Regenschutz.
Wer die Wanderung mit einem (eiskalten) Bad krönen möchte, sollte das Handtuch nicht vergessen.

Auch hier sind Wanderer gezwungen, den Abstieg bis zum Ausgangspunkt zu Fuß zu bewältigen oder mit dem Shuttle Bus zu fahren (Abfahrtszeit und Preise siehe Wanderung 7). Der Anfang der Wanderung vom Forsthaus Rabaçal an der Levada do Risco entlang ist in Wanderung 7 beschrieben. Nach fünf Minuten Spaziergang auf dem breiten Levada-Weg verlässt man an dem ausgeschilderten Abzweig nun die Levada do Risco und folgt dem Weg nach links in Richtung 25 Fontes. Über Treppenstufen geht es hinunter zur

Im dichten Lorbeerwald von Rabaçal

Levada das 25 Fontes, die man nach etwa fünf Minuten erreicht und nach rechts an ihr entlang läuft. Wenn im Frühjahr und Sommer die Hortensien am Wasserkanal blühen, ist dieser Streckenabschnitt besonders schön.

Für ein kurzes Stück muss man die Levada, die durch einen Berg läuft, verlassen und die Stelle auf mit Holzgattern abgesicherten Stufen und einer Brücke umgehen. Danach erreicht man bergauf über eine Treppe wieder den Wasserlauf und kann mit **Ausblick auf den Risco-Wasserfall** kurz verschnaufen.

Die folgenden zehn Minuten führen auf schmalem Pfad wieder an der Levada das 25 Fontes entlang. Zur Talseite hin begrenzt hohe Baumheide den Weg, so dass man den Abgrund daneben nicht wahrnimmt. Nach insgesamt einer halben Stunde Wanderzeit biegt die Levada nach rechts ins Tal der 25 Quellen ab. Dem breiten Wasserkanal folgend (ein schmalerer kreuzt den Weg), erreicht man nach einer Dreiviertelstunde den **dicht bewachsenen Talkessel,** in den die 25 Quellen als kleine und größere Wasserfälle hinabsprudeln. Auf gleichem Weg geht es zurück nach Rabaçal.

Der Südwesten

Die Nordküste

Überblick

Die Bergwände entlang der Nordküste erheben sich nahezu senkrecht aus dem Meer. Die **Steilküste** ist nur an wenigen Stellen unterbrochen, wo sich rauschende *ribeiras* in den Atlantik ergießen. An den Mündungen und in den Flusstälern liegen vereinzelte Siedlungen. Noch bis zur Mitte des 20. Jahrhunderts waren sie nur per Schiff erreichbar. Dann wurde die **Küstenstraße** in den Fels geschlagen, die heute eine der größten Attraktionen der Insel ist. Zwischen Porto Moniz und São Vicente schwebt das Asphaltband förmlich zwischen Himmel und Meer. Besprengt vom stetigen Sprühregen der vom Fels rieselnden Wasserläufe, die besonders an den Ein- und Ausgängen der vielen Tunnel regelrechte Wasserfälle bilden, gilt die Straße als Madeiras kostenlose Autowaschanlage.

Nordküste

Porto Moniz

Ilhéus da
O Ribeira da Janela

Santa Madalena

Junqueira

Ribeira da Janela

EN101

Ribeira Funda

Achadas da Cruz

EN101

Chão o Ribeira

EN110

Ribeira da Janeta

EN209   Fanal

Ponta do Pargo

Calheta, Paúl da Serra

Paúl da Serra

Im Zuge der Verkehrserschließung des Nordens wurde die Küstenstraße an den ausgesetztesten Punkten entschärft, parallel zu ihr und durch neu erbaute Tunnels hindurch verläuft nun eine weitaus weniger spektakuläre, dafür aber nicht so anstrengende Straße. Nostalgiker können die alte Route noch befahren, allerdings nur als Einbahnstraße von Ost (São Vicente) nach West (Porto Moniz).

Klimatisch unterscheidet sich der Norden deutlich vom Süden: Die von den Passatwinden herangetriebenen Wolken bleiben meist an den hohen Bergbarrieren hängen, so dass der Besucher hier häufiger mit **Wolken und Regen** rechnen muss. Die See ist deutlich unruhiger, und an Baden ist nur in den natürlichen oder künstlich geschaffenen **Meeresschwimmbecken** zu denken. Rau und unzugänglich, besitzt Madeiras Nordwestküste einen ganz besonderen, herben Charme.

Porto Moniz

Das Fischerdorf liegt an der nordwestlichen Spitze
der Insel und ist fast schutzlos Wind und Wetter
ausgesetzt. Die unwirtliche geographische Lage
führte in den letzten 40 Jahren zu einer stetigen
Abwanderung: Lebten in der Gemeinde Porto
Moniz im Jahr 1950 noch 6400 Menschen, war
die Zahl 1991 auf die Hälfte gesunken. Heute leben knapp 2800 Menschen in Porto Moniz. Es ist
die am dünnsten besiedelte Region Madeiras. Erst
der stetig anwachsende Tourismus hat wieder etwas Leben nach Porto Moniz gebracht.

Der schnellste Weg von Funchal nach Porto Moniz führt über die Boca de Encumeada und die
Hochebene Paúl da Serra. Von Westen her erreicht man das Dorf auf der durch Wälder und
Wiesen mäandernden EN 101 von Ponta do Pargo am Westkap. Bevor sich die Straße zum Ort
hinunter senkt, sollte man an einem der vielen **miradouros** (Aussichtspunkte) einen Halt einlegen
und einen Blick hinunterwerfen: Grauschwarze,
von weißer Gischt umspülte Felsen umrahmen das
zwischen Hang und Meer gelegene Dorf. Terras-

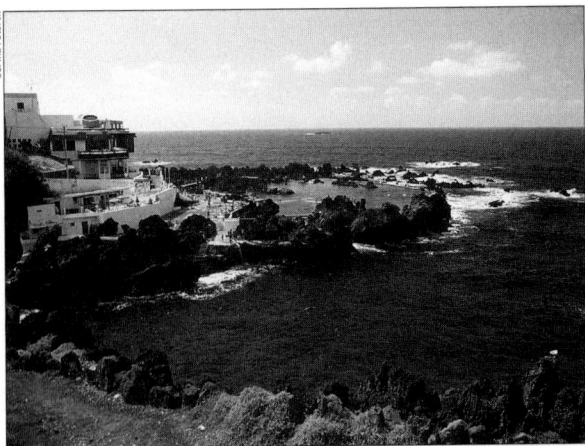

senfelder klettern in Stufen den Abhang hinauf, Barrieren aus Besenheide rahmen die Pflanzungen ein und schützen sie vor dem stets heftig wehenden Wind. Porto Moniz – das Ende der Welt.

Geschichte   Gegründet wurde die Siedlung 1533 durch den Gutsherrn *Francisco Moniz*. Er machte gute **Geschäfte mit Wein,** der hier trotz des für Rebstöcke eigentlich unfreundlichen Klimas hervorragend gedeiht – allerdings nur, solange man ihn durch hohe Hecken aus Besenheide schützt.

Der Ort muss wohlhabend gewesen sein, denn die Chroniken berichten von **Piratenüberfällen,** zu deren Abwehr ein kleines Fort errichtet wurde, das bis vor kurzem in Ruinen lag und 2002 neu aufgebaut wurde. Umgekehrt ließen auch die Bewohner von Porto Moniz nichts anbrennen: Immer wieder kenterten Schiffe in ihren unberechenbaren Gewässern, und dann machten sich die Fischer auf, um Überlebende zu retten und sie dabei meist restlos auszuplündern.

Meeresschwimmbecken   Neben dem kleinen Hafen, dessen Kaimauer bunte Graffitis zieren, befinden sich zwei **Naturschwimmbecken aus Lavagestein,** die 2006 einer gründlichen Renovierung unterzogen werden sollen. Die Pools wurden in eine von Felszacken eingerahmte kleine Bucht hineingebaut und werden von den anbrandenden Brechern überspült. Man kann also in den teils betonierten, teils aus natürlichen Lavakuhlen gebildeten Becken sicher und zugleich den Wellen ausgesetzt plantschen und schwimmen. Wer Maske und Schnorchel dabei hat, kann hier auch Fische beobachten, die von der wogenden See hinein- und wieder hinausgespült werden. Ist der Seegang zu stark, hisst der Bademeister die rote Fahne – dann heißt es, hinaus aus dem Wasser!

Die Nordküste

Nur bei ruhiger See kann man hier den Sprung ins Meer wagen

In den Räumen der ehemaligen Festung São João an den Naturschwimmbecken wurde 2005 ein modernes und hübsch gestaltetes **Aquarium** eröffnet, das speziell die um Madeira vorkommende Unterwasserflora und -fauna vorstellt.
●Geöffnet: tgl. 10–18 Uhr, Eintritt 7 €.

Viehmarkt Im Vorort **Santa** an der EN 101 in Richtung Ponta do Pargo wird am zweiten Augustwochenende der Viehmarkt **Festa de Gado** gefeiert. Zu diesem Anlass holt man die Kühe aus den *palheiros* (Ställen) und führt sie stolz in den blumengeschmückten Straßen des Ortes vor. Dass dabei einige der aus ihren dunklen Verschlägen befreiten Rindviecher ihr Leben lassen müssen, versteht sich von selbst. Wo bekäme man sonst das Fleisch für die *espetadas* her, denen mit Wein heftig zugesprochen wird?

Strandbad Am westlichen Ortsrand von Port Moniz hat die Stadtverwaltung ein modernes, sehr hübsch in den schwarzen Fels eingefügtes Strandbad mit mehreren Meeresschwimmbecken und geschützten Meeresbuchten eingerichtet. Ein Café, Liegestuhlverleih und Bademeister sorgen für Bequemlichkeit und Sicherheit.

Info, Bus ●Die sehr engagierte und hilfsbereite **Touristeninformation** liegt an der Ortseinfahrt, Tel. 291-852594.
●Busse der Linie 139 von Funchal über São Vicente, der Linie 80 von Funchal über Ponta do Pargo, der Linie 150 von Ponta do Pargo.

Bank ●**Banco Espirito Santo,** Praça Lira, Tel. 291-853105.

Unterkunft ●**EuroMoniz*****, Tel. 291-850050, Fax 853933, www.euromoniz.com. Kühles Ambiente, Hallen-Pool, Fitnessraum, Sonnenterrasse.
●**Moniz Sol*****, Tel. 291-850150, Fax 850155, www.hotel monizsol.com. Modernes Haus, klare Farben, modernistische Einrichtung, Indoor-Pool, Dampfbad, Aerobicprogramm.

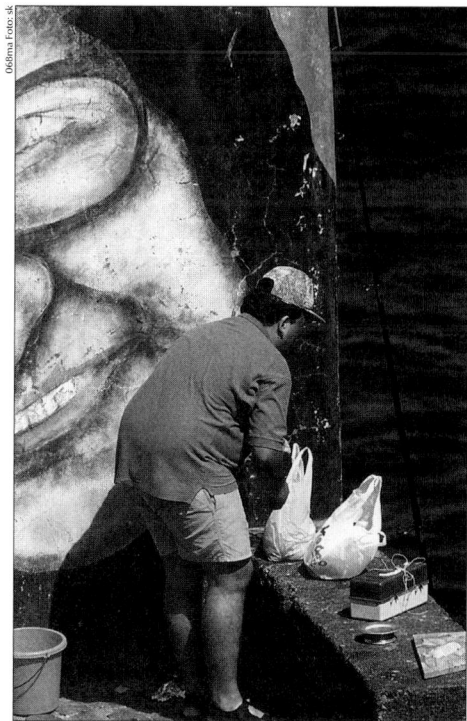

060ma Foto: sk

Die Nordküste

● **Residencial Atlantico** ***, Vila do Porto Moniz, Tel. 291-852500, Fax 852504. Direkt oberhalb der Badeanlage und mit fantastischem Blick aufs Meer. DZ um 40 €.

● **Casa do Ribeirinho***, Sítio do Riberinho, Santa do Porto Moniz, Tel. 291-850140, Fax 850149, moniztur@moniztur.com. Gemütliche und hübsch eingerichtete Gästezimmer; guter Standort für Wanderungen.

● **Alojamento Rodrigues**, Vila do Porto Moniz, Tel. 291-853233, Fax 853235. Hübsche, individuell eingerichtete Privatzimmer.

Am Kai von Porto Moniz

- **Residencial Orca****, Sítio das Poças, Tel. 291-850000, Fax 850019. Modernes Haus direkt oberhalb der Schwimmbecken. Kleine, nett eingerichtete Zimmer, einige mit Meerblick, Sonnenterrasse, großes Restaurant. 2005 war das Hotel wegen Renovierung geschlossen.
- **Pensão Calhau****, Vila, Tel. 291-853104, Fax 853443. In „dramatischer" Lage hoch auf den Felsen über dem Meer, daher unbedingt eines der (teureren) Zimmer mit Seeblick wählen!

Essen und Trinken

- **Cachalote,** Sítio das Poças, Tel. 291-853180. Hübsch auf Felsen gebaut, von Meeresschwimmbecken umgeben. Die Fischgerichte schmecken nach wie vor, trotz der zahlreichen Touristenbusse.
- **Pólo Norte,** Sitio da Poças, Tel. 291-853322. Auf der Karte stehen Thunfisch und Barsch, aber auch *lapas* (Napfschnecken) und *espada* (Schwertfisch). Souvenirshop im Erdgeschoss.
- **Restaurant Salgueiro,** Vila do Porto Moniz, Tel. 291-852139. Sehr gutes Essen und bester Service; neben Degenfisch und *lapas* gibt es Paella und Lobster.
- **Mar à Vista,** Vila do Porto Moniz, Tel. 291-852949. Nettes Speiselokal mit Blick aufs Meer. Preiswerte Fischgerichte, Toasts und Suppen.

Wanderung 9:
Im Tal der Ribeira da Janela –
Märchenschlucht am Ende des Tunnels

(Lydia Gallo Gau)

- **Ausgangspunkt/Endpunkt:** Lamaceiros bei Porto Moniz
- **Schwierigkeitsgrad:** Mittel. Trittsicherheit und etwas Schwindelfreiheit für den zweiten Wegabschnitt sind notwendig.
- **Gehzeit:** 3 Stunden
- **Wegebeschaffenheit:** zuerst angenehmer Waldweg, später schmaler Levada-Steig
- **Ausrüstung:** Regenschutz, gutes Schuhwerk, Taschenlampe

Diese Wanderung führt in das Tal der Ribeira da Janela, des längsten Flusses von Madeira. Der Ausgangspunkt liegt in der Nähe von Porto Moniz in dem kleinen Ortsteil **Lamaceiros** beim Wasserhaus mit dem großen Becken.

Das Wasser stammt aus der Levada Ribeira da Janela, an der dieser Weg entlang führt.

Man startet beim **Picknickplatz** und folgt dem Wasserlauf gegen seine Fließrichtung. Nach einigen Metern überquert man eine Straße und ist bereits im Tal der Ribeira da Janela. Agapanthus und Hortensien begleiten den Wanderer das erste Stück. Nach einem Levada-Rechen – mit diesen Anlagen wird das Wasser von Ästen und Blättern gereinigt – wird der Weg schmaler. Entlang der steil abfallenden Hänge ist er aber teilweise von Zäunen oder Gebüsch gesichert.

Immer wieder bieten sich schöne Ausblicke. Besonders beeindruckend sind die von Wind, Wetter und Meer geformten **Felsinseln,** dort, wo die Ribeira da Janela in den Atlantik mündet.

Nach etwa einer halben Stunde kommt man an einem zweiten Levada-Rechen vorbei. Wenige Minuten nach einer alten Materialseilbahn quert man eine Felswand und steigt über ein Bachbett. Man fühlt sich wie in einem **Märchenwald,** so dicht wachsen hier Farne, Moose und knorrige Bäume.

Nach einer knappen Stunde Gesamtwanderzeit fallen die Hänge steil ab, der schmale Weg ist aber großteils mit einem Drahtzaun gesichert. Wenn sich der dichte Bewuchs wieder lichtet und die Bäume buschhoher Baumheide weichen, sieht der aufmerksame Wanderer am Talende das Forsthaus von Rabaçal und eine Asphaltstraße, die die Siedlung mit der Hochebene Paúl da Serra verbindet. Beim Forsthaus von Rabaçal beginnen einige beliebte Levada-Touren, wie die Wanderung zum Risco-Wasserfall oder zu den 25 Quellen (Wanderungen 7 und 8).

An steilen Hängen entlang führt der Weg neben der Levada in eine düstere Schlucht. Man durchquert sie und steht nach knapp anderthalb Stunden an einem **Tunneleingang.** Auch wenn er sehr bedrohlich aussieht und der Ausgang fern ist, man sollte sich ein Herz fassen und weitergehen. Denn am anderen Ende wartet eine unvergessliche Schlucht mit steilen, moosbewachsenen Felswänden, von denen überall das Wasser heruntertropft. Für die etwa zehnminütige Durchquerung des Tunnels empfiehlt sich allerdings eine Taschenlampe. Zwar ist das andere Tunnelende immer zu sehen, in der Dunkelheit erkennt man ohne Lampe aber kaum, wohin man steigen, und der Boden ist oft nass und rutschig.

In der **märchenhaften Schlucht** hinter dem Tunnel endet diese Wanderung. Die Levada führt zwar weiter in das Tal hinein, der Weg wird ab hier aber sehr anspruchsvoll und schwierig. Man macht deshalb am besten kehrt und geht auf derselben Strecke wieder zurück zum Ausgangspunkt.

Achadas da Cruz

Rund 10 km südwestlich von Porto Moniz liegt an der Straße ER 101 von Ponta do Pargo der Weiler Achadas da Cruz an einem Hang über dem Meer. Folgt man im Ort dem Schild *teleferico* bzw. *Calhau* bergab, erreicht man schließlich die **Bergstation einer Seilbahn,** die 500 Höhenmeter an der Steilküste hinunterführt ans Meer, wo die Bauern aus Achadas da Cruz ihre Felder haben. Alternativ kann man die Strecke auch auf einem knapp 5 km langen etwa zweistündigen Wanderweg bewältigen, der in schmalen Serpentinen den Hang hinunter mäandert. Zurück geht es dann mit der Seilbahn wieder in luftige Höhe.
●**Teleferico:** Mo–Fr 8–9 und 13–20 Uhr, Sa, So 7.30–8 und 13–20 Uhr, einfache Fahrt 3 €.

Ribeira da Janela

Zwischen Porto Moniz und dem zwei Kilometer entfernten Ort Ribeira da Janela verläuft die Straße noch in recht gemäßigten Serpentinen zwischen Felsen und Meer. Kurz vor dem Dorf mündet die Ribeira de Janela, Madeiras längster Fluss, in den Atlantik. Sie kommt von der Hochebene Paúl da Serra bei Rabaçal und hat ein schmales, von Lorbeerwald bestandenes Flusstal geschaffen, in dem man sehr schön wandern kann.

   Ort und *ribeira* verdanken ihren Namen einer Gesteinsformation, die wie ein in den Felsen geschlagenes Fenster (*janela* = Fenster) aussieht. Der

Die Nordküste

Ort hat außer dieser Attraktion und einem kleinen, mit Felsblöcken übersäten Strand nichts Sehenswertes zu bieten.

Bus

🏠

●Busse der Linie 150 von São Vicente nach Ponta do Pargo, der Linie 139 von Funchal nach Porto Moniz.

Camping

⛺

●**Madeiras einziger Campingplatz** wurde von Porto Moniz nach Ribeira da Janela verlegt. Die Anlage am Flussbett der Ribeira ist modern und komfortabel, allerdings auch sehr schattig zwischen den hohen Felswänden.

Abstecher auf die Hochebene Paúl da Serra

In Ribeira da Janela beginnt die EN 209, die abseits der Hauptroute auf die Paúl da Serra hinaufführt und am Campo Grande in die EN 110 mündet.

Durch dichten Wald, in dem man deutlich die vier auf Madeira verbreiteten Lorbeerarten identifizieren kann, geht es in steilen Serpentinen auf die kleine Hochebene **Fanal** in etwa 1000 Metern Höhe, eine von Fels und Farn geprägte Region. Hier blickt man von einem Aussichtspunkt hinunter ins Tal der Ribeira do Seixal und auf ihre Mündung in den Atlantik. Im weiteren Verlauf geht es auf etwa gleichbleibender Höhe weiter bis zu einem Aussichtspunkt, der das Tal von Rabaçal erschließt.

Nun ist man endgültig auf der Paúl da Serra mit ihrer **Hochmoorvegetation** angelangt und passiert Schafgatter und notdürftige Unterstände. Hier finden im Sommer die Schafschur und ein großes Hirtenfest statt. Schließlich mündet die Straße in die EN 110 von der Boca de Encumeada nach Porto Moniz. Die gesamte Strecke ist etwa 22 Kilometer lang.

Seixal

Seixal liegt auf einer kleinen Landzunge, sein Hafen auf einer vorgelagerten Insel, die durch einen Damm mit dem Festland verbunden ist. Berühmt ist das Dorf für seinen hervorragenden **Sercial,** einen der besten Madeira-Weine. Man keltert ihn aus den Trauben, die hier geschützt durch Heidehecken gedeihen.

In Seixal gibt es mehrere natürlich entstandene, und nun in ein modernes Strandbad integrierte **Meeresschwimmbecken,** in denen man sich bei schönem Wetter herrlich erfrischen kann. Auch ein kleiner schwarzer Sandstrand lädt zum Bad. Anschließend locken gute Restaurants mit frisch gefangenem Fisch. Wer dabei dem lokalen Wein zu heftig zuspricht, sollte auf die Weiterfahrt verzichten und eines der gemütlichen Gästezimmer beziehen.

Feste

Seixal hat einen dicht gedrängten Festkalender, gilt es doch, den vielen Heiligen zu huldigen und zudem den neuen Wein zu feiern. Am 17. Januar begehen die Menschen das **Fest des heiligen Antão,** dem die aus dem 16. Jahrhundert stammende Pfarrkirche des Ortes geweiht ist. Dabei wird geschlemmt, um dem volkstümlichen Namen des Festes, „Iss und trink", alle Ehre zu machen.

Am ersten August-Wochenende folgt das **Fest des Santíssimo Sacramento** mit feierlicher Prozession und anschließendem bunten Treiben bei Musik, Tanz und gutem Essen. Im September zu Beginn der Weinlese und im November zum Verkosten des neuen Tropfens fließt der Wein in Strömen – wer da mithalten möchte, sollte sich unbedingt rechtzeitig um eine Übernachtungsmöglichkeit kümmern.

Bus

• Busse der Linie 150 von São Vicente nach Ponta do Pargo, der Linie 139 von Funchal nach Porto Moniz.

Die Nordküste

Unterkunft

●**Casa das Videiras*****, Sítio da Serra Água, Tel. 291-854000, Fax 854021, www.casa-das-videiras.com. Unweit des Hafens mit Garten und sehr liebevoll eingerichteten Gästezimmern.

●**Brisa Mar****, Cais, Tel. 291-854476. Mit Korbmöbeln freundlich eingerichtetes Haus direkt an der Hafenmole. Berühmt ist das Restaurant für die ausgezeichneten Fischgerichte aus stets frischem Fang.

●**Residencial Sol-Mar****, Estrada Reghional, Tel. 291-854854. Ebenfalls nicht weit vom Hafen, nur sechs Zimmer, luftige Terrasse mit Blick über Seixal und Meer. Gutes Restaurant, in dem Fisch „den Ton angibt".

●**Casa dos Ramos***, Sítio do Ribeiro da Laje, Tel. 291-854025. Fünf einfache Gästezimmer in idyllischer Umgebung mit schönem Blick auf den Hafen von Seixal.

Essen und Trinken

●**Aquario,** Seixal 121, Tel. 291-854396. Beliebtes Restaurant an der Durchgangsstraße. Man sitzt hinter großen Glasscheiben und genießt neben dem Blick auf die wilde Küstenlinie ausgezeichneten Fisch.

●**Restaurant des Sol-Mar,** ebenfalls gute Küche und sehr freundlicher Service; wenn Busgruppen das „Aquario" belagern allemal die bessere Alternative.

●**Marisqueira Pedra do Mar,** Estrada Regional 101, Tel. 291-854019. Spezialitäten sind *caldeirada* und Reis mit Meeresfrüchten; dazu gibt's einen schönen Blick aufs Meer.

Chão da Ribeira

Am östlichen Ortsausgang von Seixal zweigt die EN 221, die entlang der Ribeira da Seixal verläuft, nach Süden ab und führt dreieinhalb Kilometer durch das hübsche Tal zur **Forellenzuchtstation** von Chão da Ribeira.

Unterkunft

●**Casa do Careca****, Sítio da Eira da Achada, Tel. 291-743121, Fax 742202, www.orion-madeira.com. Renovierte *quinta* über Ribeira de Janela, in Richtung Forellenzucht.

Essen und Trinken

●**Casa de Pasto Chão da Ribeira,** Tel. 291-854559. An den Wochenenden wird das Lokal von Ausflüglern belagert. Man kocht noch nach traditionellen Rezepten, die *espetada* kommt auf einem Lorbeerspieß über die Glut. Berühmt sind die Forellen.

São Vicente

Der hübsche Ort mit knapp 7000 Einwohnern liegt am Ausgang eines Tals, durch das die Ribeira São Vicente dem Meer zufließt. Anders als in den bislang beschriebenen Siedlungen der Nordküste verbreitert sich dieses Tal im Mündungsgebiet, die steilen Hänge flachen etwas ab, so dass die Bauern hier fast ideale Bedingungen für ihre **Terrassenfelder** finden.

São Vicente hat sich in den 1990er Jahren schmuck herausgeputzt – Häuser und Kirche wurden renoviert, Blumentöpfe vor Fenster und Türen gestellt und das Steinchenpflaster aufgefrischt. Zweifellos ist es heute eine der attraktivsten Siedlungen Madeiras.

Kirche São Vicente

Im Zentrum des Ortes steht die im 16. Jahrhundert erbaute **Igreja de São Vicente.** Barocke Schnitzarbeiten wechseln im Inneren mit illusionistischen Gemälden ab. Von der Decke herab segnet der Schutzpatron *Vinzenz* seine Stadt. An den Seitenwänden sind auf barocken blau, weiß und gelb gehaltenen *azulejos* weitere Heilige zu sehen.

Den von Palmen bestandenen Kirchenvorplatz schmückt ein hübscher **Jugendstil-Pavillon,** in dem beim Fest des hl. *Vinzenz* am 22. Januar die Blaskapelle aufspielt. Gegenüber liegt ein mit Rosen und Oleander bewachsener Friedhof. Um die Kirche herum kann man durch schmale Gassen bummeln, Auslagen angucken oder in der Bar Estoril gegenüber dem Gotteshaus einkehren.

Capela da Ponte

Parallel zum Strand verläuft die Küstenstraße EN 101 von São Vicente nach Ponta Delgada auf einer recht unattraktiven Eisenbrückenkonstruktion über die Mündung der Ribeira São Vicente. Ungefähr in der Mitte des Flussbettes liegt ein dunkler Felsblock; in diesen hineingebaut ist eine kleine **Kapelle.** Sie ist eines der vielen Heiligtümer, die die Menschen an der Nordküste der Gewalt

Die Nordküste

des Atlantiks entgegengestellt haben. Zahlreich sind die Legenden, die von Flutwellen und Unwettern berichten, welche Kruzifixe, Heiligenbilder, ja ganze Gotteshäuser fortschwemmten. Und dennoch werden die Kirchen immer wieder an denselben Stellen aufgebaut.

Der 1694 errichteten Capela da Ponte erging es besser, sie hatte ja den Felsblock als Schutz. Erbaut wurde sie an jener Stelle, an der ein Bildnis des hl. *Vinzenz* aus der Pfarrkirche nach einer verheerenden Überschwemmung unversehrt wieder an Land gespült wurde.

Grutas de São Vicente

Der Strand von São Vicente mit seinen Wackersteinen lädt nicht unbedingt zum Baden ein – dafür besitzt der Ort eine andere Attraktion, die an heißen Tagen für Abkühlung sorgt: die Grutas de São Vicente. Die **Grotten** befinden sich am nördlichen Ortsausgang, der Hauptstraße in Richtung Encumeada und dann der ausgeschilderten Abzweigung folgend nach rechts. Sie wurden durch einen Vulkanausbruch vor etwa 400.000 Jahren herausgebildet. Die flüssige Lava erkaltete und schuf dabei die Hohlräume, durch die man heute auf einem 700 Meter langen, geführten Rundgang spazieren kann. Drinnen ist es angenehm kühl. Wie das Höhlensystem entstanden ist, erläutert das angeschlossene **vulkanologische Zentrum** mit einem 3-D-Film und anhand von Schautafeln und Modellen.

●**Geöffnet:** tgl. 10–18 Uhr, Eintritt 8 €.

Bus, Taxi

●Busse der Linie 139 von Funchal nach Porto Moniz, der Linie 150 von Ponta do Pargo nach São Vicente, der Linie 6 von Boaventura nach Funchal, der Linie 132 von Santana nach São Vicente.
●Taxi-Standplatz im Ortszentrum, Tel. 291-842238.

Bank

●**Banif,** Rua Dr. Alcino Drumond, Tel. 291-840030.

Straßencafés laden in São Vicente zur Rast

Unterkunft

●**Quinta da Piedade******, Sítio do Laranjal, Tel. 291-846042, Fax 846044. Etwas oberhalb des Ortes, östlich der EN 104 in Richtung Encumeada. Das Haus stammt aus dem 18. Jahrhundert und vermietet sechs mit Antiquitäten eingerichtete Zimmer.

●**Estalagem do Mar******, Juncos, Fajã da Areia, Tel. 291-840010, Fax 840019. Modernes großes Hotel am Kiesstrand östlich von São Vicente. Alle Zimmer mit Meerblick; Innen- und Außenpool, Sauna, Jacuzzi, Tennis, ausgezeichnetes Restaurant.

●**Estalagem Calamar*****, Juncos, Fajã da areira, Tel. 291-842218, Fax 842250. Eine kleine Hotelanlage mit Meerwasserpool, Strandzugang und Restaurant.

●**Estalagem Praia Mar****, Calhau, Tel. 291-842383, Fax 842749. Modernes Haus an der Uferpromenade mit gutem Restaurant.

Die Nordküste

Ponta
de São Jorge

Ponta
Delgada

Arco de
São Jorge

EN101

São Jorge

São Vicente

Ribeira do Porco

Lombada

Ribeira
Funda

Levada Nova

Ribeira de Jorge

Boaventura

Ilha

Achada
Grande

EN107

Casas de
Queimadas ★

Levada do Caldeirão Verd.

▲ Achada
do Teixéira
1592

▲
Pico Ruivo
1862

Ribeira Seca

▲
Pico das Torres
1851

Pico do Arieiro
1818
▲

Cumeal

EN202

Levada do Blan

Curral das
Freiras

Lombo Chão

Levada Curral

EN107   Funchal

Nordosten

0   2 km

Ilhéu da Rocha das Vinhas

Ilhéu da Viúva ou da Rocha do Navio

Santana

Ponta do Clérigo

Ilhéu do Faial

EN101

Faial

EN218

Corujeira de B.

Penha de Águia 590

Baixa de Fora

Ilhéu Baixa de Terra

EN108

Porto da Cruz

EN103

São Roque do Faial

Fajã de Murta

EN217

Larano

Referta

Maiata

Fajã do Cedro Gordo

Achada do Pau Bastião

Folhadal

Portela-Pass

Rib. da Metade

Balcões ★

Levada da Portela

Ribeira de Machico

Ribeiro Frio

EN102

EN103

EN108

Machico

EN202

Santo António da Serra

Poiso-Pass

Flughafen

EN203

Ribeiro João Gonçalves

Funchal   Camacha

João Ferino

Die Nordküste

Essen und Trinken

Restaurants mit den Standards madeirensischer Kochkunst sind den oben beschriebenen Hotels angeschlossen. Mehrere urgemütliche Kneipen liegen an der Strandpromenade:

● **O Virgílio,** Calhau, Tel. 291-842467. Zu den rustikalen Holztischen passen die vom Chef persönlich zubereiteten Madeira-Spezialitäten. Deftig, einfach, köstlich!

● **Frente Mar,** Calhau, Tel. 291-842871. Wer unter den Einheimischen einen schnellen Snack verzehren will, bleibe im Erdgeschoss. Im Speisesaal, eine Etage höher, geht es etwas vornehmer zu. Gute Hausmannskost, viel Fisch!

● **Quebra Mar,** Calhau, Tel. 291-842338. Der Restaurantpavillon am Strand wird mittags häufig von Busgruppen besucht; abends ist man in dem eleganten Speiseraum fast unter sich und genießt das wechselnde Panorama durch die großen Glasscheiben: Das Restaurant dreht sich ganz langsam, so dass jeder Gast einmal den Blick auf die Küste, das Meer und den Ort genießen kann. Auf der Karte stehen auch eher seltene Köstlichkeiten wie *lapas* (Napfschnecken). Die hervorragende Krautsuppe wird nach Vorbestellung für mindestens zwei Personen zubereitet.

● **Ferro Velho,** Rua da Fonte Velha, Tel. 291-842763. Pub und Restaurant mit traditionell madeirensischer Küche in nostalgischem Rahmen, abends auch Dorfkneipe für die Jugend.

Ponta Delgada

Von São Vicente weiter nach Osten passiert man nach der Überquerung der Mündung der Ribeira São Vicente mehrere Hotel-Restaurants und erreicht sieben Kilometer später den Weiler Ponta Delgada. Dieser Küstenabschnitt ist bei Surfern sehr beliebt; fast immer sind im Sommer hier Wellenreiter zu sehen. Die Siedlung mit ihren knapp 1500 Einwohnern liegt auf einer sichelförmigen **Landzunge** knapp über dem Meeresniveau. In ihrem Rücken steigen die Küstengebirge steil zum 1094 Meter hohen **Pico Buzio** auf. Um den Ortskern breitet sich ein Flickenteppich tiefgrüner Felder aus, auf denen neben Obst und Getreide gedrungene Weiden wachsen. Die Region um Ponta Delgada ist einer der größten Lieferanten von Weidenruten für die **Korbmacher** von Camacha.

Igreja de Senhor Bom Jésus

Ponta Delgada besitzt eine über seine Grenzen hinaus bekannte **Reliquie:** das Fragment eines Holzkreuzes, das angeblich im 15. Jahrhundert hier an Land gespült und schon bald in einer 1470 errichteten Kapelle verehrt wurde. Diese brannte 1908 ab; dabei wurde auch das Kruzifix ein Opfer der Flammen, doch ein verkohlter Rest konnte gerettet werden.

Seit 1910 wird die Reliquie in der in diesem Jahr eingeweihten neuen Igreja de Senhor Bom Jésus aufbewahrt, einer bedeutenden **Wallfahrtsstätte** der Madeirenser. Am ersten Septembersonntag kommen zahlreiche Gläubige hierher, um dem Herrn Jesus zu huldigen. Dann stehen die Menschen auf dem Kirchenvorplatz mit seiner großen Araukarie dicht gedrängt.

Meeresschwimmbecken

Südöstlich der Kirche bildet die Landzunge eine kleine Kiesbucht. Hier liegt das moderne Strandbad von Ponta Delgada mit mehreren Meeresschwimmbecken. Die atlantischen Brecher über-

Die Nordküste

Kalte Dusche:
im Meeresschwimmbecken von Ponta Delgada

schlagen sich an der Betonbegrenzung und bescheren den Badenden immer neue kalte Duschen. Es ist ein Riesenspaß, allerdings nur in den Sommermonaten, wenn das Wasser halbwegs erträgliche Temperaturen erreicht.

Bus

- Busse der Linie 6 von Boaventura nach Funchal, der Linie 132 von Santana nach São Vicente.

Unterkunft

- **Monte Mar Hotel****, Ponta Delgada/Sao Vicente, Tel. 291-840010, Fax 840019, estalagem.mar@mail.telepac.pt. Moderner Vier-Sterne-Bau hoch über dem Meer mit allem Komfort, zudem Thalassotherapie.
- **Casa de Capelinha***, Terreiro, Ponta Delgada, Tel. 291-860040, Fax 860042, www.casadacapelinha.com. Über der Badeanlage in schöner Panoramalage bietet das Haus modern und sehr geschmackvoll eingerichtete Zimmer und Apartments, dazu Liegewiese mit Pool, Restaurant und eine Kapelle aus dem 16. Jh.

Essen und Trinken

- **Restaurante Many,** Fajã da Areia, São Vicente, Tel. 291-842243. Das Restaurant auf halbem Weg zwischen S. Vicente und Ponta Delgada bietet gute Fischküche und *lapas*.

Boaventura und Arco de São Jorge

Hinter Ponta Delgada weicht die EN 101 in einem spitzen, landeinwärts gerichteten Bogen den bis zu 400 Meter hohen Küstenfelsen aus, passiert dabei nach zwei Kilometern das Ortszentrum des Weilers Boaventura und erreicht nach einem langen Tunnel sechs Kilometer später bei Arco de São Jorge wieder das Meer. Beide Orte waren wegen ihrer unzugänglichen Lage nur schwer zu erreichen; Arco de São Jorge wurde von der See her versorgt, nach Boaventura („Gut Glück") konnte man nur auf Saumpfaden gelangen.

Heute dominiert in der Region der **Weinanbau.** Am Rand der Pflanzungen und Felder sieht man wie in Ponta Delgada **Weiden,** deren Ruten in mühevoller Handarbeit gekocht und geschält werden, bevor man sie zur Verarbeitung nach Camacha schickt.

Die Nordküste

Bus

●Busse der Linie 6 von Boaventura über São Vicente nach Funchal, der Linie 132 von Santana nach São Vicente, der Linie 103 von Boaventura über Santana nach Funchal.

Unterkunft

●**Quinta do Arco******, Arco de S. Jorge, Tel. 291-570270, Fax 570276, www.quintadoarco.com. Luxuriöse, riesengroße Gartenanlage mit Pool und mehreren Häusern, in denen teils Apartments, teils das ganze Haus zu mieten ist. Der ganze Stolz gehört dem Rosengarten, angeblich einer der größten Europas.

●**Solar de Boaventura*****, Serrão Boaventura, Tel. 291-863888, Fax 863877. Die alte *quinta* dient heute als stilvolles Hotel. Zehn Gästezimmer, hervorragendes Restaurant.

Essen und Trinken

●**Casa de Palha,** Achada Grande, Tel. 291-576382. In einem hübschen strohgedeckten Holzhaus hinter der Kirche wird nach Voranmeldung madeirensisch gekocht. Weiterhin gibt es Snacks und Getränke.

São Jorge

Auch São Jorge, knapp zehn Kilometer von Arco entfernt, steht im Zeichen der Landwirtschaft. Der Ort liegt auf einem Plateau in 300 Metern Höhe, und seine Bewohner genießen den in Madeira seltenen Luxus, ihre Felder auf nahezu flachem Gelände anlegen zu können. Hier wird Mais und anderes Getreide angebaut. Die Ernten brachten und bringen auch heute noch ein relativ gutes Auskommen. Dieses findet seinen Ausdruck in der reich geschmückten **Barockkirche São Jorge.** 1761 errichtet, spart sie wahrlich nicht mit Prunk. Haupt- und Seitenaltäre sind aus vergoldetem Schnitzwerk, und von der Decke über dem Altarraum blicken auf einem illusionistischen Gemälde Heilige, Engel und das Gottesauge durch die Wolken auf die Gläubigen hinunter.

Bus

●Busse der Linie 132 von Santana nach São Vicente, der Linie 103 von Boaventura über Santana nach Funchal.

Bank

●**Banco Espirito Santo,** Achada A. Teixeira, Tel. 291-576357.

Unterkunft

●**Cabanas de São Jorge Village*,** Sítio da Beira da Quinta, Tel. 291-576291, Fax 576032, an der EN 101 in Richtung Santana. Das Feriendorf mit gemauerten Rundhäusern bietet eine Mischung aus Camping und Hotel. Freundlicher Service, allerdings durch die Straße recht laut.

●**Casa de Campo das Proteas***,** Sitio da Felpa, São Jorge, Tel. 291-576444 oder Kontakt über Mobil-Telefon 962697299. Hübsche kleine Quinta, modern und geschmackvoll eingerichtet, die etwas kleinen Zimmer macht die Panoramalage wett.

Santana

Der hübsche Ort Santana liegt auf einem Plateau über dem Meer. Die Berge ziehen sich hier sogar so weit zurück, dass die Region intensiv landwirtschaftlich genutzt werden kann. Neben Getreide wird Wein angebaut. Santana ist ein hervorragender **Ausgangspunkt für Wanderungen,** beispielsweise zum Pico Ruivo. Mehrere Hotels und Pensionen bieten sich als Unterkunft an.

Erste Siedler errichteten hier 1572 eine Kapelle zu Ehren der hl. *Anna*, auf die der Ortsname zurückgeht (Santa Ana). Hundert Jahre später wurde die **Pfarrkirche** erbaut und am 20. September 1698 eingesegnet. Blau-weiße *azulejos* schmücken den Altarraum, der mit barockem Schnitzwerk prunkt.

Casas de Colmo

Berühmt ist Santana aber nicht wegen seiner Kirche, sondern wegen der teils noch hervorragend erhaltenen, teils neu aufgestellten, mit Stroh gedeckten **kleinen Holzhäuser.** Die Dächer dieser Casas de Colmo reichen bis auf den Boden und bilden spitzwinkelige Dreiecke, unter denen in drangvoller Enge die Familien lebten. Im Erdgeschoss wohnten und schliefen die Menschen, darüber befand sich meist die Speisekammer. Für Küche und Waschräume war in den Hütten kein Platz, die Kochstelle lag im Freien.

Neben dem Rathaus stehen drei neue *casas* zur Besichtigung. Mit ihren kräftigen Farben – rot, blau und grün – überstrahlen sie den grauen, modernen Bau des *municipio*.

Wer durch Santana schlendert, kann noch viele alte Häuschen entdecken. Einige sind kaum mehr als Ruinen und werden offensichtlich als Lager für Viehfutter oder ausgemusterten Hausrat benutzt. Andere wirken noch sehr gepflegt und sehen mit dem bunten Blumenschmuck von Geranien und Hortensien vor Fenstern und Türen richtig einladend aus.

Die Nordküste

Parque Temático do Madeira

Gleich am Ortseingang und dank der riesenhaften Parkgarage und der großen Freiflächen für Busse nicht zu übersehen liegt der **Themenpark** Madeiras. Im Park kann man anhand Nachbauten und historischen Tableaus die Entdeckung der Insel nachempfinden, Kunsthandwerkern bei der Arbeit zusehen, sich über typisch madeirensische Fortbewegungsmittel informieren, auf Klettergerüsten toben oder mit einem Nachbau der alten Zahnradbahn von Monte herumfahren.

●Geöffnet: tgl. 10–19 Uhr, Eintritt 10 €.

Beim Kirchenfest in Santana

Seilbahn zur Rocha do Navio

Auch diese Seilbahn diente ursprünglich als Transportmittel für die Bauern, die unten an der Küste ihre Felder haben. Nun wird sie auch gerne von Touristen benutzt. Man kann nach der steilen Fahrt hinunter am Meer spazieren gehen und vielleicht (mit riesengroßem Glück) eine Mönchsrobbe sichten. Die halten sich nämlich gelegentlich an diesem Teil der Küste auf, weshalb das Meer hier ebenfalls zu einer *Reserva Natural* erklärt wurde.

•**Fahrtzeiten:** Mi, Sa, So von 8.30 bis 12.30 Uhr und 14 bis 19 Uhr.

Feste

Wer das Glück hat, sich zu einem der hier besonders originell begangenen Feste in Santana aufzuhalten, erlebt pralles Dorftreiben. Ende Juli/Anfang August steht die Pfarrkirche im Zeichen des Festes **Santíssimo Sacramento.** Dazu werden die Straßen mit Girlanden und Blumen geschmückt, und die Frauen legen den ersten Teil des Prozessionsweges mit einem Teppich von Blattgrün und Blüten aus. Während die Kirchenbesucher Gebete murmelnd durch den Ort ziehen, wird bereits gebrutzelt und gebraten. Spieße und Würstchen vom Holzkohlengrill, frisch gebackenes Brot, allerlei Larifari und einige Karussells sorgen nach der Messe für Unterhaltung.

Eine Woche vor Faschingssonntag findet die **Festa dos Compadres** statt: Zwei Strohpuppen stellen Mann und Frau dar, über deren zerrüttete Ehe die Dorfbewohner zu Gericht sitzen. Der Mann hatte seine Gattin beim Seitensprung erwischt und sie daraufhin umgebracht; nun wird über seine Tat diskutiert, wobei der Wein in Strömen fließt. Abschließend werden beide Puppen verbrannt, was in der allgemeinen fröhlichen Trunkenheit aber kaum noch jemand so richtig mitbekommt.

Info

•**Tourismusbüro,** Sítio de Serrado, Tel. 291-572992. Das Büro residiert in den *casas de colmo* neben dem Rathaus, besitzt aber leider nur wenig Informationsmaterial.

Die Nordküste

Bus

● Busse der Linie 138 nach Funchal (über São Vicente), der Linie 103 nach Funchal (über Poiso), der Linie 132 nach São Vicente.

Bank

● **Banif,** Rua Dr. João A. Freitas, Tel. 291-570170.

Unterkunft

● **Quinta do Furão******, Achada do Gramacho, Tel. 291-570100, Fax 572131, www.quintadofurao.com. Die neu erbaute *quinta* (kein altes Herrenhaus erwarten!) liegt westlich von Santana auf einem mit Rebstöcken bewachsenen Plateau über dem Meer und bietet allen Komfort: je nach Wetter überdachten oder offenen Pool, ein hervorragendes Restaurant, geschmackvolle Zimmer, eine gemütliche Bibliothek, einen eigenen Weinkeller etc. Eine hervorragende Adresse, die man pauschal und etwas günstiger auch über mehrere Veranstalter wie beispielsweise Olimar buchen kann.

● **Casas de Campo do Pomar*****, Sitio do Lombo do Curral, Tel. 291-570070, Fax 572122, casascampopomar@mail.telepac.pt. Wunderhübsche Anlage, bestehend aus an einen üppig bewachsenen Hang gebauten Häuschen, Einrichtung im modernen Landhausstil, sehr freundliches Personal.

● **Residencial O Curtado****, an der EN 101, Tel. 291-572240, Fax 573538. Hoch über Santana, an einem der schönsten *miradouros* gelegen, wegen der Schnellstraße aber etwas laut. Im Haupthaus einfache, freundliche Zimmer, außerdem Übernachtungsmöglichkeit in mehreren renovierten *casas de colmo*.

●**O Colmo*****, Sítio Serrado, an der Durchgangsstraße EN 101 im Ortszentrum, Tel. 291-570290, Fax 574312, www.hotelocolmo.com. Die ehemalige Pension hat sich in ein modernes Komforthotel mit großem, beliebten Restaurant verwandelt.

●**Ilha e Montanha***, Ilha, Santana, Tel. 291-572616, Mobiltel. 968-062648. Einfache, freundliche Pension mit Restaurant im Weiler Ilha hoch über Santana. Das Dorf ist Ausgangspunkt für Wanderungen in den Caldeirão Verde bzw. auf den Pico Ruivo; die Besitzer geben gerne Tipps für Wandertouren.

●**O Escondidinho das Canas,** Pico António Fernandes, Tel. 291-572319. Die sympathische *Umbelina Batista* vermietet Privatzimmer und betreibt ein freundliches, einfaches Restaurant.

Essen und Trinken

●Die oben aufgeführten Pensionen unterhalten Restaurants. Wer ein gutes Menü mit Aussicht auf die Nordostküste genießen möchte, sollte sich einen Platz auf der kleinen Terrasse der **Quinta do Furão** sichern!

●**Estrela do Norte,** Pico António Fernandes, Tel. 291-572059. Nettes Spezialitätenrestaurant.

●**Snack Bar Moinho de Mão,** an der Hauptstraße, Tel. 291-574427. Neben Fisch und Fleisch gibt's hier auch Pizza und Toast.

●**Cantinho da Serra,** Estrada do Pico das Pedras, Santana, Tel. 291-573727. Angenehmes Restaurant mit den typisch madeirensischen Spezialitäten.

Naturpark von Queimadas

Zum Naturpark von Queimadas zweigt, von São Jorge kommend, vor Santana eine ausgeschilderte, teils grob gepflasterte, teils asphaltierte Forststraße rechts ab. Nach fünf Kilometern ist das Naturschutzgebiet mit zwei im Santana-Stil erbauten Rasthäusern, den **Casas de Queimadas,** erreicht. Eine üppig blühende Wald- und Wiesenlandschaft erwartet den Besucher, Spazierwege führen durch die fast urwaldähnliche Natur. Die Übernachtung in den beiden *pousadas* muss in Funchal reserviert werden. Secretaria Regional Agricultura e Pescas (Tel. 291-230200) erteilt die Genehmigung, im Naturpark kostenlos zu zelten.

Die Nordküste

Weinreben bei der Quinta do Furão

Bäche und Wasserfälle sorgen hier für Fruchtbarkeit, und zu jeder Jahreszeit sieht man Blüten in Hülle und Fülle. Äste und Zweige der Bäume sind mit Baumbart überwachsen.

Ausgangspunkte der Wanderungen

Von **Queimadas** kann man eine Wanderung zum „grünen Kessel" Caldeirão Verde unternehmen (Wanderung 10) oder auch zum Pico Ruivo aufsteigen, Madeiras höchstem Berg. Bequemer erreicht man diesen aber von der Hochebene **Achada do Teixeira** aus: Dazu fährt man von Santana auf der EN 101-5 ca. 14 Kilometer nach Süden und stetig durch Wald bergan, bis man die Baumgrenze hinter sich lässt und schließlich die Achada do Teixeira erreicht. Hier beginnt der Wanderweg auf den Pico Ruivo (Wanderung 11).

Beide Ausgangspunkte sind nicht mit öffentlichen Verkehrsmitteln erreichbar. Am besten nimmt man ein Taxi und vereinbart auch gleich, wann man wieder abgeholt werden möchte.

Unterkunft

●**Rancho Madeirense****, Pico das Pedras, Tel. 291-572222, Fax 572022. Ein Feriendorf in dichtem Wald, ca. 5 km auf der Straße von Santana zum Pico Ruivo. Übernachtungsmöglichkeit in zweckmäßig eingerichteten Apartments und Zimmern; Restaurant, Reitausflüge.

Wanderung 10:
Zum Caldeirão Verde –
Madeiras grünes Geheimnis

(Lydia Gallo Gau)

●**Ausgangspunkt/Endpunkt:** Queimadas
●**Schwierigkeitsgrad:** Schwer. Trittsicherheit und Schwindelfreiheit sind unbedingte Voraussetzung.
●**Gehzeit:** 4–4½ Stunden
●**Wegebeschaffenheit:** Teils sehr schmaler, ausgesetzter Steig entlang der Levada, der an gefährlichen Stellen mit Zäunen gesichert ist. Die Sicherungen können allerdings stellenweise beschädigt sein.
●**Ausrüstung:** Taschenlampe, gute Wanderschuhe, Regenschutz, Verpflegung

Auf dieser Wanderung erlebt man Madeira, wie es bei der Entdeckung im Jahr 1418 ausgesehen haben mag. In die ursprünglichen **Laurazeenwälder** kann man nur dank der Levada-Anlage, der ausgebauten Bewässerungskanäle, vordringen, so üppig wächst an der feuchten Nordküste die Vegetation. Es geht an steilen Felswänden und unzugänglichen Schluchten entlang und durch mehrere Tunnel hindurch. Ein Hauch von Abenteuer begleitet den Wanderer auf diesem Weg in den Caldeirão Verde, den „grünen Kessel". Seinen Namen trägt er nicht zu Unrecht: Am Ziel der Wanderung befindet man sich inmitten hoher, grün bewachsener Felswände, über die ein **Wasserfall** etwa 100 Meter in einen kleinen See hinabstürzt.

Die Nordküste

Recht urig: die beiden Queimadas-Rasthäuser

Man erreicht den **Ausgangspunkt Queimadas** auf einer steilen Straße von Santana aus. Schon am Parkplatz ist der Endpunkt dieser Wanderung, der Caldeirão Verde, auf einem Schild ausgewiesen. An den beiden strohgedeckten Gästehäusern und einem Teich mit Enten geht man vorbei und überquert kurz darauf eine Erdstraße. Weiter geht es immer auf gleicher Höhe zwischen Hortensien auf einem breiten Weg. Man durchquert ein Gatter, danach wird der Pfad schmaler.

Nach gut einer Viertelstunde umgeht man die Levada unterhalb auf einem Steig, die Levada-Mauer ist hier nämlich abgebrochen, und es wäre zu gefährlich, direkt am Wasserlauf weiterzuwandern. So erreicht man in einem tiefen Tal eine Brücke, der Weg ist immer wieder durch Zäune gesichert. Man kommt durch ein weiteres Tal, kommt an einem Wasserfall vorbei und wandert schließlich direkt auf der schmalen Levada-Mauer am Abgrund. Ein Drahtzaun sichert den Weg.

Wanderung 10

Nach etwa eineinviertel Stunden erreicht man den ersten von **vier Tunneln.** Da das andere Ende vom Eingang aus nicht zu sehen ist, kann eine Taschenlampe gute Dienste leisten. Sie ist auch für die weiteren Tunnel zu empfehlen. Eine Abzweigung zu einem Forsthaus ignoriert man und durchschreitet schon wenig später den zweiten Tunnel. Am abenteuerlichsten ist der dritte: Er ist ziemlich niedrig und schlängelt sich durch den Berg, so dass man in der Mitte weder den Eingang noch den Ausgang erkennen kann. Danach geht der Weg an steilen, dicht bewachsenen Felswänden entlang, durchquert den letzten, diesmal kurzen Tunnel und bringt den Wanderer an teilweise sehr ausgesetzten Stellen vorbei in ein abgelegenes kleines Tal.

In dieser **düster wirkenden Schlucht** kommt man nach etwa zwei Stunden zu einer gemauerten Rinne, die über die Levada führt. Nun verlässt man den Wasserlauf. Ein Schild weist bergauf am

Die Nordküste

Bachlauf entlang zum Grünen Kessel. Dorthin sind es auf Steigspuren nur wenige Minuten.

Dann steht man im **Caldeirão Verde,** eingeschlossen von fast senkrechten, mit Farnen bewachsenen Wänden. Ein Wasserfall stürzt in eine glasklare Gumpe, für madeirensische Verhältnisse durchaus ein See. Hier endet die Wanderung an einem der wohl abgelegensten Orte Madeiras.

Zurück geht es in etwa derselben Zeit wieder zum Ausgangspunkt.

Wanderung 11:
Von der Achada do Teixeira
auf den Pico Ruivo

- **Ausgangspunkt/Endpunkt:** Achada do Teixeira
- **Schwierigkeitsgrad:** leicht, geringe Steigung
- **Gehzeit:** ca. 2 Stunden
- **Wegbeschaffenheit:** gut sichtbarer, bequemer Wanderweg, der an einigen Stellen am Grat verläuft
- **Ausrüstung:** Wanderschuhe, Pullover, Windjacke, evtl. Wasser und Proviant

Wanderung 11

Ausgangspunkt ist der **Parkplatz an der Achada do Teixeira,** wo der Weg gut sichtbar und in sanfter Steigung nach Westen auf den Bergkamm zuführt. Hier reicht der Blick über die zwei „Großen" Madeiras: den **Pico do Arieiro** (1818 m) und den wie eine urzeitliche Ritterburg aussehenden **Pico das Torres** (1851 m). Am Nordhang entlang nähert man sich dem „Roten Gipfel", wie die Übersetzung von Pico Ruivo lautet. Teils läuft man auf einem Grat, der freie Sicht nach beiden Seiten gewährt, auf das Meer und die Berge. Nach Passieren eines steinernen Unterstands, in dem auch Schafe Zuflucht vor Regen suchen, hat man das Ziel vor Augen. Verglichen mit den Felstürmen des „Torre" (Turm) wirkt der Pico Ruivo allerdings ganz unspektakulär. Eine weitere **Steinhütte,** diesmal mit Picknicktischen an einer Quelle gelegen, lädt zur kurzen Rast.

Dann geht es weiter auf eine mit dichter Vegetation bewachsene Kuppe unterhalb des Gipfels zu. Von links mündet der Wanderweg vom Pico do Arieiro (Wanderung 15) ein. Wenige Schritte weiter bergauf steht man vor der Pico-Ruivo-Hütte, in der man Getränke und gelegentlich auch kleine Snacks kaufen kann.

Steinstufen führen weiter bergauf. An der Weggabelung hält man sich links und erreicht nach zehn Minuten Madeiras **höchsten Aussichtspunkt** in 1862 Metern Höhe. Auf gleichem Weg geht es zurück zur Achada do Teixeira.

Faial

Acht Kilometer östlich von Santana trifft die EN 101 auf den nächsten Ort an der Nordküste: Faial, mit 1500 Einwohnern eher ein Dorf als ein Städtchen. In **schöner Panoramalage** zieht es sich an einem steilen Hang hinauf. Von der Plattform, auf der sich die 1744 erbaute Kirche erhebt, blickt man auf den kompakten Felsklotz Penha de Águia.

Hoch über dem Ort sind die **Überreste eines Forts** zu erkennen. Etwa 100 Meter unterhalb von Faial mündet die Ribeira São Roque ins Meer. Dort befindet sich der **Complexo Balnear** von Faial, ein Strandbad mit Palmen, Kinderbecken,

Restaurant und Volleyballplatz am Fuß des „Adler-felsens" (s. u.).

Essen und Trinken ●**A Chava,** Sitio da Igreja, Tel. 291-573262. Der Besitzer scheint Frösche zu lieben: die veranstalten zum ausge-zeichneten madeirensischen Essen (*espetada,* Meeres-früchtesalat, *espada* mit Banane) ein lautes Quakkonzert im Gartenteich.

Penha de Águia Der 590 Meter hohe **„Adlerfelsen"** ist eine der auffälligsten Landmarken Madeiras. Er gehört ei-gentlich zum Zentralmassiv der Insel, wurde durch die Erosionstätigkeit der *ribeiras* aber davon abge-

Die Nordküste

Aufstieg zum Pico Ruivo

Blick von Faial auf den Adlerfelsen

trennt. Nur der harte Felskern überstand den Ansturm des Wassers, die weicheren Gesteinsschichten wurden weggeschwemmt und ließen den Penha de Águia schließlich in seiner isolierten und höchst malerischen Lage am Meer zurück.

Der Felsen ist ein beliebtes, wenngleich anstrengendes **Wanderziel.** Der Weg hinauf beginnt neben der Bar im Ort Penha de Águia de Baixo und führt zunächst gut sichtbar durch Terrassenfelder, später dann teils durch Gestrüpp und schwer erkennbar in einer knappen Stunde zum Gipfel.

Bus

● Busse der Linien 53 und 78 fahren von Funchal nach Faial.

São Roque do Faial

São Roque do Faial liegt inmitten von Feldern und Weinpflanzungen an der südlichsten Schleife der EN 101, die den Adlerfelsen serpentinenreich umgeht. Auch hier werden **Weiden** kultiviert und geschnitten. In der Erntezeit sieht man die zu Bündeln geschnürten langen Zweige am Straßenrand stehen. Mit etwas Glück kann man auch zugucken, wie die Weiden in großen Wasserkesseln gekocht, geklopft und geschält werden.

Porto da Cruz

Etwa zwei Kilometer den Berg hinunter sind es von São Roque do Faial nach Porto da Cruz. Der **Hafenort** mit etwa 3000 Einwohnern wird im Westen vom Penha de Águia beschattet; von einer Kiesbucht aus wächst er in Terrassen auf etwa 200 Meter Höhe hinauf. Weinreben, Weiden und Getreide überziehen die Hänge. Gelegentlich sieht man auch Zuckerrohr, das in der ortsansässigen Mühle verarbeitet wird.

In der Bucht von Porto da Cruz an der Nordostküste

Essen mit Aussicht: am Paso da Portela

Die EN 101 führt von Porto da Cruz durch hübsche Streusiedlungen und Bananenpflanzungen bergauf und erreicht nach sechs Kilometern den **Portela-Pass** in 625 Metern Höhe. Neben der **Casa da Portela** (Tel. 291-966169), einem beliebten Ausflugsrestaurant, blickt man vom *miradouro* hinunter auf die zwischen Terrassenfeldern „schwebenden" weißen Häuschen von Porto da Cruz und São Roque do Faial sowie auf die wuchtige Silhouette des Adlerfelsens und – wenn die Sicht klar ist – auf die Konturen der Nachbarinsel Porto Santo. Nach so viel Naturpanorama schmecken die *espetadas* im Restaurant besonders gut.

Obwohl die Bucht des Ortes relativ ungeschützt den von Norden anstürmenden Wellen ausgesetzt ist, kann man im Hafenbecken bei ruhigem Wetter gut baden, erst recht, seitdem auch hier ein modernes Strandbad mit Pools und schützenden Kaimauern für Bequemlichkeit sorgt.

Porto da Cruz besitzt eine sehr moderne Kirche mit einer hübschen Aussichtsplattform, von der man hinunter auf die Bucht blicken kann. Beim **Fest der Nossa Senhora de Guadalupe** am 15. August wird aber noch ganz den Traditionen verhaftet gefeiert und der kühle Kirchenbau mit Blattgrün und Blumen in ein blühendes Kunstwerk verwandelt.

Weinträger-Tradition

Solange mit Zucker gehandelt wurde, ging es am Kai von Porto da Cruz lebhafter zu, denn per Schiff wurde das „weiße Gold" nach Funchal transportiert. Heute gibt es eine bequeme Straße, die über den Portela-Pass an die Südküste führt, so dass auch die *borracheiros,* die Weinträger, nur noch aus Folkloregründen auftreten: Nach der Weinlese im September ziehen sie traditionell gewandet und mit weingefüllten Ziegenschläuchen beladen zu Fuß los, so wie es ihre Vorfahren jahrhundertelang taten, um den jungen Wein in die

> Eine lohnende **Wanderung** führt entlang der Küste
> westlich von Porto da Cruz bis nach Caniçal an der
> Ostküste. Sie wird im Kapitel „Der Osten" in umge-
> kehrter Richtung beschrieben (Wanderung 13).

Kellereien nach Funchal zu tragen. Allerdings werden sie schon bald von einem Lkw oder Bus auf-
gelesen und legen den Rest der Strecke bequem –
und stetig dem Wein zusprechend – zurück.

Bus

●Busse der Linie 56 fahren 2x tgl. über Faial nach Funchal.

Unterkunft

●**Quinta da Capela******, Sítio da Folhadal, Tel./Fax 291-
562491. Das alte Herrenhaus liegt oberhalb des Ortes in
einem schönen Garten. Fünf erlesen eingerichtete Zimmer
mit herrlichem Panoramablick und absoluter Ruhe.
●**Albergaria Penedo****, Casas Próximas, Tel. 291-563011,
Fax 563012. Freundliche, frisch renovierte Pension am
Strand, von der Terrasse herrlicher Blick über die Bucht, relativ kleine Zimmer.
●**Costa Linda****, Rua Dr. J. Abel de Freitas, Tel. 291-
560080, Fax 560089, www.costa-linda.net. Nettes Hotel
am Strand, einfache, zweckmäßige Zimmer, einige mit Balkon zum Meer.

Essen und
Trinken

●**Restaurant der Albergaria Penedo** (s. u.). Deftige Hausmannskost zu relativ hohen Preisen.
●**Penha de Ave,** Casas Próximas, Tel. 291-562127. Umgeben von Bananenstauden ist man hier köstliche Fleisch-
und Fischgerichte. Zu *espetadas,* Hühnchen und Thunfisch
gibt es ofenwarmes *bolo de caco* (Knoblauchbrot).
●**Praça do Engenio,** Rua da Praia, Tel. 291-563680. Das
Restaurant residiert in einer ehemaligen Aguardentefabrik
und hat ebenfalls Tische draußen an der Strandpromenade. Beliebt bei den Einheimischen, sehr guter und freundlicher Service.

Die Nordküste

Der Osten

Überblick: die Südostküste

Dicht besiedelt und vom alles beherrschenden Flughafen Santa Catarina geprägt, gehört Madeiras Südosten auf den ersten Blick nicht zu den attraktivsten Ferienregionen der Insel. Und doch liegt hier mit Caniço de Baixo eines der bedeutendsten Badezentren. Weiter nach Osten braucht es etwas Geduld, zwischen all den neu erbauten Gewerbegebieten, dem Flughafen und verwirrenden Auf- und Abfahrten der Autobahn Schmuckstücke wie Santa Clara oder Machico zu entdecken. Hinter Machico führt ein langer Tunnel zur wilden Felsenlandschaft der Halbinsel Ponta de São Lourenço.

Caniço

Über die von Funchal nach Osten zum Flughafen führende Autobahn ist Caniço schnell erreicht.

Wer für die Anfahrt eine gemächlichere Variante vorzieht, biege in Funchal von der Rua Dr. Manuel Pestana Junior nach rechts in die Estrada Conde Carvahal ab. An blumengeschmückten Villengärten entlang verläuft die Straße in Küstennähe nach Osten und passiert mehrere *miradouros* mit herrlichem Blick über die Bucht von Funchal, bis sie hinter São Gonçalo in die EN 204 mündet.

Caniço ist ein schmucker Ort mit etwa 8000 Einwohnern, ein sehr lebhaftes und freundliches Städtchen, das von **Landwirtschaft und Tourismus** lebt. Besonders viele Gewächshäuser sieht man in der Umgebung, in ihnen reifen Frühgemüse und Schnittblumen für den Export.

In Caniço verlief früher die Grenze zwischen den Lehensgebieten Machico und Funchal, und zwar entlang der Ribeira do Caniço. So wurden in der sehr fruchtbaren Region zwei Dörfer mit je-

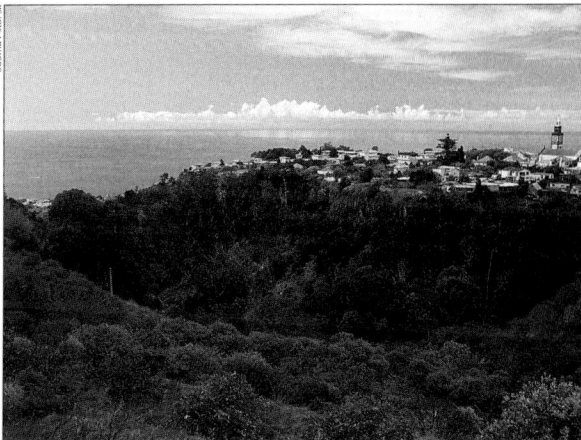

weils eigener Pfarrkirche gegründet, die eine dem hl. *Antonius,* die andere dem Heiligen Geist geweiht. Im 18. Jahrhundert hob man die Teilung auf und fasste die beiden Siedlungen zusammen. Die alten Kirchen wurden abgerissen, und an ihrer Stelle wurde auf dem 230 Meter über dem Meer gelegenen Plateau ein neues Gotteshaus im Barockstil erbaut.

Da sich die Gemeinden nicht auf einen gemeinsamen Schutzpatron für das neue Caniço einigen konnten, weihte man die Kirche kurzerhand bei-

Der Osten

Der alte Ortsteil von Caniço liegt hoch über dem Meer

Der Osten

Ilhéu do Farol

Ponta de S. Lourenço

Ponta de S. Lourenço

Ponta de S. Lourenço

Porto da Cruz

Boca do Risco

Caniçal

EN101-3

Larano

Lombo do Cheque

Caniçal-Tunnel

EN108

Rib. de Machico

▲ Pico do Facho 322

Maroços

Machico

Portela-Pass

Levada de Portela

Ribeira de Machico

EN108

Carmanchão

Agua de Pena

EN102

EN207

Santo António da Serra

✈ Flughafen

EN202

Ribeiro João Gonçalves

João Ferino

Santa Cruz

EN102

Ribeiro Serrão

EN206 Gaula

Pedras do Rochão

Rib. do Porto Novo

Rochão Camacha

Levadas

EN203

Ribeirinha

Vale Paraíso

EN205

EN201

Nogueira

EN204 Assomada

EN102

Barreiros

Caniço

Reis Magos

Caniço de Baixo

Ponta da Oliveira

Garajau

São Gonçalo

Ponta do Garajau

Funchal

0   3 km

den Heiligen, wodurch die Menschen hier gleich zwei große Kirchenfeste feiern können und damit den anderen Gemeinden Madeiras etwas voraus haben. Die **Heilig-Geist-und-Sankt-Antonius-Kirche** (Igreja Espírito Santo e Santo Antão) im Ortszentrum bildet eine weit sichtbare Landmarke. In ihrer heutigen Gestalt stammt sie aus dem Jahr 1874 und zeigt mit weißen Mauern und in dunklem Stein abgesetzten Fenster- und Türumrandungen das typische Erscheinungsbild madeirensischer Gotteshäuser. Auffällig ist der Turm mit etwas zurückversetztem Glockenhaus und Spitze. Neben dem Portal erklärt eine Tafel die Geschichte der beiden Schutzpatrone. Im Inneren ist die Kirche betont schlicht. Vor ihr lädt ein schattiger Stadtpark zur Rast.

Caniço de Baixo

Touristischer Mittelpunkt ist der Ortsteil Caniço de Baixo. Über eine Kurvenstraße vom Dorfplatz hinunter ans Meer ist er nach wenigen Minuten erreicht. **Ferienhäuser und Hotelanlagen** breiten sich entlang der Felsküste aus. Es gibt Tauchschulen, Supermärkte, zahllose Restaurants und hoteleigene Schwimmbäder. Auch hier ist der direkte Zugang zum Meer durch die felsige Küste schwierig. Die Hotels behelfen sich mit Pools und Badeanlagen, in denen man über Treppen und Leitern gefahrlos und bequem ins Wasser steigen kann. Die Anlagen des Galo Mar und des Roca Mar können auch Nicht-Hotelgäste gegen Gebühr benutzen. Ein kleiner, im Sommer allerdings sehr überlaufener Kieselstrand ist **Reis Magos,** östlich von Caniço de Baixo.

An der felsigen Küste kommen auch Taucher auf ihre Kosten. **Tauchbasen** gibt es in den beiden oben genannten Hotels. Zwischen Rocha Alta östlich Funchals und der Ponta da Oliveira bei Caniço darf nicht mehr gefischt werden. (Einen Überblick über die Unterwasserfauna gibt der Exkurs „Tauchen im Atlantik" im Kapitel „Praktische Reisetipps".)

Der Osten

❸ Bushaltestelle
☎ Telefonzelle

Caniço,
Funchal

Klerk
Café

Cervejaria
Alemã

Villa
Opuntia

Funchal

Inn&Art

Galo Resort

Meeresschwimmbecken

Der Küstenstrich erlebte in den letzten Jahren eine rasante Entwicklung, die Neubausiedlungen haben benachbarte Badeplätze wie **Ponta de Garajau** im Westen und **Reis Magos** im Osten erreicht. Daran waren vor allem deutsche Investoren beteiligt. Entsprechend gilt Caniço de Baixo als die Enklave der *Alemãos* auf Madeira.

Bus

● Zahlreiche Verbindungen, darunter Busse der Linie 2 von Funchal nach Caniço und der Linie 136 über Ponta de Garajau nach Caniço de Baixo.

Fahrzeug-Vermietung

● **Magoscar** und **Rent a Bike,** Caniço de Baixo, Tel. 291-934818, www.magoscar.com. Magoscar bietet hervorragende Betreuung und gut gewartete Fahrzeuge; auch Motorräder werden hier vermietet.

Taxi

● **Caniço:** Sitio da Vargem, Tel. 291-934640.
● **Caniço de Baixo:** am Hotel Ondamar, Tel. 291-934522.

Caniço de Baixo

| Bank | •**Banco Espiritu Santo,** am Kirchplatz in Caniço, Tel. 291-934501. |

Bank
•**Banco Espiritu Santo,** am Kirchplatz in Caniço, Tel. 291-934501.
•**Banif,** am Kirchplatz in Caniço, Tel. 291-930620.

Tauchen
•**Manta Diving Center,** Lido Hotel Galo Mar, Tel. 291-935588, www.mantadiving.com.
•**Scuba Diving Atalaia,** im Hotel Roca Mar, Tel. 291-934330, www.atalaia.com.

Unterkunft
In Caniço de Baixo:
•**Royal Orchid**********, Tel. 291-934600, Fax 934700, www.hotelroyalorchid.com. Moderner, luxuriöser Apartmentkomplex mit eigenem Meerzugang, Innen- und Außenpool sowie Fitness-Center.
•**Ondamar**********, Tel. 291-930930, Fax 934555, www.galo resort.com. Hotel und Apartmentanlage für gehobene Ansprüche, ein Haus des *Bachmaier*-Clans.
•**Lido Roca Mar**********, Tel. 291-934334, Fax 934044, www.hotelrocamar.com. Standard und Ausstattung wie Galo Resort, auch die Felsenbadeanlage erfüllt alle Wünsche.
•**Galo Resort**********, Tel. 291-934566, Fax 934555, www.galoresort.com. Das Flaggschiff der *Bachmeiers.* Modernes Ambiente, mit wunderschöner Badeanlage in den Felsen

Der Osten

Deutsche im Tourismusgeschäft von Caniço de Baixo

Drei deutsche Namen sind mit der touristischen Entwicklung Caniços besonders verbunden: die Hoteliersfamilie *Bachmaier,* der Taucher *„Manta-Rainer"* und der Maler *Armin Sprotte. Bachmaiers* waren die Pioniere im **Hotelgewerbe** von Caniço de Baixo. Mit dem 1974 eröffneten „Galo Mar" wagten sie sich fort von der Hotelzone in Funchal an den damals noch wenig vom Tourismus berührten Küstenstrich östlich der Hauptstadt, an dem nur einige Ferienhäuser standen.

Ungefähr zur gleichen Zeit begannen *Rainer* und *Gisela Waschkewitz* mit ihren Tauchgängen an der Küste und gründeten eine eigene **Tauchschule –** *Rainer Waschkewitz* ist seitdem als „Manta-Rainer" in Tauchkreisen bekannt. Sie setzten, nachdem die von ihnen angefütterten Fische zutraulich geworden waren und zuhauf in die Netze der Fischer wanderten, ein **Unterwasser-Schutzgebiet** zwischen Rocha Alta und Ponta da Oliveira durch.

Siegward Sprotte kam zum Malen nach Madeira, was seinen Sohn *Armin* in den 1990er Jahren schließlich dazu veranlasste, auf der Insel auch wirtschaftlich tätig zu werden. Mit dem Hotel Inn&Art eröffnete er eines der individuellsten Häuser auf der Insel.

unterhalb des Hotels, hauseigener Tauchschule und einem breiten Aktivprogramm.

●**Inn&Art*****, Tel. 291-938200, Fax 938219, www.innart.com. Das kleine, moderne Hotel über den Felsen ist eine Enklave für Individualisten. Geschmackvoll ausgestattet mit Bildern des Malers *Siegward Sprotte* und mit malerisch dekoriertem madeirensischen Hausrat ist es geprägt von einer kühlen, ruhigen Atmosphäre. Es werden auch Apartments und Ferienhäuser vermietet.

●**Villa Opuntia*****, Tel. 291-934624, Fax 934518, www.villaopuntia.com. Die liebevoll und freundlich eingerichtete kleine Anlage um einen Pool liegt am Rand der Feriensiedlung abseits des Rummels mit schönem Blick übers Meer; mehrere Wanderwege direkt vor der Haustür.

●**Villa Ventura****, Tel. 291-934611, Fax 934680, www.villaventura.com. Die Pension hat kürzlich den Besitzer gewechselt und wird nun wieder aufmerksam geführt. Beliebt ist das Restaurant mit deftigen Grillgerichten.

●**Klerk's Café****, Tel. 291-934316. Ein rustikales Haus am Hang auf dem Weg von der Küste nach Caniço. Der deutsche Inhaber kümmert sich persönlich um seine Gäste.

In Caniço:
●**Quinta Splendida******, Sitio da Vargem, Tel. 291-930400, Fax 930401, www.hotelquintasplendida.com. Ein traumhaft schöner Garten, in dem die Bungalows, Apartments und der Pool der Hotelanlage zwischen den duftenden Blüten kaum auszumachen sind. Die *quinta* liegt gleich neben dem Dorfplatz in Caniço und rühmt sich, eines der besten Restaurants der Insel zu haben. Viele Schweizer und Deutsche als Gäste.
●**Dom Pedro Garajau*****, Sitio da Quinta, Tel. 291-934421, Fax 934454, www.dompedro.com. Im Ortsteil Garajau gelegene Hotelanlage mit sehr komfortabler Ausstattung, Hallenbad und Außenpool und clubähnlichem Unterhaltungsprogramm.
●**Residencial A Lareira,** Sitio da Vargem, Tel. 291-934284. Die Pension am Hauptplatz gegenüber der Kirche ist der ideale Ort, um dem Touristenrummel unten am Meer zu entgehen. So Ruhetag. Besser telefonisch anmelden!

Essen und Trinken

In Caniço de Baixo:
●**Klerk's Café** (s. Unterkunft). Hier wird madeirensisch gegrillt und deutsch gekocht. Gelegentlich gibt es sogar Leberkäse aus der familieneigenen Metzgerei.
●**Inn&Art** (s. Unterkunft). Der Küchenchef bemüht sich um leichte, ausgewogene Kost, auch Vegetarisches findet sich auf der Speisekarte. Abends veranstaltet das Inn&Art

Der Osten

„Themen-Dinner", mal mit madeirensischer Küche und Folkloregruppen, mal mit delikaten internationalen Gerichten und Jazz-Begleitung. Unbedingt reservieren!

●**Cervejaria Alemã,** Tel. 291-934915. Deutsches Bier und deutsche Kost, was will man mehr? Ganz so schlimm ist es nicht – auch Madeira-Spezialitäten stehen auf der Karte.

●**A Rede,** Tel. 291-934427. Fisch und Meeresfrüchte sind Spezialitäten in diesem netten Restaurant.

●**Origens,** Estrada Avelino Pinto 64, Tel. 291-936681. Nettes Restaurant am östlichen Ortsrand von Caniço de Baixo, ausgezeichnete portugiesische Küche, netter Service.

In Caniço:

●**La Perla,** in der Quinta Splendida (s. Unterkunft). Eines der besten Restaurants Madeiras, allerdings an den Wochenenden häufig wegen Familienfeiern geschlossen. Nicht zu verwechseln mit dem Hotelrestaurant für Pensionsgäste, dem man etwas mehr Aufmerksamkeit und einen Koch wünschen möchte, der zumindest die Standards beherrscht.

●**O Boieiro,** Fugueirinhas, Caniço, Tel. 291-934332. Von außen sieht man dem Restaurant an der Hauptstraße EN 204 nicht an, dass im Inneren ein kenntnisreicher und fantasievoller Koch waltet. Vor allem Fisch wird hier nach allen Regeln der Kunst zubereitet.

●**A Lareira,** Sitio da Vargem, Caniço. Ein sympathischer Familienbetrieb, in dem viele Madeirenser einkehren. Die *espada* mit Banane schmeckt delikat.

Nachtleben In Caniço und Caniço de Baixo herrscht abends friedliche Ruhe. Tanzveranstaltungen werden gelegentlich von den Hotels organisiert. Man wartet sehnsüchtig auf einen Investor mit Disco-Erfahrung. Ein Ausweichprogramm für Tanzsüchtige gibt es in Machico und Funchal.

●Die schummrige **Kellerbar Habeas Corpus** (Edificio Ventur, Tel. 291-934780) in Caniço de Baixo ist eine von Deutschen geführte, sympathische Kneipe, zu der auch ein Restaurant gehört. Sie ist bis 2 Uhr morgens geöffnet und Treffpunkt aller, die abends noch etwas erleben wollen.

Der Osten

Die Pfarrkirche von Caniço ist zwei Heiligen geweiht

Ausflug zu den Ilhas Desertas

Von Caniço de Baixo aus lassen sich Ausflüge zu der unbewohnten Inselgruppe östlich von Madeira, den Ilhas Desertas, unternehmen. Die Inseln und das vorgelagerte Meer sind **Naturschutzgebiet** und dürfen deshalb nicht betreten werden. Der Ausflug dauert zwischen einer und mehreren Stunden, denn meist wird unterwegs zum Schnorcheln oder Tauchen Rast gemacht. Ausflüge zu den Desertas bieten verschiedene Unternehmen in Caniço und Funchal an. Empfehlenswert ist Costa di Sol, Tel. 291-238538.

Auf den Inseln leben giftige **Wolfsspinnen** und **Mönchsrobben,** die hier ihr Rückzugsgebiet gefunden haben.

Wanderung 12:
Von Assomada nach Camacha –
Aufstieg zur Hochburg der
Korbflechter

(Lydia Gallo Gau)

- **Ausgangspunkt/Endpunkt:** Assomada bei Caniço – Camacha
- **Schwierigkeitsgrad:** Mittel. Trittsicherheit und Schwindelfreiheit sind für einige Abschnitte nötig.
- **Gehzeit:** 2½ Stunden
- **Wegbeschaffenheit:** zum Teil Straßen, entlang der Levada manchmal schmale Steige, zum Schluss steiler Anstieg über einen Pflasterweg
- **Ausrüstung:** Wanderausrüstung, Proviant, Trinkwasser

Diese Wanderung führt von der betriebsamen Südküste Madeiras in ein abgeschiedenes und landschaftlich sehr ursprüngliches Tal. Zuerst geht es einsam an einer kleinen Levada entlang, dann folgt ein steiler Aufstieg zur Hochburg der Korbflechter Madeiras nach Camacha.

Wanderung 12

Der Osten

Man startet bei der großen **Kirche in Assomada.** Direkt vom Kirchplatz geht es über einige Stufen zur Asphaltstraße hinauf. Der Straße folgt man etwa einen Kilometer bergauf, kurz nach der Bar O Moinho sieht man in einer scharfen Linkskurve einen auffälligen Aquädukt bei einem alten Mühlhaus. Hier beginnt die Levada-Wanderung. Am Wasserlauf entlang geht es Richtung Osten, wenig später biegt man in das **Porto-Novo-Tal** ein. Der Erdweg verläuft direkt neben der Levada. Man spaziert durch schöne Kiefern- und Eukalyptuswälder, kaum ein anderer Wanderer wird einem hier begegnen.

Nach einer Dreiviertelstunde erreicht man einen kurzen Tunnel, für den man keine Taschenlampe benötigt. Auf dem Weg sieht man immer wieder auf die für die madeirensische Landwirtschaft typischen Terrassen hinüber. Der Steig wird nun zum Teil etwas schmaler, er führt in ein abgelegenes Seitental. Man überquert auf einer kleinen Brücke ohne Geländer einen Graben. Die Wanderung wird hier ein bisschen anspruchsvoller, **Trittsicherheit** und eine gewisse **Schwindelfreiheit** sind vonnöten; steil brechen die Hänge am Wegesrand ab. Nach einer Levada-Anlage mit einem Rechen erreicht man kurze Zeit später eine Stelle, bei der man besonders bei Nässe aufpassen muss. Man verlässt die Levada für ein paar Schritte und folgt dem Steig oberhalb einer steilen Felsrinne. Hier darf man nicht ausrutschen, denn es besteht Absturzgefahr!

Tief im Porto-Novo-Tal kommt man dem Talboden immer näher. Wenn es nun plötzlich laut platscht, sind das Frösche, die sich vor den Füßen des Wanderers ins sichere Wasser retten. Nach etwa eindreiviertel Stunden gelangt man zu einem mit **Holzschildern gekennzeichneten Abzweig.** Nach Camacha geht es geradeaus weiter an der Levada entlang.

Wenige Meter später verlässt man dann den Wasserlauf und steigt nach links auf einer Treppe steil bergauf. Jetzt ist Kondition gefragt. Man kommt an Gemüseterrassen, Ställen und Wohnhäusern von Bauern vorbei, auf einem Pflasterweg geht es geradeaus steil den Berg hinauf. So gelangt man nach einer weiteren halben Stunde auf eine Straße und geht weiter stetig bergan. An den Häusern vorbei erreicht man nach etwa zweieinhalb Stunden das Ziel der Wanderung, den gro-

Der Osten

Die Korbwaren sind in Camacha direkt beim Hersteller käuflich zu erwerben ßen **Hauptplatz von Camacha** mit seiner parkähnlichen Anlage. Linker Hand liegt nun das Café Relógio, in dem man sich mit echtem madeirensischen Milchkaffee *(chinesa)* und köstlichem Gebäck stärken kann.

Auf einen Besuch im Korbflechterladen gleich nebenan sollte man auf keinen Fall verzichten. Bei aller Begeisterung über die schönen **Korbwaren** darf man allerdings nicht vergessen, dass man die Souvenirs auch ins Flugzeug mitnehmen muss!

Zurück zum Ausgangspunkt nach Assomada gelangt man am besten mit dem Bus, die Haltestelle befindet sich direkt am Hauptplatz.

Santa Cruz

Die EN 204 führt knapp am außerordentlich **hübschen Ortszentrum** von Santa Cruz vorbei, und man verspürt auf den ersten Blick wenig Lust, von der vielbefahrenen Hauptstraße abzubiegen, da man sich gar nicht vorstellen kann, dass sich direkt nebenan ein wahres Kleinod versteckt. Die tief über dem Ort in Richtung Landebahn donnernden Flugzeuge tun das ihre, um diesen Eindruck zu verstärken. Es lohnt sich aber, die Straße zu verlassen.

Legenden berichten, dass der heute etwa 20.000 Einwohner zählende Ort bereits kurz nach *Zarcos* Landung auf Madeira gegründet wurde. Der Entdecker sei bei einer seiner Erkundungsfahrten um die Insel von einem der vielen Stürme – die ihn offensichtlich regelmäßig irgendwohin trieben – in der Bucht von Santa Cruz gelandet, wo er gleich ein Kreuz aufstellen ließ, um Gott für seine Rettung zu danken. Das Kreuz *(cruz)* gab der schnell wachsenden Siedlung ihren Namen.

Um Santa Cruz wurde bevorzugt **Zuckerrohr angebaut,** später dann Wein, und auch heute noch wird jeder Quadratmeter der recht flachen Umgebung landwirtschaftlich genutzt.

Ausbau ohne Ende – Flughafen Santa Catarina

Erst 1964 erhielt Madeira mit Santa Catarina einen eigenen Flughafen. Lange wurde im Vorfeld gestritten, ob nicht die Paúl da Serra, die einzige größere Ebene der Insel, als Landeplatz für die Ferienflieger geeigneter sei als die schroffe Küste. Schließlich gab das Wetter den Ausschlag, denn mit der häufig nebelverhangenen Hochebene hätten die Piloten keine Freude gehabt. Die hatten sie allerdings auch nicht, wenn sie die mit 1600 Metern viel zu kurze Landebahn von Santa Catarina anvisieren mussten: Nicht nur, dass kaum Spielraum beim Bremsen blieb – zu allem Überfluss musste man auch noch zielsicher zwischen hohen Felswänden und dem Atlantik zur Landung einschwenken.

1985 wurde eine neue, in einem leichten Bogen auf Stelzen verlängerte Landebahn gebaut. Doch hatte sie ebenfalls schnell die Grenze ihrer Belastbarkeit erreicht, denn für Jumbos war sie nicht geeignet. Zur Jahrtausendwende wurde der dritte Akt im Drama „Flughafenausbau" präsentiert. Nun hatte man wirklich an alles gedacht, die Landebahn reicht auch für die Riesen der Lüfte. Das Starten und Landen am neuen Super-Aeroporto soll nun sicherer sein. Beim Anflug bleibt aber wohl immer noch die bange Frage: Schafft er's oder schafft er's nicht? Übrigens – Katastrophen hat es trotz aller Improvisation auf Santa Catarina bislang nicht gegeben.

Pfarrkirche São Salvador   Am Stadtpark mit dem hübschen Rathaus und dem Gerichtsgebäude vorbei gelangt man zum Hauptplatz mit der imposanten Pfarrkirche São Salvador. Zwischen 1533 und 1686 wurde an dem dreischiffigen Bau gearbeitet, der aussieht wie eine **kleinere Ausgabe der Sé** in Funchal. Die weißen Mauern mit dunklen Basaltkanten an den Ecken, der wuchtige, von Rundbogenfenstern durchbrochene Turm, die Christusorden-Kreuze als zinnenartiger Abschluss des Kirchendaches und viele Steinmetz-Details sind **manuelinischem Kunstverständnis** zu verdanken. Im Inneren stammen ein Zwillingsportal in einer Kapelle, die gotische Gewölbekonstruktion und die Reliefdekors über dem Hauptaltar aus der manuelinischen Epoche.

Der Osten

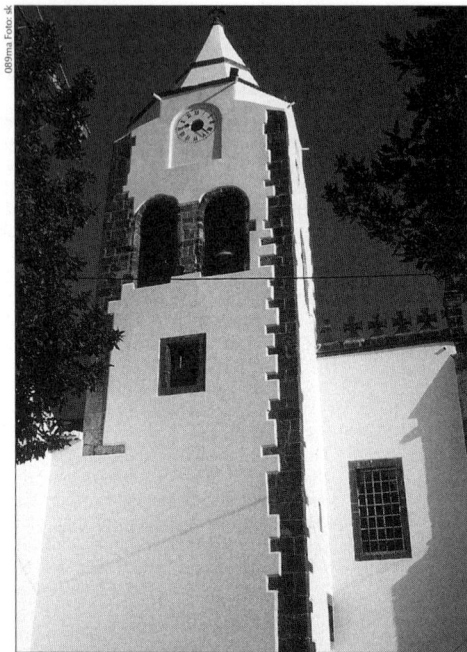

1999 wurde die Kirche gründlich renoviert. Die schöne **Abendmahl-Skulpturengruppe** wurde aber leider nicht im Kirchenschiff aufgestellt. Sie wird in der Sakristei aufbewahrt, wo außerdem noch alte *azulejos* aus dem 16. Jahrhundert an den Wänden erhalten sind.

Altstadt Viele Gassen der Altstadt zwischen Kirche und Meerespromenade sind verkehrsberuhigt; die Häuser wurden frisch getüncht; Blumentöpfe in schmiedeeisernen Ampeln schmücken die Straßen. Santa Cruz hat sich in den letzten Jahren richtig herausgeputzt. An der kleinen Praceta Padre Gabriel Olavo Garcês laden Cafés zur Rast unter Bäumen. Auch am Strand tut sich viel: Ab 2006 wird das Vier-Sterne-Strandhotel *Vila Galé*

Santa Cruz (www.vilagale.pt) wieder zahlungskräftige Touristen in das Städtchen bringen.

Strandbad

Hübsch ist das Strandbad **Praia das Palmeiras.** Die Badenden ruhen unter Palmwedeln auf recht grobem Kies und schauen den Ferienfliegern hinterher, die vor allem an Donnerstagen im Stoßverkehr landen und starten. Die wenigsten scheint dies zu stören, und trotz des gelegentlichen Lärms herrscht am Strand eine ruhige, angenehme Atmosphäre.

Wenige Schritte entfernt geht es am Vormittag wesentlich lebhafter zu, wenn im **Mercado Municipal** Bauern und Fischer ihre Waren ausbreiten.

Aquaparque

Von Funchal kommend, sieht man kurz vor Santa Cruz links im Flussbett der Ribeira de Boaventura Madeiras einziges **Wasserpark** mit Riesenrutschen, Pools, unterschiedlich schnellen Strömungskanälen, Kinderspielplätzen etc.
● Geöffnet: tgl. 10–19 Uhr, Eintritt 5 €.

Bus

● Busse der Linien 23, 52, 78 und 113 von Funchal in Richtung Flughafen Santa Catarina.

Taxi

● Taxistand im Stadtzentrum, Tel. 291-524430.

Unterkunft

● **Residencial Santo António****, Rua Cónego César de Oliveira, Tel. 291-524198, Fax 524264. Eine freundliche Pension im Stadtzentrum mit winzigem Garten und kleinen, aber sauberen Zimmern.

Essen und Trinken

● **A Raposa,** 20, Rua Cónego César de Oliveira, Tel. 291-524406. Preiswerte madeirensische Spezialitäten und Pizza, auch zum Mitnehmen, freundliches Personal.
● **Bom Jesus,** Rua do Bom Jesus. Die Bar bei der Kirche kocht mittags für Angestellte aus den umliegenden Büros. Es gibt Schweinefleisch in Wein und Knoblauch, Suppe oder Fisch zu günstigen Preisen.

Der Osten

São Salvador ist ein eindrucksvolles Monument manuelinischer Architektur

Machico

Kaum sind Flughafen und der Ort Penha de Agua, dessen touristische Zukunft durch den Aeroporto auf einen Schlag zunichte gemacht wurde, passiert, findet man sich wieder inmitten tiefgrüner Felder voller Bananenstauden. Machico liegt an einer großen und gut gegen Seegang **geschützten Bucht** und ist jener Ort, an dem *Zarco* und seine Schiffsbesatzung 1419 das erste Mal madeirensischen Boden betraten.

Der Osten

♟	1	Capela São Roque
⛪	2	Dom Pedro Baía
⛪♟	3	Residencial O Facho
★	4	Casa das Bordadeiras
♟	5	Nossa Senhora da Conceição
⛪	6	Residenciâo Amparo
♦	7	Mercado Velho
♦♦	8	Forte do Amparo
♦	9	La bonne Bouffe
♟	10	Capela do Senhor dos Milagres

Geschichte Im Jahr 1440 wurden Machico und der Osten Madeiras dem Legatskapitän *Tristão Vaz Teixeira* unterstellt. Dieser förderte nach Kräften den **Zuckerrohranbau,** wobei er sich, glaubt man bösen Zungen, eine goldene Nase verdiente. In den folgenden Jahrhunderten wurde es still um Machico.

Im 20. Jahrhundert versuchte man durch den Bau einer Fischkonservenfabrik Arbeitsplätze zu schaffen, was jedoch misslang: Die Anlage verrottet heute ebenso wie die vier Zucker verarbeitenden Betriebe, die ebenfalls geschlossen wurden. Machico blieben der Fischfang und die Landwirtschaft im relativ breiten, tiefen Tal.

Vorhergehende Seite: Im fruchtbaren Tal von Machico

Orts-zentrum

Trotz der sicherlich nicht blendenden wirtschaftlichen Perspektive macht der 13.000-Seelen-Ort einen sehr schmucken und lebhaften Eindruck. Im Mittelpunkt steht das 1919 errichtete Rathaus und ihm gegenüber die **Kirche Nossa Senhora da Conceição,** umgeben von einem schattigen Park. Im 15. Jahrhundert wurde das Gotteshaus von Madame *Teixeira* gestiftet. Manuelinischer Putz schmückt die Fassade, darunter ein besonders gelungenes zierliches Zwillingsportal. Barockes Schmuckwerk beherrscht das Innere. In einer Seitenkapelle befindet sich, kenntlich durch das Familienwappen, die Grabstätte der Familie *Teixeira.*

Vom Kirchenvorplatz schaut eine Statue des Legatskapitäns kühn in Richtung Meer. Folgt man ihrem Blick, findet man sich in schmalen, grob gepflasterten Gassen mit Geschäften wieder und gelangt schließlich zum **Mercado Velho.** Die ehemalige Markthalle wird heute als Restaurant und Gartencafé genutzt.

Nun sind es noch wenige Schritte zum **Forte do Amparo,** einer kleinen Festung mit dreieckigem Grundriss, die heute von der Touristinformation als Büro genutzt wird. Im 17. Jahrhundert hatte sie wesentlich gefährlichere Aufgaben zu erfüllen. Gaben die Posten am Pico do Facho Signal, dass sich Piraten näherten, mussten die Kanonen geladen werden.

In der Bucht

Zu Füßen des Forts liegt Machicos **Strandbad,** natürlich ein Kiesstrand wie überall auf Madeira, aber dank der bequemen Liegen und betonierten Wege ins Wasser durchaus reizvoll. Östlich davon befand sich früher die **Fischhalle,** wo Ausrufer den Tagesfang lautstark versteigerten. Heute sind die Räume als Büros vermietet.

Läuft man die Bucht entlang nach Westen auf das unübersehbare Hotel Dom Pedro Baia und das Kulturzentrum „Forum" zu, erreicht man die kleine **Kapelle São Roque,** die Ende des 15. Jahr-

Der Osten

hunderts errichtet und in Pestzeiten besonders verehrt wurde. Die Kapelle ist meist verschlossen, so dass man die hübschen *azulejos* im Inneren nicht besichtigen kann.

Stolz ist man auf das postmoderne **„Forum"** mit Bibliothek, Kino, Parkhaus und einem Buffet-Restaurant. Der grobkieselige Strand wurde mit Liegen bequemer gemacht.

Fischerviertel

Das Fischerviertel **Banda d'Alem** liegt östlich der Ribeira do Machico, die mitten im Ort ins Meer mündet und ihn in zwei Teile zerschneidet. Vom Rathausplatz oder von der Uferpromenade gelangt man über eine Brücke in diesen alten Stadtteil, in dem die bedeutendste Kapelle des Ostens verehrt wird: die **Capela do Senhor dos Milagres.** Kurz nach der Landung in der Bucht von Machico gab *Zarco* angeblich den Auftrag, hier ein

Im Fischerviertel Banda d'Alem

erstes Gotteshaus zu errichten. Hundert Jahre später brannte es ab, wurde wieder aufgebaut und dann im 19. und 20. Jahrhundert zweimal von Sturmfluten beschädigt. 1803 wurde dabei ein Kruzifix fortgeschwemmt, das ein Fischer nach Tagen im Meer treibend und nahezu unversehrt wiederfand. Die Capela do Senhor dos Milagres wurde dem „Herrn der Wunder" geweiht, und Machico hatte ein neues Kirchenfest: Am 8. und 9. Oktober gedenken die Menschen mit nächtlichen Bootsprozessionen der wunderbaren Errettung des Kruzifixes. Das kleine Gotteshaus wirkt im Inneren ganz unspektakulär und schlicht, das Eingangsportal stammt noch aus manuelinischer Zeit.

Von der Wunderkapelle nach links und auf das Meer zu erreicht man Machicos neuen **Yachthafen Porto de Recreio** mit dem Bar-Restaurant *Baia* und Läden für den Segelbedarf. Der frühere Strand, an dem man im Schatten alter Fischerboote baden konnte, existiert nicht mehr.

Madeira-Stickerei

Auch in Machico verdienen Frauen und Mädchen ein Zubrot mit Madeira-Stickerei; es gibt eine Stickschule, die man besichtigen kann. Die **Casa das Bordadeiras de Machico** residiert in einem alten Haus an der EN 204 in Richtung Caniçal. Hier werden schöne Handarbeiten verkauft. Kurz dahinter führt eine schmale Straße links hinauf nach Santo da Serra.

Info

●**Touristeninformation** im Forte do Amparo, Tel. 291-965712, Mo–Fr 9.30–12.30 und 14–17.30 Uhr, Sa 9.30–12 Uhr. Hier gibt es einen Reiseführer über Machico zu kaufen, der Wanderwege in der Umgebung beschreibt.

Bus

●Busse der Linien 23, 53, 78, 113 und 156 fahren ab Funchal.

Taxi

●Taxistand am Largo Municipal gegenüber der Kirche, Tel. 291-961989.

Der Osten

Die Legende von Machico – eine tragische Liebe

Viel wurde und wird über den tatsächlichen Entdecker Madeiras spekuliert, und ebensoviel darüber, woher der Name Machico stammt. Historiker bemühen einen portugiesischen Kapitän gleichen Namens, der die Bucht von Machico vor *Zarco* entdeckt haben soll. Romantiker halten es da lieber mit der Geschichte über den britischen Edelmann *Robert Machim* und seine schöne Geliebte. Sie wurde erstmals von dem deutschstämmigen *Valentim Fernandes* im Auftrag des Geographen *Konrad Peutinger* Anfang des 16. Jahrhunderts aufgezeichnet und wird seither in zahllosen, immer bildhafter ausgeschmückten Versionen von anderen Autoren verbreitet:

Aus unbekannten Gründen vom Hofe verbannt, belud *Machim* ein Schiff, um mit seiner nicht standesgemäßen Freundin in Spanien Zuflucht zu suchen. Ein schwerer Sturm trieb seine Karavelle vom Kurs ab und zunächst in Richtung Porto Santo. Als sich das Wetter besserte, erblickten die Flüchtigen die Silhouette Madeiras, segelten hinüber und gingen in der Bucht von Machico an Land.

Einige Tage später unternahm *Machim* einen Erkundungsgang über die Insel; als er zurückkehrte, war sein Schiff verschwunden. Die Besatzung hatte sich mit all seinem Hab und Gut abgesetzt, nur die treue Geliebte erwartete den Edelmann am Strand. *Machim* tat sein Bestes, um die primitiven Lebensumstände zu verbessern, doch die schöne Dame verfiel angesichts des entsetzlichen Schicksals in tiefe Depressionen und starb vor Kummer, wie der Chronist *Valentim Fernandes* erzählt.

Machim bestattete sie und errichtete über ihrem Grab die Kapelle Santa Cruz. Dann zimmerte er sich ein einfaches Boot, stach in See und landete, erneut von einem Sturm verschlagen, an der Küste Marokkos. Immerhin überlebte er und hatte Gelegenheit, die Geschichte von der Entdeckung Madeiras dem König von Fès zu erzählen. Dieser versprach sich wenig Profit von der Insel und schickte *Machim* nach Spanien, wo er König *Johann I.* von Kastilien über seine Entdeckung berichtete. Dies geschah fast hundert Jahre vor *Zarcos* großem Coup!

Es gibt viele Versionen dieser Legende – ihr Wahrheitsgehalt lässt sich nicht ermitteln. In Machico jedenfalls glaubt man fest daran, dass die schöne englische Dame unter der Capela do Senhor dos Milagres bestattet liegt.

Bank

●**Banif,** B. Ribeirinho 3, Tel. 291-969310.

Wassersport

●**Diving Center Baleia,** Hotel Dom Pedro Baía, Tel. 968052543 oder über das Hotel. Tauchkurse und Exkursionen.
●Verleih von Booten, Wasserski, Aquascootern etc. am Strand.

Der Osten

Ein Picasso als Gobelin

Unterkunft

●**Dom Pedro Baía******, Est. de São Rocque, Tel. 291-965751, Fax 966889, dpbaia@mail.telepa.pt. Die Hotelarchitektur schreckt ab, im Inneren ist es aber sehr komfortabel. Es hat einen großen Pool, schön eingerichtete Zimmer und aufmerksamen Service. Hauseigene Tauchschule (s. o.).

●**Residencial O Facho***, Pracet a 25 de Abril, Tel. 291-962786, Fax 961118. Nette Pension mit angeschlossenem Restaurant.

●**Residencião Amparo****, Rua da Amargura, Tel. 291-968120, Fax 966050. Zentral und nicht weit vom Strand gelegen, freundliche Ausstattung.

Essen und Trinken

●**Mercado Velho,** Tel. 291-965926. Das Café-Restaurant auf dem Alten Markt ist ein hübscher Platz für die Mittagsrast. Unter Jacaranda-Bäumen kann man Passanten beobachten und kleine Snacks oder gute madeirensische Küche goutieren.

●**La bonne Bouffe,** Tel. 291-967143. Gegenüber dem Mercado Velho gibt es Pizza und Hot Dogs.

●**O Facho,** Restaurant der gleichnamigen Pension (s. Unterkunft) mit guter Hausmannskost wie *espetada* (Rindfleischspieß) und *bacalhau* (Stockfisch).

Caniçal

Der Fischerort Caniçal liegt ganz im Norden der Ostküste Madeiras, unmittelbar am Anfang der Ponta de São Lourenço, der felsigen Halbinsel, die sich weit nach Osten in den Atlantik hinein erstreckt. Bei der Anfahrt umrundet man das Tal von Machico auf einer serpentinenreichen Straße und erreicht dann einen Tunnel, der aus grüner Berglandschaft in karges Felsenland hinüberleitet.

Am Caniçal-Tunnel

Wer Lust hat, sich einmal als Signalposten zu versuchen, kann vor dem Tunnel einen Zwischenstopp einlegen und in einer halben Stunde zum 322 Meter hohen **Pico do Facho** hinaufwandern, auf dem früher mit Fackeln Piratenalarm gegeben wurde. Die Rundsicht von oben ist spektakulär und lässt den Wanderer einen ersten Blick auf die Ostspitze Madeiras werfen, wo ihn karge Felslandschaft erwartet. Am Caniçal-Tunnel beginnt auch eine abwechslungsreiche **Wanderung an die**

Der Osten

Meist schmälert grober Kies das Badevergnügen

Nordküste der Insel (Wanderung 13). Wer sich davor noch stärken möchte, kann in folgenden Restaurants an der EN 204 einkehren:

● **Restaurante O Tunel,** Estrada de Caniçal, Tel. 291-962459. Nicht die Küche ist rühmenswert, eher der Blick.
● **Restaurante Marisqueira,** Poço do Gil, Estrada do Caniçal, Tel. 291-962792. Hier gibt's frische Fischspezialitäten, Brathähnchen und eine Terrasse, von der aus man über das Tal blickt.

Hinter dem Tunnel tritt die Felsenlandschaft des trockenen Ostens in Erscheinung. Caniçal und die Ponta de São Lourenço empfangen deutlich weniger Niederschläge als der Rest der Insel, und auch *ribeiras* fehlen hier. Dafür gibt es viel Wind, dessen Energie große **Windräder** in das Stromnetz einspeisen. Um die bis 1956 nur per Boot oder auf Fußpfaden erreichbare Ecke wirtschaftlich aufzuwerten, gründete die Autonome Region Madeira hier eine Freihandelszone. Deren hohe Zäune und **moderne Industriebauten** signalisieren dem Ankommenden jedoch nicht gerade rege Tätigkeit, sondern vielmehr Agonie. Tatsächlich halten sich Investoren vorläufig noch zurück. Durch das etwas bizarr wirkende Gelände führt die Straße hinunter nach Caniçal und endet am Meer.

An den Kais von Caniçal findet man immer ein paar Männer beim Dominospiel und viele schwer bepackte Wanderer, die von hier zu ihrer Tour auf die Ponta de São Lourenço starten. Auch hier wurde ein hübscher „Complexo Balnear" errichtet, mit Liegen, Meerwasserpools und dem Bar-Restaurant *La Brisa*. Ansonsten ist in dem Fischerort nichts los.

Wal-Museum

Das Wal-Museum gegenüber den Kais ist Caniçals einzige Attraktion, diese jedoch ist unbedingt sehenswert. Bis 1981 betrieb man hier Walfang, schlachtete die erlegten Tiere vor Ort aus und ver-

Fischer beim Dominospiel in Caniçal

arbeitete sie weiter. Als Portugal dem Washingtoner Artenschutzabkommen beitrat, verloren die Walfänger ihren Job. Einer unter ihnen wandelte sich vom Saulus zum Paulus und engagierte sich fortan für den Schutz der Meeressäuger. Bis zu seinem Tod vor einigen Jahren war der auskunftsfreudige Herr eine wandelnde Bibliothek zum Thema Pottwale. Ihm ist auch die Einrichtung des Wal-Museums zu danken.

Das kleine Museum präsentiert sehr eindrucksvoll **Techniken und Gefahren des Walfangs** und vor allem das Größenverhältnis eines traditionellen Holzbootes zum Wal. Ein Film zeigt die Jagd auf den Wal als grausamen blutigen Kampf, bei dem die *truncadores* mit Lanzen so lange auf das Tier einstachen, bis es verendete, aber auch häufig genug Boote zu Bruch gingen und Seeleute ums Leben kamen. Übrigens berieten die Walfänger von Caniçal *John Huston* bei den Dreharbeiten zu „Moby Dick". Die Ausfahrt und Waljagd mit den Männern blieben *Huston* und seinem Hauptdarsteller *Gregory Peck* als eindrucksvollste Erinnerung an Madeira im Gedächtnis.

●**Geöffnet:** Di–So 10–12 und 13–18 Uhr, 1,25 €.

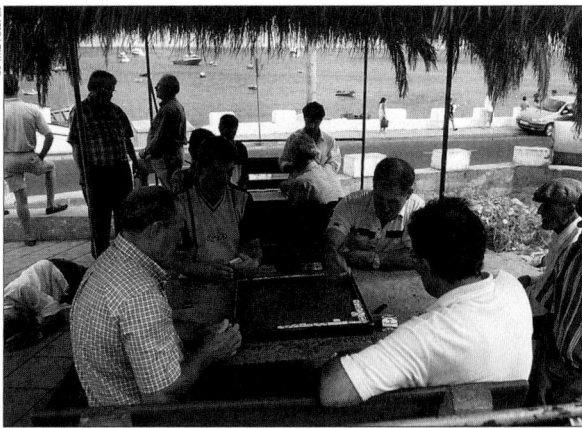

Bus

●Busse der Linie 113 von Funchal nach Caniçal.

Bank

●**Banif,** Palmeira Cima, in Caniçal, Tel. 291-969330.

Unterkunft

●**Quinta do Lorde**********. Das Luxushotel mit Yachthafen (300 Liegeplätze) und Tauchbasis (einzige Dekompressionskammer Madeiras) ist immer noch im Bau. Die Fertigstellung ist für 2007 geplant. Infos gibt es unter www.quintadolorde.com.
●**Prainha Sol***, Palmeira de Cima, Tel. 291-961438, Fax 961656. Moderne Pension am Ortsrand von Caniçal.

Essen und Trinken

●**Amarelo,** neben dem Walmuseum, Tel. 291-961798. Die ehemalige Hafenkneipe ist nun ein superschickes Restaurant. An der Qualität des Essens hat sich nichts geändert, aber an den Preisen.
●**Cabrestante,** Serrado da Igreja, Mobil-Tel. 965863738. In diesem netten Lokal gibt's auch kleine Snacks wie Omelett oder Salatteller.

Wanderung 13:
Zur Boca do Risco –
Abenteuer an der gefährlichen Scharte

(Lydia Gallo Gau)

●**Ausgangspunkt/Endpunkt:** Caniçal-Tunnel – Porto da Cruz
●**Schwierigkeitsgrad:** Schwer. Trittsicherheit und Schwindelfreiheit sind unbedingt notwendig.
●**Gehzeit:** 4½-5 Stunden
●**Wegbeschaffenheit:** Zum Teil schmaler, sehr ausgesetzter Pfad mit lockerem Schotter. Der Weg kann nach Unwettern beschädigt sein.
●**Ausrüstung:** gute Wanderschuhe, Bergausrüstung, Proviant, Trinkwasser

---

Auf dieser Wanderung lernt man Madeira von den unterschiedlichsten Seiten kennen: Man wandert an bebauten Terrassen und Wohnhäusern von Bauern vorbei, kommt durch dichten Wald und geht mitten durch Schwindel erregende

Felswände mit einer atemberaubenden Aussicht auf die raue Nordküste. An klaren Tagen sieht man sogar bis zur Nachbarinsel Porto Santo hinüber.

Auf der Straße von Machico zum Ostkap Ponta de São Lourenço beginnt die Levada auf der linken Seite vor dem Caniçal-Tunnel bei einigen Häusern. Hier liegt der **Ausgangspunkt** der Wanderung. Man folgt der Levada an den Gebäuden vorbei und erreicht nach wenigen Schritten einen Erdweg, der den Wasserlauf begleitet. Nun geht es durch einen kleinen Akazienwald. Bald darauf kommt man an zum Teil noch kultivierten Terrassen vorbei. Früher wurden hier vor allem Gemüse, Trauben und Bananen angebaut, heute liegen viele der Felder leider brach.

Nach etwa einer Stunde hat man den **Abzweig zur Boca do Risco** erreicht. Der Weg steigt kurz nach dem letzten Haus in dem großen Talkessel mit Steinstufen nach rechts an. Diese Stelle ist wenig markant, und man muss aufpassen, dass man

Der Osten

Porto da Cruz: Ziel der Wanderung entlang der Boca do Risco

Wanderung 13

nicht vorbeiläuft. Sollte es dennoch passieren, macht einen kurze Zeit später eine über die Levada führende Wasserrinne darauf aufmerksam.

Man steigt nun immer bergauf an einer Steinmauer entlang, mehrere kleine Wege, die abbiegen, lässt man unberücksichtigt. Hier wandert man durch einen wunderschönen **Kiefernwald,** der Pfad ist durch die herabgefallenen Nadeln weich und angenehm zu gehen. Unterhalb von einigen Wellblechhütten erreicht man eine Abzweigung und folgt dem beschilderten linken Weg zur Boca do Risco.

Nach etwa einer halben Stunde Aufstieg von der Levada durchschreitet man die **Boca da Risco,** die „Gefährliche Scharte". Die Mühe wird durch einen unvergleichlichen Ausblick auf die zerklüftete Nordküste Madeiras belohnt. Weit unten tost der Atlantik. Bei klarer Sicht sieht man sogar die Nachbarinsel Porto Santo, die schemenhaft draußen im Meer liegt. An diesem wunderschönen Aussichtspunkt lohnt sich eine kleine Rast. In Richtung Porto da Cruz erkennt man den Wanderweg, der an den senkrechten Felsen hoch über dem Meer entlang führt.

Bevor man den schwierigen Teil dieser Wanderung erreicht, ist der Weg noch breit und einladend. Talseitig ist er stark mit Gebüsch zugewachsen, man kann sich also ganz sicher fühlen. Allmählich wird der Pfad allerdings ausgesetzter, von hier oben blickt man immer wieder auf einige bebaute Terrassen hinunter, die wie Vogelnester an den steilen Hängen kleben. Schließlich erreicht man nach zwei Stunden Gesamtwanderzeit die **Felswand.** Trittsicherheit und Schwindelfreiheit sind nun Voraussetzung. Sollte der Weg nach heftigen Regenfällen abgerutscht sein, ist es unbedingt ratsam, die Tour abzubrechen, ein Weitergehen wäre zu gefährlich.

Dieser Teil der Wanderung ist sicher der aufregendste. Tief unten sieht man den Atlantik am Fels nagen, linker Hand ragen die Felsen fast senkrecht in die Höhe. Wenn man kurz innehält und die Vegetation am Gestein näher betrachtet, entdeckt man **Drüsen-Äonium.** Diese seltsame Blume, die unserem Hauswurz ähnelt, klebt direkt am Fels wie eine hübsche Verzierung. Die Pflanze ist nur auf Madeira heimisch und kommt bis in Höhen von 1500 Metern vor.

Nach etwa einer halben Stunde ist das Ende der Felswand erreicht. Bevor man in einen Eukalyptus- und Kiefernwald gelangt, hat man noch eine schöne **Aussicht auf den Adlerfelsen** im Westen. Nun geht es gemütlich weiter, bei einigen rutschigen Stellen heißt es aber wieder aufpassen! Man durchquert kleinere Wassergräben und erreicht schließlich eine breite neuere Erdstraße. Ihr folgt man bis zu den Häusern von Larano und trifft dort nach dreieinhalb Stunden auf eine Asphaltstraße. Sie führt direkt nach **Porto da Cruz,** dem Ziel dieser Wanderung, das man nach gut viereinhalb Stunden erreicht.

Ponta de São Lourenço: keine Spur von üppiger Vegetation auf der östlichen Landzunge

Ponta de São Lourenço

Verlässt man Caniçal und folgt der Straße auf die
Ponta de São Lourenço, passiert man rechts die
Prainha, Madeiras einzigen **Sandstrand.** Die
winzige Badebucht mit grobkörnigem, schwarzen
Lavasand ist an den Wochenenden hoffnungslos
überlaufen. Wochentags ist man hier oft allein mit
den Möwen und hat einen wunderbaren Blick
über die tiefblaue See hinüber zu den Ilhas Desertas.

An Ausblicken ist die Ponta de São Lourenço
ohnehin nicht arm. Wenige hundert Meter weiter
laden Bänke und Picknicktische am ersten *miradouro* zur Rast. Es öffnet sich ein wild bewegtes
Panorama über die Nordküste und den nördlichen Streifen der Ponta de São Lourenço. Dazwischen ragen erodierte spitze Felszacken aus dem
heftig anbrandenden Meer. Man kann noch ein
kurzes Stück (ca. 2 km) weiterfahren, vorbei an
der Zufahrt zur Quinta do Lorde, bis man schließlich einen kleinen Parkplatz erreicht, von wo aus
sich eine Wanderung hinaus auf die östlichste
Spitze Madeiras anbietet.

Der Osten

Wanderung 14:
Ponta de São Lourenço –
sturmumtoste Klippen im Atlantik

● **Ausgangspunkt/Endpunkt:** Ponta de São Lourenço, Parkplatz 2 km hinter der Prainha
● **Schwierigkeitsgrad:** Mittelschwer. Trittsicherheit und Schwindelfreiheit sind nötig.
● **Gehzeit:** 2½ Stunden
● **Wegbeschaffenheit:** meist gut erkennbarer Pfad über Felsen, gelegentlich schwer auffindbare Markierungen
● **Ausrüstung:** gute Wanderschuhe, Regenschutz, Windjacke.
● **Warnung:** Den Weg darf man keinesfalls bei schlechtem Wetter in Angriff nehmen. Wenn Nebel aufzieht, ist es kaum noch möglich, sich zu orientieren. Starker Wind wird in dem ungeschützten Gelände schnell zum gefährlichen Sturm.

Vom **Parkplatz 2 km nach der Prainha,** Maderas einzigem Sandstrand, führt ein Weg nach Norden, von dem man nach 100 Metern in einen schmalen Pfad gen Osten einbiegt. Dieser durchquert eine Mulde, hinter der bereits der weitere Wegverlauf sichtbar wird. Die Casa de Sardinha und ein Felsentor, das sich im tosenden Atlantik erhebt, sind bei gutem Wetter deutlich erkennbar. Ziel der Wanderung ist der Gipfel hinter der Casa de Sardinha. Hinter einer Steinmauer biegt der Pfad nach Norden ab und erreicht eine Gabelung. Links gibt es wenige Schritte weiter einen Aussichtspunkt mit fantastischem Blick, rechts geht es zur Baia de Abra; man geht jedoch geradeaus.

Etwa eine Viertelstunde später überquert man mehrere **Felsplatten** ohne deutliche Markierungen, auf denen es bei feuchter Witterung sehr rutschig sein kann, und orientiert sich in dem kaum markierten Gelände an den roten oder blauen Punkten, die den Wegverlauf anzeigen. Nach insgesamt einer halben Stunde Wanderzeit ist diese Passage bewältigt, der Pfad ist wieder erkennbar und läuft nach Südosten.

Der Osten

Zehn Minuten später sollten Nicht-Schwindelfreie abwägen, ob sie weitergehen wollen: Über einen 20 Meter langen, **schmalen Grat** geht es recht spektakulär weiter. Links und rechts fallen die Felsen steil zum Meer ab.

Danach sind die Schwierigkeiten überwunden. Über eine Hochebene läuft man sanft bergab auf die palmenumstandene **Casa de Sardinha** zu, die man nach etwa 60 Minuten erreicht. Hier ist aus

Nur Schwindelfreien empfohlen: der Weg über die Ponta de São Lourenço

Wanderung 14

Naturschutzgründen vorerst das Ende der Wanderung erreicht, denn der vorausliegende Bergrücken wird wieder aufgeforstet, und die Naturschutzbehörden bitten mit Schildern, aus Rücksicht auf die jungen Pflanzungen nicht weiterzugehen. Man kann noch einen kleinen Bogen die Treppen hinunter an den Strand schlagen, dann geht's auf gleichem Weg zurück. Es ist aber nicht ausgeschlossen, dass die Route bis zum Endpunkt irgendwann wieder freigegeben wird.

Das Zentralgebirge im Osten

Zwei Pässe bilden die Hauptübergänge über Madeiras Zentralgebirge im Osten. Der **Paso de Portela** ist erreichbar über die EN 102 von Funchal über Camacha und die EN 108 von Machico über Santo da Serra, wo ein moderner Straßentunnel die Strecke erheblich abkürzt. Beide Straßen enden in Porto da Cruz an der Nordküste.

Pedra Furada

Ilhéu do Guincho

0 1 km

Ponta de São Lourenço

dras ancas 3

Baia de Abra

100

P *arkplatz*

Ponta do Buraco

★ **Casa da Sardinha**

Ponta do Furado

Boqueirão

Ilhéu de Agostinho

Porto de Santa Maria

★ **Leuchtturm**

Ilhéu do Farol

Von Funchal an Monte schlängelt sich die EN 103 zum **Paso de Poiso** hinauf. Von dort senkt sie sich über Ribeiro Frio nach Faial an der Nordküste. Wer Madeiras dritthöchstem Berg, dem **Pico do Arieiro,** einen Besuch abstatten möchte, kann dies vom Paso de Poiso aus bequem mit dem Auto tun und von dort dann zum **Pico Ruivo** weiterwandern. Um Ribeiro Frio gibt es wieder Levadas, Lorbeerwald und üppiges Grün zu erforschen.

Santo da Serra

Beide Zufahrtsstraßen von der Südküste durchqueren auf ihrem Weg zum Paso de Portela eine dicht besiedelte Region. Hier im Osten haben die Berge an Schroffheit verloren, sanft fallen sie zur Südflanke mit dem nur 620 Meter hoch gelegenen Pass hin ab. Die Gegend wird auch von Industriebetrieben genutzt.

Der Osten

Santo António da Serra

Wer den östlichen Weg von Machico über Santo da Serra wählt, wird im Umkreis des kleinen **Luftkurortes** besonders stark mit den Folgen von Abholzung und reger Bautätigkeit konfrontiert. Santo António da Serra – wie der Ort mit vollständigem Namen heißt – ist dann wiederum eine Idylle, allerdings eine recht moderne. Hier oben haben reiche Herrschaften aus Funchal ihre Sommervillen erbaut. Gut verborgen hinter hohen Mauern und prunkvollen schmiedeeisernen Einfahrtstoren liegen sie im dichten Grün, häufig allerdings auch in empfindlicher Kühle und umtanzt von Nebel und Wolken.

Quinta de Santo da Serra

Als Haltepunkt verdient Santo da Serra nur wenig Aufmerksamkeit. Wichtigste historische Attraktion ist die Quinta de Santo da Serra mit ihrem als **Freizeitgelände** gestalteten Park. Die *quinta* gehörte den *Blandys* (s. Blandy's Garden, Funchal) und ist

An der Prainha, dem Sandstrand
auf der Halbinsel Ponta de São Lourenço

mit ihrem alten Baumbestand und den weißblühenden Magnolienbüschen seit einiger Zeit für die Öffentlichkeit zugänglich. Ein kleiner zoologischer Garten sorgt für die Unterhaltung der Kinder, während die Erwachsenen an den Picknicktischen ihre Brotzeit auspacken. Am **Miradouro dos Ingleses** im hinteren Teil des Parks stand, so erzählt man sich, Gründervater *Blandy* und suchte den Horizont nach Schiffen seines Handelsunternehmens ab, die nach der gefährlichen Atlantiküberfahrt beladen mit Waren in den sicheren Hafen von Funchal einliefen.

Golf

●**Clube de Golf Santo da Serra,** Tel. 291-552345, Fax 552367, golf.santoserra@mail.telepac.pt. Nicht weit von Santo da Serra befindet sich Madeiras zweiter und für viele schönster Golfplatz. Das Green liegt so verwegen auf Hügeln über dem Meer, dass man von jeder Stelle aus weit ins tiefe Blau gucken kann. 27-Loch-Anlage, komfortables Clubhaus mit Ausrüstungsverleih.

Bus

●Busse der Linie 77 von Funchal über Camacha nach Santo da Serra.

Unterkunft

●**Estalagem do Santo******, Sítio dos Casais Proximos, Tel. 291-552595, Fax 552596, www.enotel.com. Ein altes Herrenhaus, mit viel Geschmack und Liebe zum Detail zu einer höchst luxuriösen Unterkunft umgebaut. Hallenbad, Kaminzimmer und ein hervorragendes Restaurant sorgen für das Wohl der Gäste, die auf dem nahen Golfplatz spielen oder die Umgebung erkunden wollen.
●**Serra Golf ******, Casais Próximos, Santo da Serra, Tel. 291-550500, Fax 550505, www.serragolf.com. Luftig, modern, kostspielig. Ideal für den golfenden Gast.
●**A Quinta****, Sítio dos Casais Proximos, Tel. 291-550030, Fax 550049. Garten und Haus sind mit bäuerlichem Hausrat dekoriert, im Restaurant dominiert madeirensische Hausmannskost.
●**Quinta do Pântano***, Sítio dos Casais Proximos, Tel. 291-552577. Moderne Pension.

Paso de Portela

Von Santo da Serra kann man nach Westen auf die EN 102 fahren, um den **Portela-Pass** zu erreichen. Von einem *miradouro* aus blickt man wie von einem Balkon auf die Nordküste und den Adlerfelsen. Direkt nebenan kann man sich in der beliebten Ausflugskneipe **Casa de Portela** an den Spezialitäten der madeirensischen Küche delektieren. Neben *espetadas, bolo de caco* und Tomatensuppe werden auch Eintopfgerichte serviert. Hier liegt der Endpunkt der von Ribeiro Frio herführenden Wanderung (Nr. 17), die man auch in umgekehrter Richtung von Portela aus gehen kann. Sechs Kilometer hinter dem Pass sind schließlich die Nordküste und der Ort Porto da Cruz erreicht.

Bus

●Busse der Linien 53 und 78 von Funchal nach Faial.

Paso de Poiso und Pico do Arieiro

Etwa 12 Kilometer sind es vom Stadtzentrum Funchals über die EN 103 zum **Poiso-Pass.** Unterwegs passiert man den Wallfahrtsort Monte, dessen Kirche und Botanischer Garten einen längeren Zwischenstopp verdienen (s. Kapitel „Ausflüge von Funchal"). In luftigen 1400 Metern Höhe zweigt am Poiso-Pass die gut ausgebaute EN 202 nach Westen in Richtung Pico do Arieiro ab. Fast gemächlich führt sie oberhalb der Baumgrenze durch die nach Süden abfallenden Hänge des Zentralgebirges zum weithin sichtbaren Ziel, dem Pico do Arieiro mit einer dominanten *pousada* unterhalb des Gipfels. Farnkraut bedeckt wie ein weicher Teppich die Hänge, immer wieder passiert man wunderschöne Aussichtspunkte, und wenn Wolken die Nordküste verhüllen, scheint man über einem Wattemeer dahinzufahren.

Nach sieben Kilometern ist der Riesenparkplatz unterhalb des 1818 Meter hohen Arieiro erreicht. Ein kurzer Fußpfad führt hinauf zum **Gipfelkreuz,** Souvenirverkäufer haben ihre Stände in einem dichten Belagerungsring um die *pousada* aufgebaut. Vom Gipfel blickt man hinüber auf die kubischen Felsblöcke des **Pico das Torres** (1842 m) und auf den Wanderweg, der vom Arieiro über den Pico das Torres zum **Pico Ruivo** hinüberführt.

Die beste Zeit für die Fahrt zum Arieiro und für die Wanderung sind die frühen Vormittagsstunden; am Nachmittag klettern die Wolken vom Norden meist über den Gipfel, die Sicht ist gleich Null.

Unterkunft   ●**Pousada do Pico do Arieiro******, Reservierung über Tel. 291-230110, Fax 228611 (Funchal). Komfortable *pousada* in herrlichem Gebirgspanorama. Im Restaurant gibt es internationale Gerichte und madeirensische Spezialitäten, die am offenen Kamin besonders herzhaft munden.

Wanderung 15:
Zum Pico do Arieiro und Pico Ruivo, den höchsten Gipfeln Madeiras

(Lydia Gallo Gau)

●**Ausgangspunkt/Endpunkt:** Pousada do Pico do Arieiro
●**Schwierigkeitsgrad:** Schwer. Schwindelfreiheit und Trittsicherheit sind erforderlich.
●**Gehzeit:** 5 Stunden (Hin- und Rückweg)
●**Wegbeschaffenheit:** Abschnittsweise sehr steiler und ausgesetzter Treppenweg, der an schwierigen Stellen mit Drahtseilgeländern gesichert ist, teils schmale Bergsteige. Die Sicherungen können zum Teil beschädigt sein.
●**Ausrüstung:** Bergausrüstung, gutes Schuhwerk, Verpflegung, Trinkwasser.

Die landschaftlich einmalig schöne Wanderung von der Pousada do Pico do Arieiro zum höchsten Berg der Insel, dem Pico Ruivo, zählt zu den Höhepunkten jeder Madeirareise. Bizarre Felsformationen in rötlichen Farbtönen lassen sie zu einem unvergesslichen Erlebnis werden. Der bekannte Panoramaweg wurde vor einigen Jahren durch einen Erdrutsch abschnittsweise zerstört, die Wanderung ist aber wieder möglich.

Los geht es bei den zahlreichen Souvenirständen an der **Pousada do Pico do Arieiro.** Hier

Der Osten

bietet sich für einige Stunden die letzte Möglichkeit, sich mit Kaffee oder Proviant zu stärken. Wem schon zu Beginn der Wanderung ein frischer Wind um die Ohren bläst, kann sich noch mit einer der typischen handgestrickten Madeira-Pudelmützen oder einem dicken Pullover eindecken. Immerhin startet man auf über 1800 Metern über dem Meeresspiegel.

Schon nach wenigen Metern erreicht man den dritthöchsten Gipfel Madeiras, den **Pico do Arieiro** (1818 m). Hier hat man einen wunderschönen Ausblick über das östliche Madeira. Der Weg führt zunächst gepflastert in nordwestlicher Richtung und später auf Stufen den schroffen Bergrücken hinab. Nach ca. einer Viertelstunde gelangt man zu einer markanten Aussichtsplattform mit weitem Blick auf die Nordseite der Insel.

Danach führt ein kurzer Treppenanstieg auf die andere Seite des Grates. In die rotbraunen Felsen gemeißelt geht der Weg nun ausgesetzt auf dem **Bergkamm** entlang, kurze Zeit später steigt man steile, mit Drahtseil gesicherte Stufen zu einem weiteren Aussichtspunkt hinunter. Von hier aus sieht man bei klarem Wetter das Ziel dieser Wanderung: den höchsten Berg Madeiras, den Pico Ruivo (1862 m). Erreicht hat man ihn allerdings noch lange nicht.

Nun geht es an einer steilen Felswand entlang zunächst eben, später über zahllose Stufen bergab, bis man nach einem markanten Felsdurchlass den 100 m langen **Tunnel durch den Pico do Gato** durchquert. Wieder im Tageslicht, führt der Weg über teils sehr steile Steintreppen zu einer Scharte hinunter. Nach gut 50 Minuten erreicht man eine Weggabelung. Der Panoramaweg geradeaus ist wegen Erdrutsch gesperrt. Man wandert also nach rechts auf die Ostseite des Pico das Torres.

Weiter geht es auf einem ebenen Weg, dann beginnt der steile Anstieg auf den **Sattel des Pico das Torres.** Die Treppen sind zum Teil extrem steil und in einem schlechten Zustand. Besondere Vor-

Wanderung 15

1800
1700
1600
Ruivo Schutzhütte
Pico Ruivo
1862
Wanderung 11
1700
1000
1600
1600
1200
1500
1300
1400
1670
Wanderung 15
1500
1731
1600
1755
1100
Pico das Torres
1847
1400
1700
1300
1800
1700
1500
1600
Pico do Gato
1712
1400
1300
1700
1600
1798
1100
1200
Levada
1600
Rib. da
1400
1200
1300
Meroto
1500
1500
1700
1500
Arieiro
1818
1200
1700
1400
EN202
1700
1500
Poiso-Pass,
Funchal
1300

0   500 m

Der Osten

sicht ist deshalb bei Nässe geboten. Schließlich erreicht man etwa eine Stunde hinter dem Tunnel Pico do Gato, die Scharte an der Ostseite des Pico das Torres. Auf der anderen Seite steigt man auf einem zum Teil grob geschotterten und stellenweise rutschigen Weg ab und erreicht nach einer knappen weiteren halben Stunde einen Tunnelausgang. Hier trifft man auf den gesperrten ehemaligen Panoramaweg. Man geht nicht durch den Tunnel, sondern folgt dem Steig geradeaus weiter.

Durch alte Baumheide wandert man leicht ansteigend und später in Serpentinen, bis man eine Abzweigung erreicht. Von rechts kommt der Steig von der Achada do Teixeira (Wanderung 11) herauf. Man folgt jedoch dem Weg zur **Pico-Ruivo-Hütte,** die von hier aus bereits deutlich zu sehen ist. Man erreicht sie nach etwa zweieinhalb Stunden Gesamtwanderzeit. Verpflegung darf man nicht erwarten. Wenn die Hütte geöffnet ist, werden aber Getränke verkauft.

Hier startet der Weg zum Pico Ruivo

An der Hütte vorbei steigt man weiter bergan, geht bei einer Abzweigung nach links – geradeaus führt der Weg bis zum Encumeada-Pass – und erreicht nach 2 Stunden und 45 Minuten über Stufen das Wanderziel: den **Pico Ruivo,** mit 1862 Metern der höchste Berg Madeiras. Die Anstrengung wird belohnt durch einen einzigartigen Ausblick. Er reicht von der kahlen Hochebene im Westen über die raue Nordküste, von der Nachbarinsel Porto Santo bis zum Ostkap Madeiras und zu den Felslandschaften im Zentrum der Insel.

Zurück geht es auf demselben Weg, den man gekommen ist. Wer die Wanderung verkürzen will, kann bei der Abzweigung unterhalb der Pico-Ruivo-Hütte in zirka einer halben Stunde auf einem einfachen Pflasterweg zur Achada do Teixeira absteigen. Allerdings muss man sich schon vor Beginn der Wanderung ein Taxi dorthin bestellen, da es keine Busverbindungen von der Achada do Teixeira nach Santana gibt.

Ribeiro Frio

Hinter dem Poiso-Pass windet sich die Straße durch Eukalyptuswald und kleine Lorbeerhaine zur Nordküste. Nach sechs Kilometern erreicht sie in einer unübersichtlichen Kurve die **Forellenzuchtstation** von Ribeiro Frio (Parkmöglichkeiten gibt es nur am Straßenrand). Linker Hand liegt das Fischzuchtgelände, strukturiert mit kleinen Terrassen und Wasserbecken, zwischen denen Levadas für Frischwasserzufuhr sorgen. Man kann in der **parkähnlichen Anlage** mit ihren dichten Hortensienbüschen spazieren gehen, Pflanzen wie Fetthenne oder aus Südafrika eingeführte Blüher wie die dekorativen Fackellilien, Mittagsblumen oder Baum-Aloen bewundern und den Forellen zuschauen, die sich im klaren Wasser tummeln.

Da auf der Atlantikinsel bis zur Ankunft der ersten Siedler keine Süßwasserfische heimisch waren, machte man sich in den Zuchtstationen von

Der Osten

Seixal und Ribeiro Frio seit Anfang der 1960er Jahre sehr verdient um die Verbreitung von Regenbogenforellen. Diese kommen nicht nur in die Kochtöpfe der Restaurants, sondern werden auch in Flüssen und Levadas ausgesetzt.

Die Region um die Forellenzucht und den Ort Ribeiro Frio wird Wanderer begeistern. Hier läuft man durch aromatisch **duftenden Lorbeerwald,** und es ist der eigenen Kondition und Laune überlassen, ob man nur bis zum nächsten Aussichtspunkt oder nach Osten zum Portela-Pass wandert.

Bus

●Busse der Linien 103 und 138 von Funchal.

Essen und Trinken

●**Victor's Bar,** Tel. 291-575890. Das urige Gartenrestaurant auf der gegenüberliegenden Straßenseite der Forellenzucht ist *das* Ziel für Forellenliebhaber.
●**Refúgio do Vale,** Ribeiro Frio, Tel. 291-782852. Im Ort Ribeiro Frio, wenige hundert Meter hinter der Forellenzuchtstation in Richtung Norden. Hier wird ebenfalls Fisch serviert, außerdem gibt es *espetada* und *bolo de caco*.

Rast im Hochgebirge

Wanderung 16:
Von Ribeiro Frio zum
Aussichtspunkt Balcões

- **Ausgangspunkt/Endpunkt:** Forellenzuchtstation Ribeiro Frio
- **Schwierigkeitsgrad:** leicht
- **Gehzeit:** 1 Stunde
- **Wegbeschaffenheit:** angenehmer Levada-Weg
- **Ausrüstung:** Wanderschuhe

Von der **Forellenzuchtstation** folgt man zunächst der Hauptstraße bergab, passiert zuerst die Abzweigung nach Portela und erreicht dann links die Levada und das Hinweisschild „Balcões". Man folgt ihm auf einem breiten und bequemen, von Afrikanischen Liebesblumen und Hortensien gesäumten Weg. Nach etwa zehn Minuten und der Überquerung einer Brücke verschwindet die Levada unter Steinplatten. Der Weg zwängt sich zwischen Felsen hindurch und führt oberhalb des Ortes Ribeiro Frio weiter bis zur **Bar Balcões.**

Hinter der Bar biegt man an der Weggabelung nach links, geht erneut zwischen Felsen hindurch und wandert entlang der Levada, die nun wieder offen fließt, in ein Tal hinein. Ein Schild weist nach rechts bergab, und nach zehn Minuten ist die **Aussichtsplattform Balcões** erreicht. Hier kann man eines der schönsten Bergpanoramen Madeiras genießen, das neben Pico Ruivo und Pico das Torres auch den Pico do Gato umfasst.

Auf gleichem Weg geht es zurück, wobei man entweder in der netten Bar Balcões oder in Victor's Bar eine verdiente Erholungspause einlegen kann.

Der Osten

Wanderung 17:
Von Ribeiro Frio nach Portela –
Urwald am kalten Fluss

(Lydia Gallo Gau)

●**Ausgangspunkt/Endpunkt:** Ribeiro Frio – Portela
●**Schwierigkeitsgrad:** Mittel. Trittsicherheit und
Schwindelfreiheit sind erforderlich.
●**Gehzeit:** 3½ Stunden
●**Wegbeschaffenheit:** teils schmaler,
rutschiger Steig, der an gefährlichen Stellen
mit Drahtgeländer gesichert ist.
●**Ausrüstung:** Regenschutz, gute Wanderschuhe,
Taschenlampe, Proviant, Wasser

Diese Wanderung führt durch die **dichten
Laurazeenwälder** im feuchten Norden Madeiras. Früher bedeckten diese Wälder ganz Südeuropa und Nordafrika, heute kommen sie nur
noch auf den Azoren, den Kapverdischen und Kanarischen Inseln und – am üppigsten – auf Madeira vor. Entlang des Weges sieht man immer wieder auf die höchsten Berge der Insel (Pico do
Arieiro, Pico das Torres, Pico Ruivo). Für Ab-
wechslung sorgt eine tief in die Felsen geschlagene Schlucht, die den Eingang zu einem Tunnel

**Wanderunge
16 und 17**

bildet, besonders außergewöhnlich ist eine moosbewachsene Galerie. Am Ende der Wanderung wartet in Portela ein Gasthaus mit einheimischen Spezialitäten.

Man beginnt den Weg in **Ribeiro Frio.** Bei einem gelben Schild mit der Aufschrift „Portela" unterhalb des Restaurante Ribeiro Frio geht man zu einer Steinbrücke hinunter und überquert den Bach. Auf der anderen Seite führt ein breiter Weg nach links talauswärts, und gleich darauf hat man die Levada erreicht. Der Weg ist zunächst sehr breit und angenehm zu gehen, wird aber im Lauf der Wanderung teilweise zu einem schmalen Steig. Man folgt stets der Levada, an einem feuchten Tunneleingang geht man vorbei. Kurz darauf werden die Hänge sehr steil, der Weg ist durch Drahtzäune abgesichert. Ein **kleiner Wasserfall** sprudelt wenig später in die Levada. Immer wieder muss man an steilen Abschnitten vorbei, die aber abgezäunt sind.

Nach etwa einer halben Stunde hat man einen schönen Blick auf die höchsten Gipfel Madeiras, denn hier lichtet sich der dichte Wald ein bisschen. Die Levada wird immer wieder von kleinen Zuläufen gespeist, die aus den **moosigen Felsen** plätschern. Auf gleicher Höhe führt der Weg weiter am Wasserlauf entlang. Nach gut einer Stunde muss man mehrmals ein Bachbett überqueren. Wenn der Weg neben der Levada zu schmal und rutschig wird, kann man unterhalb auf den Steigspuren das Gerinne sicher durchschreiten.

Weiter geht es abwechslungsreich über kurze Abschnitte mit Steinplatten und Holzplanken auf der Levada, vorbei an Wasserfällen, bis man nach etwa zwei Stunden den Höhepunkt der Wanderung erreicht: Zuerst geht es durch eine schmale Felsschlucht, die direkt in einen **Tunnel** endet. Nach etwa 50 Metern unter Tag beginnt anschlie-

Pico das Torres

Bend der ausgesetztere, aber mit Drahtzäunen gut gesicherte Teil der Tour. Man passiert eine steile, stark bewachsene Felswand mit Ausblicken auf die Nordküste und durchschreitet noch einige kleinere Tunnel. Danach geht man durch eine markante, in die Felsen geschlagene Galerie. Nun hat man alle schwierigeren Stellen hinter sich und erreicht nach einer weiteren Dreiviertelstunde das **Wasserhaus Lamaceiros.** An diesem kleinen Gebäude vorbei kommt man nach wenigen Metern auf einen breiten Weg, dem man nach links talwärts folgt. Man verlässt hier die Levada, die auf die Südseite der Insel hinüberführt.

Der Weg wird nun wieder schmaler, gut fünf Minuten nach der Abzweigung erreicht man ein **Forsthaus** mit einer sehr gepflegten Gartenanlage. Rustikale Tische und Bänke laden inmitten unzähliger Blumen zum Picknick ein. Freche Hühner treffen als Gäste ein, die an der Mahlzeit der Wanderer teilhaben wollen.

Nach der verdienten Rast folgt man der Erdstraße geradeaus weiter auf die Nordküste zu. An einem Abzweig nach rechts geht man vorbei und kann kurz darauf den Blick auf den markanten Adlerfelsen genießen. Bei der nächsten Abzweigung geht man nach links Richtung Portela. So erreicht man schließlich wieder eine Levada und folgt dieser bis zu einem Wasserhaus. Hier steigt man die Treppen hinunter; weiter unten liegt **Portela.** Man erreicht die Asphaltstraße und folgt ihr nach links zum Gasthaus Casa de Portela. Nach gut dreieinhalb Stunden hat man sich die typische madeirensische Tomatensuppe und den berühmten Espetada-Spieß wirklich verdient. Wer im Winter außerdem auf seinen Vitaminhaushalt achten möchte, kann anschließend bei den Einheimischen noch einige der exotischen Baumtomaten kaufen.

Zum Ausgangspunkt kommt man am besten, aber nicht ganz billig, mit einem der Taxis zurück, die direkt beim Gasthaus auf die müden Wanderer warten.

Der Osten

Wanderung 18:
Von Funchal über die Berge
an die Nordküste –
einmal über die Insel

- **Ausgangspunkt/Endpunkt:**
Funchal/Ortsteil Barreira – Ilha bei Santana
- **Schwierigkeitsgrad:** Mittel. Sehr lange Wanderung, die Kondition erfordert. Orientierungsfähigkeit sollte man ebenfalls mitbringen.
- **Gehzeit:** 9–10 Stunden
- **Wegbeschaffenheit:** Schmale, teils ausgesetzte Pfade, im nördlichen Abschnitt felsig und in Hohlwegen rutschig.
- **Ausrüstung:** Erweiterte Wanderausrüstung, guter Sonnenschutz, ausreichende Getränke und Verpflegung, festes Schuhwerk.
- **Busverbindungen:** In Funchal geht es mit der Buslinie 10A auf einer abenteuerlich steilen Strecke hoch zur Endhaltestelle Barreira. In Ilha nimmt man am Ende der Wanderung die Busse 103 oder 138 an der Haltestelle bei der Dorfkirche.

Die Wanderung beginnt in Barreira hoch über Funchal an der Levada Negra und geht erst durch dichten Wald, dann meist schattenlos und wirklich einsam hinauf zum Pico do Areiro, wo man sich in die Kette der Wanderer hinüber zum Pico Ruivo (gleicher Wegverlauf wie die Wanderung 15) einreihen muss. Einsamkeitsfanatiker trösten sich mit den herrlichen Ausblicken. Ab dem Pico Ruivo wandert man wieder allein über steile Pfade und tief eingeschnittene Hohlwege dem Meer entgegen.

Ab **Barreira** folgt man der tapfer sprudelnden Levada Negra erst auf einigen wenigen Stufen, dann auf breitem gepflasterten Weg. Nach 10 Minuten wird ein Gehöft passiert, der letzte Gruß der Zivilisation bis zum ersten Gipfel. 5 Minuten hinter dem Bauernhof endet der breite Weg am Zusammenfluss zweier Levadas. Wir folgen der rechten, aus Osten kommenden und gehen nicht geradeaus bergan. Es geht nun auf schmalem Pfad fast eben dahin bis zu einem weiteren Zusammenfluss (eine halbe Stunde hinter Barreira). Auch hier gehen wir nicht bergan nach Norden, sondern verbleiben auf der Höhe, uns weiter Richtung Osten haltend.

Nach 10 Minuten sind wir an einem Gatter angekommen und verlassen den Wald. Der Blick auf Funchal ist fantastisch. Nun heißt es, nur wenig steil, aber kontinuierlich bergauf gehen, immer dem Lauf der Levada folgend, mal auf breiterem, mal auf schmalerem Pfad. Schattenlos ist es nun, und die Sonne brennt unbarmherzig auf die weiten, sattgrünen Wiesen.

Nach einer knappen Stunde sind wir an einem **Felstal** angekommen. Gumpen und ein kleiner Wasserfall laden zu einer Rast ein. Zehn Minuten später passieren wir Rundhütten und folgen dem Lauf der Levada nun auf Stufen steil bergauf und in Richtung Nordosten. Nach 5 Minuten sind wir an einem weiteren Levadazusammenfluss angelangt. Wir wählen für unseren Weg den linken Wasserkanal und gehen nach Norden. Nach 15 Minuten tauchen voraus Masten und eine Straße auf, wir bleiben am Rand der Levada und sehen alsbald noch ein gutes Stück über uns die **Schutzhütte am Pico do Areiro.**

Am Levadaende nach weiteren 10 Minuten bahnen wir uns über eine der dort befindlichen **Staumauern** einen Weg nach Nordosten auf die andere Seite des kleinen Tales und nehmen dort den Weg bergan auf. Nach nochmals 10 Minuten kommt ein **Stein mit gelber Markierung** in Sicht. Hier schlagen wir einen Haken und gehen hoch auf die sichtbare Straße zu und gelangen so nach 2 Minuten zu einem gut erkennbaren Pfad, dem wir nach links bergan folgen. In einer guten halben Stunde erreichen wir schließlich den **Pico do Areiro.** Ab hier geht es, die Beschreibung der Wanderung 15 zur Hand nehmend, bis zum **Pico Ruivo.**

Der Osten

Wanderung 18

Ilha

São Jorge

Ponta do Clerigo

SANTANA

ER102

Faial

Porto da Cruz

Queimados

0   3 km

▲ 1000

Teixeira

▲ 1591

Pico Ruivo 1862

▲ 1789

▲ 1407

ER103

Pico das Torres ▲ 1852

Arieiro

▲ 1813

1000

Ribeiro Frio

Curral das Freiras

▲ 1759

▲ 1765

1000

ER202

1000

Esteios ▲ 1345

ER107

ER103

ER203

Barreira

Monte

Funchal

Camacha

Wenige Meter unterhalb des Rifugio am Pico Ruivo steht der Wegweiser mit der Pfadmarkierung 1.1 (Ilha 8,2 km). Die Wanderung folgt zunächst 500 m dem gepflasterten Weg bergab in Richtung des Parkplatzes bei Teixeira. Am **Wegweiser** (Ilha 7,7 km) zweigt schließlich der anfangs sehr schmale, teils überwucherte und nur mäßig gut markierte Pfad ab (je ein gelber und brauner Strich). Wenn man die Markierung verloren hat, sollte man unbedingt bis zur letzten sichtbaren

Markierung zurückgehen und sich erneut auf die
Suche machen. Nach einer guten halben Stunde
ist dieser in der Orientierung etwas schwierige
Abschnitt überwunden. Nun weist uns der gut
sichtbare, teils mit Stufen ausgestatte Pfad die
Richtung. Nach 20 Minuten auf diesem Pfad weist
ein Hinweisschild nach links nach Semagral. Wir
halten uns rechts und nach Norden.

Nach einer knappen Stunde durch dichten Wald
wird erneut ein Schild erreicht. Es weist geradeaus
zum Posto Forestal Vale da Lapa. Nach 20 Minuten stehen wir vor dem **Forsthaus,** können am
Brunnen unsere Wasservorräte auffrischen. Unbe-
merkt haben wir die Wanderung 10 entlang der
Levada do Caldeirão gekreuzt. Die Levada ist unter uns durch einen Tunnel verlaufen. Wer noch
Kraft in den Beinen und ausreichend Zeit hat,
kann sich noch auf den Weg zu Madeiras „grünem Geheimnis" machen (siehe Wanderung 10).
Wir gehen weiter, kommen nach 10 Minuten an
eine Kreuzung, halten uns links in Richtung Ilha
und stoßen nach weiteren 10 Minuten auf einen
breiten Forstweg. Über diesen Forstweg und Ab-
kürzungen durch tief ausgeschnitte Hohlwege
geht es nun zügig bergab und die letzten 5 Minuten in einem weiten Bogen auf dem Asphalt der
Hauptstraße zur **Dorfkirche von Ilha** mit Haltestelle (etwa eine Stunde vom Forsthaus).

Der Osten

Porto Santo

Überblick

Die nur 42 Quadratkilometer große Insel Porto Santo liegt etwa 43 Kilometer nordöstlich von Madeira und ist von dessen Nordküste bei klarem Wetter als recht **flache Silhouette** über dem Meer sichtbar. Weder an Größe noch an Höhe, geschweige denn an üppiger Vegetation kann sich Porto Santo mit Madeira messen. Der lediglich 517 Meter hohe Pico do Facho bietet den regenschwangeren Wolken, die von den Passatwinden herbeigetragen werden, keinerlei ernst zu nehmendes Hindernis. Sie überqueren Porto Santo und laden ihre wertvolle nasse Fracht lieber am 1800 Meter hohen Zentralgebirge der Nachbarinsel ab.

Von der Natur ist Porto Santo nicht begünstigt, und ebenso scheinen seine Bewohner von eher einfältigem Wesen – so behaupten es jedenfalls die Madeirenser, die ihre Nachbarn abfällig **profetas** (Propheten) nennen. So gutgläubig waren die Portosantesen, dass sie im 16. Jahrhundert mit großer Begeisterung einem geistig verwirrten Schäfer folgten, der das nahe Ende der Welt predigte und seinen Adepten eigenartige Anweisungen gab: Sie sollten nicht arbeiten und sich mit Essen und Trinken versorgt mit ihm zum Gebet zurückziehen. Dem Schäfer wurden Wunderheilungen angedichtet, das öffentliche Leben indes erlahmte bei all der Frömmigkeit. Von Madeira wurde schließlich Hilfe geschickt und der falsche Prophet verhaftet. Die Portosantesen hatten damit ihr Fett und ihren Spitznamen weg. Sie würden jedem hinterherlaufen, der ihnen das Blaue vom Himmel verspricht, wird behauptet.

Die Portosantesen lassen sich durch derlei Nachreden aber nicht einschüchtern. Frech strecken sie Madeira die Zunge heraus, denn sie haben ein touristisches Kapital, das der größeren Insel fehlt: einen natürlichen **goldgelben Sandstrand** und sicheres Sonnenwetter. Hauptort Porto Santos ist das Städtchen **Vila Baleira** an der Südküste, an das sich nach Westen der berühmte, neun Kilometer lange **Strand Campo de Baixo** anschließt. Einige kleine Weiler findet man im Norden und Osten der Insel, doch die Landflucht ist groß, und viele alte Bauernhäuser sind heute verlassen und liegen teils in Ruinen. Im Westen erstreckt sich der grüne Rasen des 2004 eröffneten **Golfplatzes.**

Geschichte

Porto Santo entwickelte sich parallel zu Madeira, allerdings hatte es zunächst die Nase vorn, denn nicht auf der Hauptinsel, sondern im „Heiligen Hafen", wie die Übersetzung von Porto Santo lautet, fanden *Zarcos* Schiffe 1418 Schutz vor einem Unwetter. Als sich dieses beruhigt hatte, sichteten sie Madeira und setzten über.

Nach der Entdeckung   1446 erhielt der *Zarco*-Gefährte **Bartolomeu Perestrelo** die Insel als Lehen. Doch sobald man die Drachenbäume abgeholzt hatte, waren die kargen Böden schutzlos Wind und Sonne ausgeliefert. Erosion war die unausweichliche Folge. Wegen der Regenarmut konnten die Bauern auf Porto Santo nur wenige Felder bestellen und bestenfalls ihr Vieh auf den Weiden grasen lassen. Perestrelo jedenfalls war ziemlich verärgert, weil er unter den drei Legatkapitänen des Archipels offensichtlich den schlechtesten Schnitt gemacht hatte. Vor allem an brütend heißen Tagen, wenn die Sonne gnadenlos das Gras verdorrt, kann man sich gut vorstellen, dass Menschen, die nicht hier aufgewachsen sind, angesichts der Trostlosigkeit durchdrehten. So erzählt man es zumindest von den *Perestrelos*, die sich über drei Generationen ihrer Ehefrauen einfach dadurch entledigten, dass sie sie umbrachten.

Porto Santo

Porto Santo

0   2 km

Ilhéu da Fonte
da Areia

Camacha

★ *Fonte de Areia*

Flugplatz ✈

Rib. do Tanq

Tanqu

Ribeira Cochino

Campo de
Cima

Ribeira Salgado

Golfplatz   Campo
de Baixo

▲ Pico de
Ana Ferreira
283

Cabeço
da Ponta

Strand

Ilhéu
de Ferro

Ponta

Ponta
da Calheta

Ilhéu de Baixo
ou da Cal

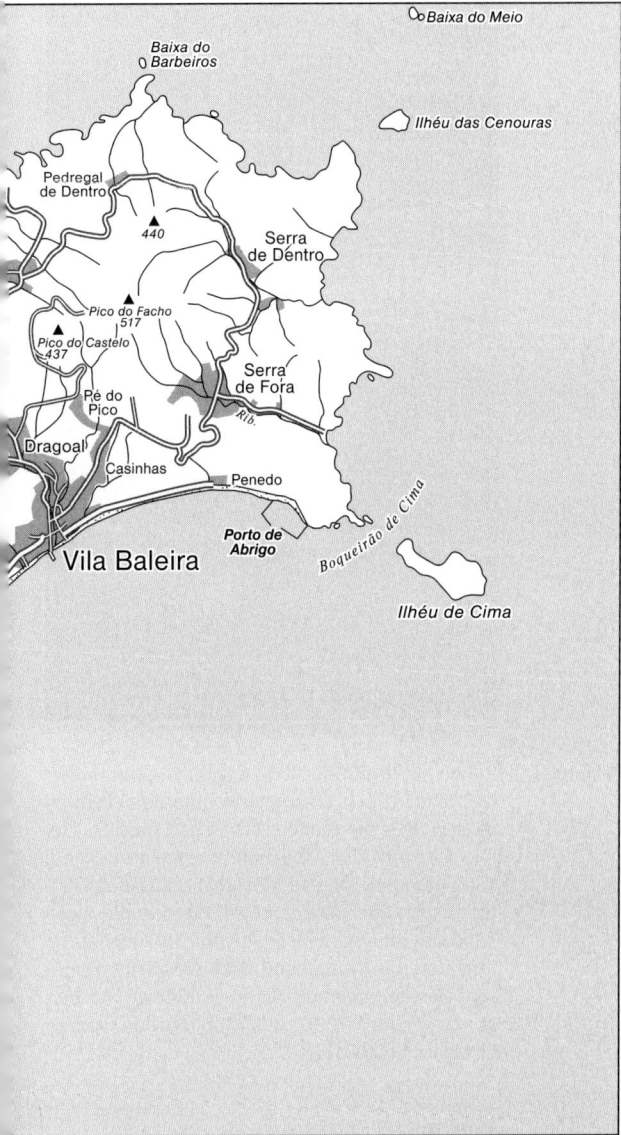

Baixa do Meio

Baixa do Barbeiros

Ilhéu das Cenouras

Pedregal de Dentro

▲ 440

Serra de Dentro

Pico do Facho
517

Pico do Castelo
437

Serra de Fora

Rib.

Pé do Pico

Dragoal

Casinhas

Penedo

Porto de Abrigo

Boqueirão de Cima

Vila Baleira

Ilhéu de Cima

Porto Santo

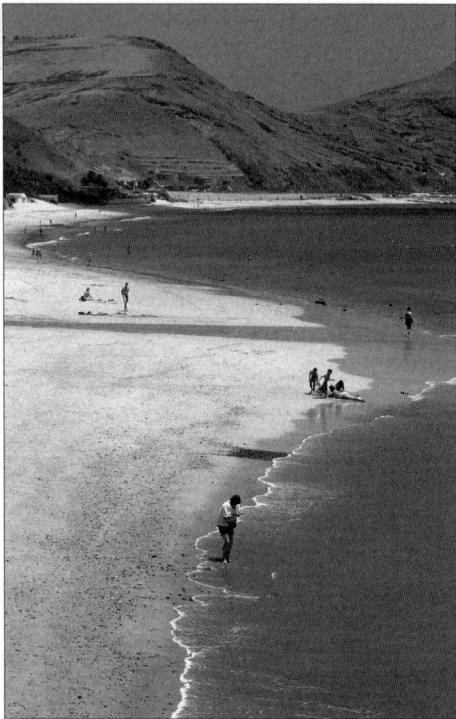

Piraten In den auf die Entdeckung folgenden Jahrhunderten nahmen sich die immer wieder anrückenden Piraten, was die magere Wirtschaft produzierte. Die **Chronik der Überfälle** ist beeindruckend: 1566 plünderte der auch Funchal auf Madeira heftig zusetzende *Berthrand de Montluc* die Insel, 1595 kamen englische Freibeuter, 1617 algerische Korsaren, die kurzerhand auch gleich alle Portosantesen mitnahmen, derer sie habhaft werden konnten. 1667, 1690 und 1708 wurden weitere Überfälle verzeichnet.

Porto Santos Traumstrand

Eine erste Festung errichtete man im 16. Jahrhundert auf dem Pico do Castelo. Im 18. Jahrhundert rafften sich die Autoritäten schließlich dazu auf, ihre Hauptstadt Vila Baleira mit dem Forte de São José zu schützen.

**20. Jh.
bis heute**

Ins Blickfeld der Öffentlichkeit rückte Porto Santo erst, als 1960 auf der Insel ein NATO-Stützpunkt errichtet wurde, dessen **Flughafen** auch die zivile Luftfahrt benutzte. Nun war die Insel wichtiger Verkehrsknotenpunkt im Madeira-Tourismus. Vom Flughafen wurden die Passagiere nach Vila Baleira gebracht und von dort auf die vierstündige Überfahrt nach Funchal geschickt. 1964 sorgte schließlich die Flughafeneröffnung auf Madeira dafür, dass Porto Santo nicht mehr „gebraucht" wurde. In der Zwischenzeit hatten aber einige Touristen und vor allem die Madeirenser selbst den Strand der Insel lieben gelernt. Die ersten **Hotels** wurden gebaut, und heute ist Porto Santo in den Sommermonaten bis auf das letzte Bett ausgebucht, weshalb man sich rechtzeitig um eine Reservierung bemühen sollte.

Vila Baleira

Das **Zentrum** des Hauptortes Vila Baleira liegt mit Rathaus, Kirche, Kolumbusmuseum und einigen Läden und Cafés um den geruhsamen Largo do Pelourinho, den „Platz des Schandpfahls". Von hier gelangt man östlich zum alten Landekai und schließlich zum **Porto de Abrigo,** dem Hafen von Porto Santo, wo die Fähre von Madeira anlegt. Nach Westen zu liegt der Sandstrand **Campo de Baixo,** nach Norden geht es zum Flughafen.

Das Städtchen ist klein, übersichtlich und von einer ruhigen, im Sommer hitzeflirrenden Stimmung umfangen – hier geht alles seinen gemächlichen Gang, und fast scheint es, als läge Porto Santo näher an Afrika als die große Schwester Madeira.

Porto Santo

Vila Baleira

Flughafen

Rua José S. Moura Caldeira
Rua Cristovao Colombo
R. D. Estevao de Alencastre
Rua Maximiliano de Sousa
Rua Manuel Gregório Pestana
Rua Dr. Nuno Silvestre Teixeira
Av. Henrique Vieira de Castro
Rua Joao
Santana
Rua Joao Goncalves Zarco
Av. Dr. Manuel Gregório Pestana Junior
Rua Bartolomeu
Rua Infante D.
Henrique
Parestrelo
Kirche

Stadt-park

Hafen

R. Joao Goncalves Zarco

🏛 1	Pensão Central	🛈 11	Pasteleria a Pérola
● 2	Auto Acessórios Colombo	● 12	Centro de Artesanato
🛈 3	O Forno	🛈 13	Solar do Infante
🏦 4	Bank	◐ 14	Bambina
✉ 5	Post	🛈 15	Arsenio's
🛈 6	Touristinformation	Ⓑ 16	Bus
● 7	Camara Municipal	🛈 17	Marques
Ⓜ 8	Kolumbus-Museum	🏛 18	Praia Dourada
◐ 9	Baiana	🏦 19	Bank
✕ 10	Taxistand		

Sehenswertes

Largo do Pelourinho   Bereits 1430 wurde der Grundstein für die **Igreja da Senhora da Piedade** gelegt. Berühmt war ihr Kirchenschatz, und der lockte wohl auch die Piraten auf das karge Eiland. Strahlend weiß und von

Bougainvillea umrankt zeigt sich die Kirche von außen. Ein Azulejo-Medaillon ist der einzige Schmuck an der Fassade, es zeigt die Grablegung Christi. Im Inneren haben Barock-Architekten die meisten manuelinischen Bauelemente beseitigt und durch vergoldetes Schnitzwerk ersetzt. Nur eine Seitenkapelle überlebte die Verschönerung und zeigt noch die kühnen, spitzen Bögen der portugiesischen Gotik.

Auf dem Largo do Pelourinho vor der Kirche werfen Palmen Schatten auf das Schachbrettmuster, in dem die Kiesel dekorativ verlegt wurden. Zwei auf Porto Santo ursprünglich beheimatete und von den Siedlern weitgehend abgeholzte Drachenbäume flankieren die Freitreppe hinauf zum Eingang der **Câmara Municipal,** die aus dem 16. Jh. stammt.

Kolumbus-museum

Drittes Highlight auf dem Platz, etwas hinter der Kirche versteckt, ist das Kolumbusmuseum, das in einem schlichten Steinhaus den großen Seefahrer feiert. Mit *Kolumbus* fühlt sich Porto Santo besonders verbunden. Angeblich habe er beim Spaziergang am Strand von Campo de Baixo Pflanzen und eine Bohne gefunden, die seiner Ansicht nach aus einem Erdteil im Westen stammen mussten. Derart bestärkt begann er, konkrete Pläne für seine Fahrt nach „Indien" zu schmieden. Ob, wann und wie oft *Kolumbus* Porto Santo besuchte, ist allerdings umstritten. Tatsache und einziger Hinweis auf einen eventuellen Besuch ist seine Ehe mit *Filipa Moniz Perestrelo,* der Tochter des ersten Inselgouverneurs. Und da *Kolumbus* ja als Zuckerhändler mehrmals nach Madeira reiste, könnte es durchaus sein, dass er auch der Nachbarinsel einen Besuch abstattete.

Böse Zungen behaupten, *Kolumbus'* Ehe mit der *Perestrelo*-Tochter hätte nicht nur mit Liebesdingen zu tun gehabt. Vielmehr seien Aufzeichnungen und Karten im Besitz *Perestrelos* gewesen, die den Seeweg nach „Indien" bereits ziemlich genau

Porto Santo

skizzierten. Bei **Grabungen im Umfeld des Museums** wurden alte Mauerreste aus dem 15. Jh. entdeckt, die möglicherweise als Relikte eines „Kolumbus-Hauses" identifiziert werden könnten.

Viel hat *Kolumbus* der Insel jedenfalls nicht hinterlassen – das Museum begnügt sich mit allerlei Krimskrams der Seefahrt und **alten Karten,** um die Erinnerung an den prominenten Gast aufrecht zu halten und Badegäste vom Strand nach Vila Baleira zu locken. In einem Ausstellungsraum kann man verfolgen, wie es Schiffen erging, die vor Porto Santo strandeten: 1724 versank eine holländische Galeone vor der Nordküste der Insel, ein Jahr später waren die ersten professionellen Schatztaucher unter damals lebensgefährlichen Bedingungen unterwegs, um das Schiff zu plündern.

●**Geöffnet:** Juli–Sept. Di–Sa 10–12.30 und 14–19 Uhr, sonst nur bis 17.30 Uhr, So 10–13 Uhr.

Die Rua Infante Dom Henrique führt vom Largo do Pelourinho schnurgerade ans Meer und passiert dabei zuerst das **Centro De Artesanuto do Porto Santo** (18–24 Uhr) und dann den hübschen **Stadtpark,** in dem ein steingewordener, kühn blickender *Kolumbus* Porto Santos Rolle bei seinen Entdeckungsfahrten heraufbeschwört. Dann ist man am Meer und kann den 1928 erbauten **Kai** entlang laufen, der die beschwerliche Anreise nach Porto Santo für die Passagiere etwas erleichterte. Bis dahin mussten die Fahrgäste von Trägern die letzten Meter vom ankernden Schiff auf festen Boden getragen werden.

Praktische Tipps

Info

●**Secretaria Regional do Turismo,** Av. Henrique Vieira e Castro, Tel. 291-982361, Fax 983562, Mo–Fr 9–12.30 und 14–17.30, Sa 10–12.30 Uhr. Hier bekommt man eine Liste der Privatzimmer und Pensionen. Das Touristenbüro vermittelt auch Apartments und Privatzimmer.

Verkehrs-verbin-dungen

●**Fähre:** Die *Porto Santo Line* verkehrt einmal täglich, im August Mi, Fr und Sa zweimal täglich zwischen Porto Santo und Madeira, Fahrtzeit etwa 2½ Stunden. Auskunft am Hafen unter Tel. 291-210300, Fax 226434; das Stadtbüro befindet sich in der Rua da Praia.

●**Flughafen:** *Aeroporto do Porto Santo.* Mehrere Flüge täglich nach Madeira, Auskunft erteilt die TAP – Air Portugal, Tel. 291-980120.

●**Bus:** Von Vila Baleira aus werden die anderen Orte der Insel normalerweise dreimal täglich angefahren, in der Nebensaison seltener. Auskunft zu den Abfahrtszeiten im Touristenbüro. Wer nicht allzu viel Zeit hat, sollte besser einen Wagen mieten oder ein Taxi nehmen.

●**Auto-/Mofavermietung:** *Auto Acessórios Colombo,* Av. Vieira de Costro 64, Tel. 291-9400179, Räder, Mofas, Roller; *Rodavante,* Aeroporto do Porto Santo, Tel. 291-982925.

●**Taxi:** Bei der Tankstelle, Tel. 291-982334. Die Tarife für Ausflugsfahrten sind festgelegt, das Informationsbüro hält dazu eine Preisliste bereit. Eine Inselrundfahrt kostet um 35 €.

Porto Santo

Nützliche Adressen

- **Notruf:** Polizei Tel. 291-982423, Notarzt Tel. 291-982379.
- **Bank:** BANIF, Rua J.G. Zarco, Tel. 291-982296; B.N.U., Av. Henrique Vieira de Castro, Tel. 291-982144.
- **Post:** Av. Henrique Vieira de Castro, Tel. 291-982140.

Unterkunft

- **Torre Praia Suite Hotel****, Rua Goulart Medeiros, Tel. 291-980450, Fax 982487, www.torrepraia.pt. Am Strand und mit allen Annehmlichkeiten ausgestattet.
- **Praia Dourada***, Rua D. Estevão de Alencastre, Tel. 291-982315, Fax 982484. Das kürzlich renovierte und freundlich eingerichtete Stadthotel liegt etwa 200 Meter vom Strand entfernt.
- **Pensão Central**, Rua A. Magno Vasconcelos, Tel. 291-982226, Fax 983460. Ruhig gelegene Privatpension etwas abseits des Ortszentrums von Vila Baleira. Freundlicher Service.
- **Pousada da Juventude,** Sítio das Matas, Tel. 291-982508. Einfache Unterkunft in der Jugendherberge.

Essen und Trinken

- **Arsenio's,** Av. Dr. Manuel Gregório Pestana Junior, Tel. 291-984348. Pasta und Pizza in guter Qualität.
- **O Forno,** Rampa da Fontinha, Tel. 291-985141. Die umfangreiche Speisekarte führt zahlreiche Fischgerichte auf, darunter *bacalhau* (Stockfisch) und Thunfischfilet. In der Fleisch-Abteilung gibt es neben *espetada* (Rindfleischspieß) auch Schweinekotelett und *frango assado* (Grillhühnchen).
- **Solar do Infante,** Av. Dr. Manuel Gregório Pestuna Junior, Tel. 291-985270. Die hohe Kunst der Fischküche zu (noch) relativ günstigen Preisen. Exquisite Lage mit Blick auf Promenade und Strand.
- **Marques,** Rua João Santana, Tel. 291-982319. Snack-Bar und Restaurant im Stadtzentrum.
- **Baiana,** Rua Dr. Nuno Silvestre Teixeira, Tel. 291-984649. Porto Santos berühmtestes Café am Largo do Pelourinho.
- **Bambina,** Av. Dr. Manuel Gregório Pestana Junior, Tel. 291-983425. Hier gibt es köstliches Eis und noch köstlicheren Kuchen, aber auch Hamburger und Hot Dogs stehen auf der Karte.
- **Pastelaria a Pérola,** Av. Dr. Manuel Gregório Pestana Junior, Gebäck, Torten und Kaffee – ganz Porto Santo kommt hierher.

Nachtleben

- Das Nachtleben läuft auf vollen Touren im **Challenger,** Rua Estevão de Alencastre, und in den Bars am Hafen, die sich nachts zu Diskotheken wandeln.

Aktivitäten

- **Tauchen,** Mergulho Diving, am Hafeneingang, Tel. 291-983259, www.portosantosub.com.

- **Reiten,** Centro Hípico do Porto Santo, Satao da Ponta, Tel. 291-983165.
- **Pferdekutschen,** gegenüber dem Stadtpark (Av. Dr. Manuel Gregório Pestana Junior) warten die *carriolas* auf Passagiere.
- **GoKart-Bahn Mad Kart,** am Hafen, Tel. 291-982862, von Mittag bis 3 Uhr morgens röhren die Karts über den Rundkurs.
- **Porto Santo Golfe,** Sítio da Lapeira de Dentro, Tel. 291-983777, 18 Löcher, Par 72, 6434 m lang, designed von *Severiano Ballesteros*. Das Klubrestaurant mit Supersicht ist auch für Nicht-Golfer offen.

Camping

- **Parque de Campismo do Porto Santo,** Rua Goulard Medeiros, Tel. 291-982160. Von Vila Baleira in Richtung Strand. Zweiter und größter Campingplatz des Archipels, im Sommer häufig sehr voll.

Campo de Baixo

Zum Strand Campo de Baixo lässt man sich von Vila Baleira mit einem Taxi oder stilvoll mit einer Pferdekutsche chauffieren oder man geht zu Fuß. Den Spaziergang am neun Kilometer langen Sandstrand entlang kann man bei der **Capela Espírito Santo** unterbrechen, in der ein wertvolles flämisches Werk zu bewundern ist, das „Letzte Abendmahl". Allerdings ist dieses kleine Gotteshaus wie die meisten anderen Kapellen auf der Insel überwiegend geschlossen.

In zwei Stunden erreicht man am Sandstreifen entlang und vorbei an verfallenen Windmühlen sowie an Pensionen, Hotels und Restaurants die Westspitze Porto Santos, die **Ponta da Calheta.** Über eine wunderschöne Sandbucht mit glasklarem Wasser blickt man hinüber zum Felseninselchen **Ilhéu de Baixo ou da Cal.** Auf dem Eiland wurde seit dem 16. Jahrhundert Kalk abgebaut, den man beispielsweise zum Weißen der Fassaden von Kirchen und *quintas* verwendete. Heute haben synthetische Farbstoffe dieses natürliche Mittel verdrängt.

Porto Santo

Unterkunft

●**Luamar Suite Hotel******, Cabeço de Ponta, Tel. 291-984121, Fax 983100. Modernes Hotel mit verschiedenen Kategorien von Apartments, Fitnesscenter, Sauna, mehreren Swimming-Pools und Strand.

●**Porto Santo******, Campo de Baixo, Tel. 291-980140, Fax 980149. Angenehmes modernes Haus in ruhiger Lage unter Palmen, direkt am Strand.

●**Vila Baleira******, Sítio do Cabeço da Ponta, Tel. 291-980800, Fax 980801. Moderner Hotelturm mit 500 Betten und viel Animation. Zahlreiche Reisegruppen.

Essen und Trinken

●**Mar e Sol,** Campo de Baixo, Tel. 291-982269. Strandrestaurant mit Standardkarte, auf der *espetadas* neben Spezialitäten der internationalen Küche stehen.

●**Adega das Levadas,** Sítio das Levadas, Tel. 291-982557. Uriges Lokal auf einem Bauernhof auf dem Weg zum Cabeço das Flores.

●**O Calhetas,** Calheta, Tel. 291-984380. Fischspezialitäten mit herrlichem Panoramablick über die Felseninselchen an der Ponta de Calheta. Die Besitzer haben einen kostenlosen Shuttle-Service am Strand entlang bis Vila Baleira eingerichtet, damit ihre Gäste bedenkenlos den delikaten Weinen zusprechen können.

●**Bar João do Cabeço,** Sítio do Cabeço, Tel. 291-982137. Die urige Bar hinter dem Hotel Luamar serviert Snacks und köstlichen Wein.

Strandbar am Campo de Baixo

Pico de Ana Ferreira

Auf den **283 Meter hohen Hügel** oberhalb des Strandes führt ein bequemer Wanderweg, auf dem man in zweieinhalb Stunden eine nette Rundtour unternehmen kann, die bei der Kapelle São Pedro endet. Der Berg diente in unruhigen Zeiten ebenfalls als Zufluchtsort für die Portosantesen und wird heute landwirtschaftlich genutzt. Weinreben und Getreide wachsen an seinen Hängen.

Eine **Sage** erzählt, dass der Hügel *Ana Ferreira*, einer illegitimen Tochter des portugiesischen Königs *João II.*, als Landeigentum übergeben worden sei. Die arme, vom König abgeschobene *Ana* war darob gar nicht erfreut: „Ich bin wohl nur Weideland wert", soll sie geseufzt haben. Das Weideland ließ sich aber schließlich doch bebauen, weshalb *Ana Ferreira* letztendlich ein gutes Auskommen hatte.

Kirchenfest Die **Kapelle São Pedro** gehört sicherlich zu den ältesten Gotteshäusern Porto Santos, wurde allerdings Mitte des 18. Jahrhunderts umgebaut. Mit ihrem palmenbestandenen Vorplatz am kaum bewachsenen Hang des Pico de Ana Ferreira wirkt sie sehr einsam und malerisch. Am 29. Juni wird hier ein großes **Kirchenfest zu Ehren des hl. Petrus** gefeiert, der Schutzpatron der Fischer ist. Bei dieser Gelegenheit sieht man vielleicht auch noch einige der alten **Trachten** von Porto Santo: weiße Hemden und Hosen bei den Männern, kombiniert mit einer dunklen Weste, und ebenfalls weiß bei den Frauen, die ihre Haare mit einem Kopftuch verhüllen. Die Herren der Schöpfung tragen einen flachen runden Strohhut, einer Kreissäge nicht unähnlich. Solche Hüte kann man mit etwas Glück noch an einem Souvenirstand oder in Vila Baleira erwerben.

Porto Santo

Boqueirão de Cima

Die Meerenge Boqueirão de Cima liegt zwischen dem Inselchen Ilhéu de Cima und der südöstlichsten Landspitze Porto Santos. Im Gegensatz zur Südwestküste steigen hier bis zu **20 Meter hohe Felsen** aus dem Meer, die Küste ist zerklüftet und vor allem bei Tauchern ein beliebtes Revier.

Portela

Der Aussichtspunkt Portela über der Südküste, zwei Kilometer östlich von Vila Baleira, bietet ein wunderschönes Inselpanorama. Gelegentlich sieht man sogar Madeira, so wie die Insel wohl auch den portugiesischen Entdeckern um *Zarco* am Horizont erschienen war.

Vom Aussichtspunkt führt eine Stichstraße nach Norden zur **Ermida da Nossa Senhora da Graça.** Hier ist angeblich die Jungfrau Maria zwei Schäferkindern erschienen, und an dieser Stelle sprudelt seither eine wunderkräftige Quelle. Das Kirchlein wurde im 15. Jahrhundert erbaut und seither mehrmals umgestaltet. An Porto Santos wichtigstem Heiligenfest am 15. August pilgern die Menschen hierher zur Gnadenvollen Gottesmutter.

Serra de Dentro und Serra de Fora

Das Tal um die Weiler Serra de Dentro und Serra de Fora ganz im Osten der Insel war früher Porto Santos wichtigstes Anbaugebiet für Getreide. Zahlreiche **alte Bauernhäuser,** die *casas de salão,* sind heute von ihren Bewohnern verlassen und liegen in Ruinen. Die Feldmäuerchen sind eingestürzt und die früher fruchtbaren Böden ungepflegt dem Vieh überlassen. Vielleicht hat die Landschaft im Nordosten Porto Santos eben dadurch einen ganz besonderen Reiz. Sie ist ursprünglich, herb und hat nichts mit dem lieblichen Madeira gemein.

Die *casas de salão* waren traditionell aus **grob behauenen Steinen** erbaut und mit dunklem Lehm verputzt. Im Inneren wurden sie durch Rohrwände unterteilt, die ebenfalls mit Lehm verstrichen wurden. Die Bauweise erinnert an Traditionen aus Nord- und Westafrika, und man erzählt ja auch, dass die Portosantesen mindestens ebenso viel arabisches wie portugiesisches Blut in ihren Adern hätten. Einige der verlassenen Häuser wurden inzwischen als Ferienhäuser hergerichtet, andere dienen als ländliche Pensionen mit viel Flair.

Unterkunft

●**Casa do Rosario Coelho****, Serra de Fora, Tel. 291-984306, Fax 984571. Ein sehr hübsch renoviertes Haus in ruhiger, idyllischer Lage. Der Besitzer gibt Tipps für Wanderungen in der Umgebung.

Essen und Trinken

●**Teodorico,** Serra de Fora, Tel. 291-982257. Das nette Gartenrestaurant serviert vor allem deftige Fleischgerichte und gelegentlich köstlich gewürzte Linsensuppe; nur abends geöffnet.

Camacha

Der Ort unweit der Nordküste Porto Santos liegt dreieinhalb Kilometer von Vila Baleira entfernt und ist für dreierlei berühmt: für seine **Windmühle,** ein noch einigermaßen gut erhaltenes Relikt der ursprünglich über dreißig Mühlen, in denen auf Porto Santo früher Getreide gemahlen wurde, für seine köstlichen **Brathähnchen** und für den nicht minder delikaten **Weißwein Verdelho,** dessen Trauben geschützt durch hohe Hecken in der Region um Camacha angebaut werden.

Fonte de Areia

Von Camacha führt die Straße weiter ans Meer zu der berühmten **Quelle** Fonte de Areia, die unterhalb der Steilküste entspringt. Diese und die anderen Quellen der Insel wurden bis vor kurzem we-

Porto Santo

Außer Betrieb: Windmühlen auf Porto Santo

gen ihres **hohen Mineralgehaltes** als Heilmittel geschätzt. In Flaschen abgefüllt exportierte Porto Santo sein Mineralwasser sogar nach Madeira. Da das Geschäft jedoch nicht besonders lukrativ war, wurde der Export eingestellt. An der Fonte de Areia kann man das Wasser aber noch erwerben.

Essen und Trinken

●**Estrela do Norte,** Tel. 291-983500. Camachas berühmtes Grill-Restaurant macht seinem Ruf alle Ehre. *Frango assado* schmeckt wirklich kross, aber auch die Fisch- und Fleischgerichte auf der Karte lohnen eine lange Mittagsrast.
●**Torres,** Tel. 291-984373. Auch hier gibt es Brathähnchen und alles, was Madeiras und Porto Santos Küche an Köstlichkeiten bereithält; nur abends geöffnet.

Pico do Castelo

Ein umfassender Rundblick auf Porto Santo, den Flughafen zu Füßen, ist der Lohn für den etwa zwanzigminütigen Aufstieg vom Parkplatz in 300 Metern Höhe auf den **437 Meter hohen Gipfel** des Pico do Castelo. Hier wurde im 16. Jahrhundert eine Festung errichtet, die weniger der Abwehr von Piraten als dem Schutz der Menschen diente. Wenn die Posten am Nachbarhügel, dem 517 Meter hohen Pico do Facho, Alarm gaben und ihre Fackeln entzündeten, flohen die Portosantesen auf den „Burgberg" und sahen hilflos zu, wie die Angreifer ihre Häuser brandschatzten. Von der Festung sind nur einige Fundamentreste erhalten.

Der Pico do Castelo wird seit einigen Jahren durch eine Baumschule aufgeforstet. Der Anblick der grünen und offensichtlich gut anwachsenden Bäume hat in der dürren Umgebung etwas Tröstliches: Kiefern, Lorbeerbäume und dazwischen ein paar Drachenbäume bedecken den Hügel mit einem Schatten spendenden Kleid.

Porto Santo

Anhang

Kleine Sprachhilfe

Zahlen

null	zero
eins	um, uma
zwei	dois, duas
drei	três
vier	quatro
fünf	cinco
sechs	seis
sieben	sete
acht	oito
neun	nove
zehn	dez
elf	onze
zwölf	doze
dreizehn	treze
vierzehn	catorze
fünfzehn	quinze
sechzehn	dezasseis
siebzehn	dezassete
achtzehn	dezoite
neunzehn	dezanove
zwanzig	vinte
einundzwanzig	vinte e um(a)
zweiundzwanzig	vinte e dois, -duas
dreiundzwanzig	vinte e três
dreißig	trinta
vierzig	quarenta
fünfzig	cuinquenta
sechzig	sessenta
siebzig	setenta
achtzig	oitenta
neunzig	noventa
hundert	cem
zweihundert	duzentos, -as
dreihundert	trezentos, -as
vierhundert	quatrocentos, -as
fünfhundert	quinhentos, -as
sechshundert	seiscentos, -as
tausend	mil

Wichtige Begriffe und Redewendungen

ja	sim
nein	não
Guten Morgen	Bom dia
Guten Tag	Boa tarde
Guten Abend	Boa noite
Gute Nacht	Boa noite
Hallo	Olá
Tschüss	Ciao
Wie geht's?	Como está?
Auf Wiedersehen!	Adeus!
Gute Reise!	Boa viagem!
Bitteschön	De nada (als Dank)
Bitte ...	Faz favor, ... (um eine Gefälligkeit)
Danke	Obrigado
Entschuldigung!	Desculpe!
Schon gut!	Não importa!
rechts	á direita
links	á esquerda
geradeaus	sempre a direito
hier	aqui
dort	lá
wo	onde
wann	quando
heute	hoje
morgen	amanhã

Wichtige Sätze

Sprechen Sie Englisch?	Fala inglès?
Ein wenig.	Um pouco.
Ich verstehe nicht.	Não comprendo nada.
Die Rechnung bitte!	Faz favor, a conta!
Wie komme ich nach ...?	Para ..., se faz favor.
Wie weit?	Que distância?
Ich weiß nicht.	Não sei.
Helfen Sie mir bitte!	Ajude-me faz favor!
Was kostet ...?	Quanto custa ...?
Gibt es ...?	Há ...?
Ich brauche ...	Preciso de ...
Ich hätte gern ...	Queria ...
Ich möchte telefonieren.	Quero telefonar.

Rund ums Essen

portugiesisch	deutsch	englisch
almoço	Mittagessen	lunch
carta	Speisekarte	menu
colher	Löffel	spoon
copo	Glas	glas
faca	Messer	knife
garfo	Gabel	fork
guardanapo	Serviette	napkin
jantar	Abendessen	dinner
pequeno almoço	Frühstück	breakfast
prato	Teller	plate

Fisch und Meerestiere

abrotia	Rotbarsch	redfish
amêijoas	Miesmuscheln	mussels
atúm	Tunfisch	tuna
bacalhau	Stockfisch	dried cod
bodião	Meeräsche	mullet
camarões	Garnelen, Krabben	shrimps
caramujos	Seeschnecken	seasnail
castanhetas	Kleine Fische	small roasted fish
choco	Tintenfisch	cuttlefish
espada	Degenfisch	ribbonfish
espadarte	Schwertfisch	swordfish
lapas	Napfmuscheln	limpet
lulas	Tintenfisch	squid
mariscos	Meeresfrüchte	seafood
pargo	Brasse	brace
peixe	Fisch	fish
salmonete	Meerbarbe	barbel
sardinhas	Sardinen	sardines
truta	Forelle	trout

Fleisch und Geflügel

aves	Geflügel	poultry
bife	Steak	steak
cabrito	Zicklein	kid

carne	Fleisch	meat
coelho	Kaninchen	rabbit
corço	Lamm	lamb
espetada	Rindfleischspieß	spit-roasted beef
febra	Schweineschnitzel	escalope of pork
frango	Huhn	chicken
javali	Wildschwein	wild boar
lebre	Hase	hare
leitão	Spanferkel	porkling
pata	Ente	duck
porco	Schwein	pork
vaca	Rind	beef
vitela	Kalb	veal

Beilagen

arroz	Reis	rice
batatas	Kartoffeln	potatoes
batatas fritas	Pommes Frites	french fries
couve	Kohl	cabbage
ervilhas	Erbsen	peas
espargos	Spargel	asparagus
legumes	Gemüse	vegetable
massa	Nudeln	noodles
pão	Brot	bread
salada	Salat	salad

Zubereitung

assado	gebraten	fried
cozido	gekocht	boiled
fresco	frisch, kühl	fresh
frito	frittiert	deep-fried
grelhado	gegrillt	grilled
no forno	im Ofen gebacken	oven baked
quente	heiß	hot
recheado	gefüllt	filled

Desserts

bolo do mel	Honigkuchen	honey pie
fruta	Obst	fruit
gelado	Eis	icecream

Anhang

pudim	Pudding	pudding
sombresa	Nachspeise	dessert
tarta de amêndoa	Mandelkuchen	almond cake

Sonstiges

alho	Knoblauch	garlic
azeite	Olivenöl	olive oil
azeitonas	Oliven	olives
bolo	Kuchen	cake
cebola	Zwiebel	onion
manteiga	Butter	butter
molho	Soße	sauce
óleo	Öl	oil
ovo	Ei	egg
pimenta	Pfeffer	pepper
pimento	Paprika	red pepper
queijo	Käse	cheese
sal	Salz	salt
sanduiche	Sandwich	sandwich
sopa	Suppe	soup
vinagre	Essig	vinegar

Getränke

água mineral	Mineralwasser	mineral water
com (sem)	mit (ohne)	with (without)
gás	Kohlensäure	gas
aguardente	Schnaps	spirit
café	Kaffee	coffee
cerveja	Bier	beer
chá	Tee	tea
com açúcar	mit Zucker	with sugar
com limão	mit Zitrone	with lemon
leite	Milch	milk
licor	Likör	liqueur
sumo	Saft	juice
vinho	Wein	wine
verde	grün, jung	green
branco	weiß	white
tinto	rot	red

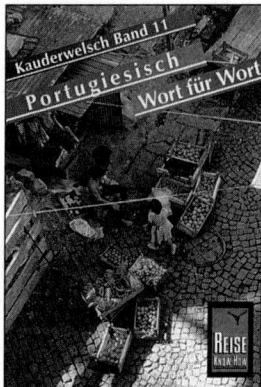

Anhang

HILFE!

Dieses Urlaubshandbuch ist gespickt mit unzähligen Adressen, Preisen, Tipps und Infos. Nur vor Ort kann überprüft werden, was noch stimmt, was sich verändert hat, ob Preise gestiegen oder gefallen sind, ob ein Hotel, ein Restaurant immer noch empfehlenswert ist oder nicht mehr, ob ein Ziel noch oder jetzt erreichbar ist, ob es eine lohnende Alternative gibt usw.

Unsere Autoren sind zwar stetig unterwegs und versuchen, alle zwei Jahre eine komplette Aktualisierung zu erstellen, aber auf die Mithilfe von Reisenden können sie nicht verzichten.

Darum: Schreiben Sie uns, was sich geändert hat, was besser sein könnte, was gestrichen bzw. ergänzt werden soll. Nur so bleibt dieses Buch immer aktuell und zuverlässig. Wenn sich die Infos direkt auf das Buch beziehen, würde die Seitenangabe uns die Arbeit sehr erleichtern. Gut verwertbare Informationen belohnt der Verlag mit einem Sprechführer Ihrer Wahl aus der über 200 Bände umfassenden Reihe „Kauderwelsch" (siehe unten).

Bitte schreiben Sie an: REISE KNOW-HOW Verlag Peter Rump GmbH, Postfach 140666, D-33626 Bielefeld, E-mail: info@reise-know-how.de
Danke!

Kauderwelsch-Sprechführer –
sprechen und verstehen rund um den Globus

Afrikaans ● Albanisch ● Amerikanisch - *American Slang, More American Slang,* Amerikanisch oder Britisch? ● Amharisch ● Arabisch - Hocharabisch, für Ägypten, Algerien, Golfstaaten, Irak, Jemen, Marokko, ● Palästina & Syrien, Sudan, Tunesien ● Armenisch ● *Bairisch* ● Balinesisch ● Baskisch ● Bengali ● *Berlinerisch* ● Brasilianisch ● Bulgarisch ● Burmesisch ● Cebuano ● Chinesisch - Hochchinesisch, kulinarisch ● Dänisch ● Deutsch - *Allemand, Almanca, Duits, German, Nemjetzkii, Tedesco* ● *Elsässisch* ● Englisch - *British Slang, Australian Slang, Canadian Slang, Neuseeland Slang,* für Australien, für Indien ● Färöisch ● Esperanto ● Estnisch ● Finnisch ● Französisch - für Restaurant & Supermarkt, für den Senegal, für Tunesien, *Französisch Slang, Franko-Kanadisch* ● Galicisch ● Georgisch ● Griechisch ● Guarani ● Gujarati ● Hausa ● Hebräisch ● Hieroglyphisch ● Hindi ● Indonesisch ● Irisch-Gälisch ● Isländisch ● Italienisch - *Italienisch Slang,* für Opernfans, kulinarisch ● Japanisch ● Javanisch ● Jiddisch ● Kantonesisch ● Kasachisch ● Katalanisch ● Khmer ● Kirgisisch ● Kisuaheli ● Kinyarwanda ● *Kölsch* ● Koreanisch ● Kreol für Trinidad & Tobago ● Kroatisch ● Kurdisch ● Laotisch ● Lettisch ● Lëtzebuergesch ● Lingala ● Litauisch ● Madagassisch ● Mazedonisch ● Malaiisch ● Mallorquinisch ● Maltesisch ● Mandinka ● Marathi ● Mongolisch ● Nepali ● Niederländisch - *Niederländisch Slang,* Flämisch ● Norwegisch ● Paschto ● Patois ● Persisch ● Pidgin-English ● *Plattdüütsch* ● Polnisch ● Portugiesisch ● Punjabi ● Quechua ● *Ruhrdeutsch* ● Rumänisch ● Russisch ● *Sächsisch* ● *Schwäbisch* ● Schwedisch ● *Schwiizertüütsch* ● Scots ● Serbisch ● Singhalesisch ● Sizilianisch ● Slowakisch ● Slowenisch ● Spanisch - *Spanisch Slang,* für Lateinamerika, für Argentinien, Chile, Costa Rica, Cuba, Dominikanische Republik, Ecuador, Guatemala, Honduras, Mexiko, Nicaragua, Panama, Peru, Venezuela, kulinarisch ● Tadschikisch ● Tagalog ● Tamil ● Tatarisch ● Thai ● Tibetisch ● Tschechisch ● Türkisch ● Twi ● Ukrainisch ● Ungarisch ● Urdu ● Usbekisch ● Vietnamesisch ● Walisisch ● Weißrussisch ● *Wienerisch* ● Wolof ● Xhosa

Anhang

Alle Reiseführer auf einen Blick

REISE KNOW-HOW

Reisehandbücher
Urlaubshandbücher
Reisesachbücher
Rad & Bike

Afrika, Bike-Abenteuer
Afrika, Durch, 2 Bde.
Agadir, Marrakesch/Südmarok.
Ägypten individuell
Ägypten Niltal
Alaska ♫ Kanada
Algarve
Algerische Sahara
Amrum
Amsterdam
Andalusien
Apulien
Äqua-Tour
Argentinien, Uruguay,
    Paraguay
Athen
Äthiopien
Auf nach Asien!
Australien, Osten/Zentrum
Auvergne, Cevennen

Bahrain
Bali und Lombok
Bali, die Trauminsel
Bangkok
Barcelona
Berlin
Borkum
Botswana
Brasilien
Brasilien kompakt
Bretagne
Budapest
Bulgarien
Burgund

Cabo Verde
Canada West, Alaska
Canada ♫ Kanada
Chile, Osterinseln
China Manual
Chinas Norden
Chinas Osten

Cornwall
Costa Blanca
Costa Brava
Costa de la Luz
Costa del Sol
Costa Dorada
Costa Rica
Cuba

Dalmatien
Dänemarks Nordseeküste
Disneyland Resort Paris
Dominikanische Republik
Dubai, Emirat

Ecuador, Galapagos
El Hierro
Elsass, Vogesen
England – Süden
Erste Hilfe unterwegs
Europa BikeBuch

Fahrrad-Weltführer
Fehmarn
Florida
Föhr
Friaul, Venetien
Fuerteventura

Gardasee
Golf v. Neapel, Kampanien
Gomera
Gotland
Gran Canaria
Großbritannien
Guatemala

Hamburg
Hawaii
Hollands Nordseeins.
Holsteinische Schweiz
Honduras
Hongkong, Macau, Kanton

Ibiza, Formentera
Indien – Norden
Indien – Süden
Iran
Irland
Island
Israel, palästinensische
    Gebiete, Ostsinai
Istrien, Velebit

Jemen
Jordanien
Juist

Kairo, Luxor, Assuan
Kalabrien, Basilikata
Kalifornien, USA SW
Kambodscha
Kamerun
Kanada Ost, USA NO
Kap-Provinz (Südafrika)
Kapverdische Inseln
Kenia
Kerala
Korfu, Ionische Inseln
Korsika
Krakau
Kreta
Kreuzfahrtführer

Ladakh, Zanskar
Langeoog
Lanzarote
La Palma
Laos
Lateinamerika BikeBuch
Libyen
Ligurien
Litauen
Loire, Das Tal der
London

Madagaskar
Madeira
Madrid
Malaysia, Singapur,
    Brunei
Mallorca
Mallorca,
    Leben/Arbeiten
Mallorca, Wandern auf

Reise Know-How

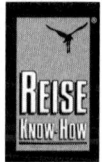

Edition RKH

Praxis, KulturSchock

REISE KNOW-HOW

Praxis

(Auswahl, vollständiges Programm siehe Homepage)

Aktiv Algarve
Aktiv Andalusien
Aktiv Dalmatien
Aktiv frz. Atlantikküste
Aktiv Gardasee
Aktiv Gran Canaria
Aktiv Istrien
Aktiv Katalonien
Aktiv Marokko
Aktiv Polen
Aktiv Slowenien
Als Frau allein unterwegs
Australien: Reisen/Jobben
Australien: Outback/Bush
Auto durch Südamerika
Ayurveda erleben
Bordbuch Südeuropa
Clever buchen/fliegen
Clever kuren
Drogen in Reiseländern
Fernreisen, Fahrzeug
Fliegen ohne Angst
Fun u. Sport im Schnee
Geolog. Erscheinungen
Gesundheitsurlaub in
Deutschlands Heiltthermen

GPS f. Auto, Motorrad
GPS Outdoor
Inline-Skaten Bodensee
Inline Skating
Islam erleben
Kanu-Handbuch
Konfuzianismus erleben
Kreuzfahrt-Handbuch
Küstensegeln
Maya-Kultur erleben
Mountain Biking
Mushing/Hundeschlitten
Orientierung mit
Kompass und GPS
Paragliding-Handbuch
Reisefotografie
Reisefotografie digital
Respektvoll reisen
Richtig Kartenlesen
Safari-Handbuch Afrika
Selbstdiagnose unterwegs
Shoppingguide USA
Sicherheit/Bärengebiete
Spaniens Fiestas
Sprachen lernen
Tango in Buenos Aires
Transsib – Moskau-Peking
Trekking-Handbuch
Trekking/Amerika
Trekking/Asien Afrika
Tropenreisen
Unterkunft/Mietwagen
Verreisen mit Hund
Wandern im Watt
Wann wohin reisen?
Was kriecht u. krabbelt
in den Tropen
Wein-Reiseführer Italien
Wein-Reiseführer Toskana

Wildnis-Ausrüstung
Wildnis-Küche
Wohnmobil-Ausrüstung
Wohnmobil-Reisen
Wüstenfahren

KulturSchock

Ägypten
Argentinien
Australien
Brasilien
China, VR/Taiwan
Cuba
Familienmanagement
im Ausland
Finnland
Golf-Emirate, Oman
Indien
Iran
Islam
Japan
Jemen
Kambodscha
Kaukasus
Laos
Leben in
fremden Kulturen
Marokko
Mexiko
Pakistan
Polen
Russland
Spanien
Thailand
Türkei
USA
Vietnam

Anhang

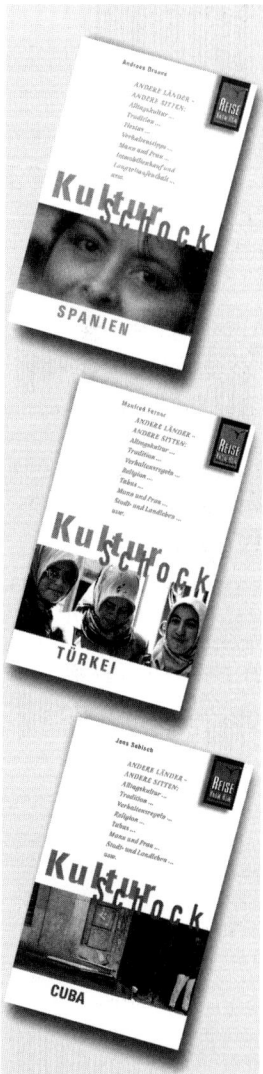

Anhang

Register

Anhang

Anhang

Die Autoren

Daniela Schetar und **Friedrich Köthe** haben vor Jahren ihre Leidenschaft, das Reisen, zum Beruf gemacht. Als Autoren haben sie zahlreiche Reiseführer, vor allem über afrikanische Länder, publiziert. Von den anstrengenden Recherchen auf dem Schwarzen Kontinent erholen sie sich gerne auf der Blumeninsel Madeira, die sie in diesem Band in all ihren Facetten vorstellen. Bei Reise Know-How sind von ihnen bislang die Reisehandbücher „Namibia", „Slowenien", „Friaul, Venetien", „Leipzig" und „Sizilien" erschienen.

Anhang

Kartenverzeichnis